Coordenação editorial
Luiza Lucena

Perspectivas legais

Autismo e a busca por justiça

Literare Iuris
INTERNATIONAL
BRASIL · EUROPA · USA · JAPÃO

PRESIDENTE DO CONSELHO
Maurício Sita

PRESIDENTE
Alessandra Ksenhuck

VICE-PRESIDENTES
Cláudia Pires
Julyana Rosa

DIRETORA DE PROJETOS
Gleide Santos

EDITOR
Enrico Giglio de Oliveira

ASSISTENTES EDITORIAIS
Júlia Almeida e Lui Navarro

REVISORES
Daniela Braz e Renata Siqueira

CAPA
Yasmim Morgana Mezzomo Foester

DESIGN EDITORIAL
Lucas Yamauchi

DIAGRAMAÇÃO
Ana Paula Nunes Medeiros

IMPRESSÃO
Printi'

Dados Internacionais de Catalogação na Publicação (CIP)
(Câmara Brasileira do Livro, SP, Brasil)

Perspectivas legais : autismo e a busca por justiça / coordenação Luiza Monteiro Lucena. -- São Paulo : Literare Books International, 2024.

Vários autores
ISBN 978-65-5922-948-2

1. Direitos humanos 2. Justiça - Brasil 3. Pessoas com deficiência - Direitos 4. TEA (Transtorno do Espectro do Autismo) I. Lucena, Luiza Monteiro.

24-224852 CDU-342.7(81)

Índices para catálogo sistemático:

1. Pessoas com deficiência : Direitos humanos 342.7(81)

Eliane de Freitas Leite - Bibliotecária - CRB 8/8415

LITERARE BOOKS INTERNATIONAL LTDA.

Alameda dos Guatás, 102
Vila da Saúde — São Paulo, SP. CEP 04053-040
+55 11 2659-0968 | www.literarebooks.com.br
contato@literarebooks.com.br

MISTO
Papel | Apoiando o manejo florestal responsável
FSC® C196274

Nota de reconhecimento e notoriedade

Gostaria de expressar meu mais profundo reconhecimento e gratidão a todos os coautores que contribuíram para a realização deste livro. Sem a participação e o comprometimento de cada um de vocês, esta obra não teria alcançado o nível de qualidade que hoje apresentamos. Cada capítulo, cada página, carrega um pedaço do conhecimento, da experiência e da dedicação de todos os envolvidos.

Agradeço imensamente a:

Alex Firmino dos Santos, Alexandra Barp, Aline Mendes Marchi da Silva, Amanda Cristina dos Santos Pereira, Ana Carolina Abrahão Capraro, Ana Carolina Matos, André Melecchi Freitas, Andréia Melotti do Nascimento, Barbara Saboia, Beatriz Astorre, Bruna Gonçalves, Christiane Menezes, Coralina Matos, Daniel Santos, Daniela Gamboa Pianez, Diego Schadeck Rodrigues, Dyone Henrique Soares, Elaine Gadani, Estér Casagrande Khéde, Fabrício Barcelos Vieira, Fernanda Andreão Ronchi, Graciela Pignatari, Graziele Alves, Guilherme Carlete Gomes, Jean Ferreira, Johnnys Guimarães Oliveira, Josiene Souza, Liana Vale dos Santos, Luana Lage Moreno Cana, Luciana Xavier, Millena Bruna da Silva Lopes, Natali de Aguiar, Nathalia Rafael, Rachel Lopes Telésforo, Sabrina Tussi, Samantha Lauf, Sérgio Dondeo, Simone Maria Romano, Tainá Santos de Oliveira, Thaís Delfino Brasileiro, Thiago Castro, Yara Batista Dorta.

Vocês são a verdadeira força por trás deste projeto, e sou extremamente grata por terem embarcado nesta jornada comigo. Este livro é o resultado de um esforço coletivo, e é uma honra tê-los ao meu lado. Muito obrigada por sua confiança, por seu trabalho árduo e por acreditarem na importância desta obra. Juntos, fizemos a diferença.

Com todo o meu apreço e gratidão,

Luiza Monteiro Lucena

AGRADECIMENTOS

Primeiramente, agradeço a Deus e a Nossa Senhora por terem colocado a área dos Direitos dos Autistas em minha vida. Sem a orientação e a luz que recebo diariamente, nada disso seria possível. A cada passo dessa jornada, sinto a presença do Espírito Santo guiando minhas escolhas e fortalecendo minha fé.

Aos meus pais, meu irmão e meus avós (*in memoriam*), meu mais profundo agradecimento por todo apoio, amor e incentivo incondicionais. Vocês são meu alicerce, minha base sólida, sempre prontos para me apoiar em cada desafio e celebrar cada conquista. Sem vocês, eu não teria a força necessária para seguir em frente.

Aos meus clientes do escritório, que são a minha inspiração e a razão pela qual continuo lutando diariamente. Vocês me dão a força e a coragem para enfrentar as batalhas mais difíceis. Cada vitória é uma vitória compartilhada, e cada obstáculo superado é uma prova do que podemos alcançar juntos.

Aos meus alunos, que abriram meus olhos para novas maneiras de impactar a vida das pessoas. Ensinar é aprender, e vocês me ensinaram tanto quanto eu espero ter ensinado a vocês. Vocês me mostraram que o conhecimento pode transformar o mundo e que cada um de nós tem o poder de fazer a diferença.

A todos os meus amigos, que tornam a jornada mais leve e alegre. Obrigada por estarem ao meu lado, por me apoiarem nos momentos difíceis e por celebrarem comigo cada pequena vitória. A amizade de vocês é um presente precioso, e sou imensamente grata por tê-los em minha vida.

Com todo o meu carinho e gratidão,

Luiza Monteiro Lucena

SUMÁRIO

PREFÁCIO

O número de pessoas diagnosticadas com transtorno do espectro autista (TEA) cresceu de forma exponencial nos últimos anos, mas ainda percebo a existência de uma série de desafios impostos por profissionais e instituições que deveriam oferecer o acesso à saúde. Porém, é diante de grandes desafios que pessoas fortes se levantam em prol da sociedade. O autismo não é apenas um diagnóstico; para muitos, é uma missão, um propósito.

Este é o caso da Dra. Luiza Lucena, que vem fazendo, ao longo dos últimos anos, um verdadeiro e bonito trabalho com pais e profissionais. Ela se tornou uma grande especialista em inclusão e direito das pessoas neurodivergentes. Posso afirmar que se trata de uma autoridade para muitos pais e profissionais.

Este livro coroa todo o seu trabalho e sua dedicação em defesa das pessoas atípicas. Nele, são apresentadas informações sob um prisma pouco conhecido: o dos direitos das pessoas dentro do transtorno do espectro autista. São esses direitos que viabilizam os tratamentos e a acessibilidade, fatores fundamentais para uma melhor qualidade de vida. É uma honra escrever este prefácio, pois a Dra. Luiza é uma pessoa genuinamente comprometida com a causa.

Dr. Thiago Castro

INTRODUÇÃO

Neste livro, mergulhamos em um tema de grande relevância e urgência: o direito das pessoas com transtorno do espectro autista (TEA) à inclusão e à justiça. Em meio a um cenário em que desafios legais e sociais se entrelaçam, cada página desta obra busca iluminar as complexidades e as nuances que permeiam a vida das pessoas com autismo e suas famílias, oferecendo uma visão crítica e comprometida com a promoção da dignidade e dos direitos fundamentais.

As leis brasileiras, como a Lei Berenice Piana e a Lei Brasileira de Inclusão, representam marcos importantes na luta pelos direitos dos autistas. No entanto, a aplicação dessas leis enfrenta barreiras significativas, desde a falta de recursos e estrutura até o desconhecimento ou a resistência por parte de instituições e indivíduos. Nesse contexto, este livro não apenas detalha os aspectos jurídicos, mas também destaca as histórias de luta e superação daqueles que estão na linha de frente dessa batalha por igualdade.

As páginas que seguem oferecem uma abordagem multidisciplinar, conectando o direito à saúde, à educação e ao trabalho, sempre com foco na dignidade humana. O objetivo é proporcionar ao leitor uma compreensão profunda dos desafios enfrentados pelas pessoas com TEA e as estratégias necessárias para superá-los, incentivando uma reflexão sobre o papel de cada um na construção de uma sociedade mais justa e inclusiva.

Aqui, as palavras não são meras abstrações jurídicas; elas carregam o peso de vidas reais, de famílias que buscam não apenas justiça, mas também respeito e reconhecimento. Cada capítulo é um convite à ação, uma chamada para que, juntos, possamos transformar o direito em uma ferramenta efetiva de inclusão.

Que esta obra inspire, informe e mobilize todos aqueles que acreditam em um mundo onde os direitos são verdadeiramente para todos, sem exceção. A jornada é árdua, mas a recompensa é a construção de uma sociedade mais humana e equitativa, em que cada pessoa, independentemente de suas características, possa viver com plenitude e dignidade.

Luiza Monteiro Lucena

01

CONSTRUINDO DIREITOS

A EVOLUÇÃO DA LEGISLAÇÃO E DA COMPREENSÃO SOBRE O AUTISMO

A evolução do entendimento e da legislação sobre o autismo, desde a descrição inicial por Plouller, em 1906, até as leis recentes, trouxe avanços significativos. Estudos de Bleuler e Kanner foram cruciais, apesar de ideias equivocadas persistirem. Leis no Brasil, como a Lei Berenice Piana, consolidaram direitos fundamentais, promovendo diagnóstico precoce e igualdade de oportunidades. A inclusão ainda exige implementação eficaz das leis, infraestrutura adequada, treinamento e políticas de apoio.

LUIZA MONTEIRO LUCENA

Luiza Monteiro Lucena

Coordenadora técnica deste livro, é a sócia--fundadora do escritório Monteiro Lucena Advogados e consolidou-se como referência nacional no campo do direito dos autistas e deficientes. É uma das primeiras advogadas a ter se tornado referência e especialista no assunto. Sua formação acadêmica é amplamente consolidada, com especializações em áreas cruciais como direitos dos deficientes e autistas, direito civil, direito empresarial e processo civil. Além de sua *expertise* jurídica, ela é uma fervorosa ativista na causa da inclusão e ensina, por meio de sua mentoria, outros advogados a se tornarem especialistas em direitos dos autistas. Dedica-se incansavelmente para assegurar aos deficientes o acesso irrestrito a serviços de saúde de qualidade, contribuindo significativamente para a construção de uma sociedade mais justa e igualitária.

Contatos
Instagram: @luizamlucena
@monteirolucenaadvogados
11 93044 0809

Inicialmente confundido com esquizofrenia e tratado como deficiência mental até os anos 1940, o autismo começou a ser mais bem compreendido após as publicações de Leo Kanner, em 1943, e Hans Asperger, em 1944, que descreveram características específicas dessa condição.

A expansão dos critérios diagnósticos pela Associação Americana de Psiquiatria, nos anos 1950, e o reconhecimento formal no Manual Diagnóstico e Estatístico de Transtornos Mentais (DSM), em 1968, foram cruciais para diferenciar o autismo de outras condições.

No Brasil, a primeira lei para pessoas deficientes foi promulgada em 1961, a Lei n. 4.024/61, de Diretrizes e Bases da Educação Nacional. Esta lei garantia os direitos dos deficientes à educação no sistema geral de ensino, apresentando conceitos de políticas educacionais e direitos para todos os portadores de necessidades especiais.

Os critérios refletiam as manifestações descritas por Kanner e expandidas por Michael Rutter. Entre 1968 e 1978, Rutter definiu cinco critérios essenciais para o diagnóstico de autismo após os 30 meses de idade: desenvolvimento social anormal, desvio no desenvolvimento da linguagem, comportamento estereotipado, ausência de delírio e início antes dos 30 meses.

Durante os anos 1970, a psicanálise dominou a França, ressuscitando ideias dos anos 1940, que promoviam a cura do autismo por meio da separação das crianças de seus pais, apoiando a teoria das "mães geladeiras" de Kanner e Bettelheim. No entanto, mesmo com essa separação, os diagnósticos permaneceram inalterados.

Em 1971, a Lei n. 5.692/71 foi introduzida no Brasil, estabelecendo atendimento especial para alunos com deficiência mental, física ou outras, incluindo aqueles atrasados em idade escolar e superdotados. Esta lei reforçou o encaminhamento desses alunos para escolas especiais voltadas para a educação especial.

Em 1981, a psiquiatra Lorna Wing revolucionou a compreensão global do autismo ao introduzir o conceito de espectro e cunhou o termo síndrome de Asperger. Seu trabalho revolucionou a compreensão global do autismo.

Lorna, mãe de uma menina autista chamada Susie, dedicou sua vida ao estudo do autismo. Ela identificou seis pontos-chave: verbalização estereotipada, comunicação não verbal inadequada, falta de empatia convencional, preferência por repetição, deficiências motoras e boa memória mecânica com interesses limitados.

Lorna Wing também apoiou o movimento "orgulho do autismo". Ela acreditava que traços de autismo são essenciais para o sucesso nas ciências e artes, e destacou que não há uma separação rígida entre pessoas "com" e "sem" traços de autismo. Uta Frith, psicóloga contemporânea de Lorna, desenvolveu a teoria da mente e a fraqueza da coerência central, argumentando que autistas percebem detalhes específicos, mas têm dificuldade em processar o contexto geral.

Em 1987, o DSM-III-R adotou o termo Distúrbios Abrangentes do Desenvolvimento (PDD), desaparecendo definitivamente a expressão esquizofrenia tipo infantil e qualquer associação ao diagnóstico de psicose infantil.

No Brasil, a Constituição Federal de 1988 representou um avanço significativo na qualidade de vida e inclusão social das pessoas com deficiência, como aponta Gonçalves (2006).

A Constituição Federal estabelece direitos fundamentais para pessoas com deficiência, incluindo:

- Educação especializada e acessível na rede regular de ensino (Art. 208).
- Proteção integral à vida, saúde, educação e outros direitos para crianças e adolescentes (Art. 227).
- Acessibilidade em espaços públicos e transportes (Art. 244).
- Responsabilidade conjunta de União, Estados e Municípios na proteção e integração social dessas pessoas (Art. 23).

Com o advento do Estatuto da Pessoa com Deficiência, em 1989, Lei n. 7.853/89, foram garantidos direitos básicos a todas as pessoas deficientes, como o acesso à educação regular ou especial, saúde, lazer, acessibilidade, passes livres, isenções fiscais e financiamentos. A cidadania direta foi reconhecida, assegurando respeito e inclusão na sociedade, conforme destaca Ferraz (2012).

As legislações mencionadas são baseadas em conceitos de inclusão, direitos sociais, civis, à saúde e à educação, envolvendo movimentos sociais na luta por direitos humanos e inclusão para todos os tipos de deficientes, evitando qualquer forma de exclusão. As políticas buscam garantir a igualdade de direitos para todos, respeitando as diferenças e enfrentando desafios sociais. As políticas nacionais para os deficientes são numerosas, estabelecendo leis e diretrizes que exigem avanços e compromisso nas políticas públicas para todos os deficientes.

As políticas nacionais para pessoas com deficiência também garantem direitos no mercado de trabalho e na proteção social. A Lei n. 8.213/91, conhecida como Lei de Cotas, reserva vagas de emprego para pessoas deficientes.

Em 1993, a Lei n. 8.742/93 – Lei Orgânica da Assistência Social (LOAS) – foi promulgada e estabeleceu o Benefício de Prestação Continuada (BPC). De acordo com o artigo 20 dessa lei, é garantido o valor de um salário-mínimo para pessoas com deficiência, incluindo aquelas com TEA, desde que seja comprovada a baixa renda da família.

Em 1994, a 4ª edição do Manual Diagnóstico e Estatístico dos Transtornos Mentais (DSM-IV) introduziu novos critérios para o autismo, considerando o autismo como um dos subtipos dos transtornos globais do desenvolvimento (TGD) (síndrome de Rett, síndrome de Asperger e transtorno desintegrativo da infância).

A Lei n. 8.899/1994 garante transporte interestadual gratuito para pessoas com deficiência, incluindo aquelas com TEA, que tenham renda até dois salários-mínimos. Os interessados devem solicitar o benefício pelo CRAS, assegurando o direito à locomoção digna e autônoma.

A Lei n. 9.394/1996 (Lei de Diretrizes e Bases da Educação Nacional) é um marco importante, pois reforça o direito constitucional à educação inclusiva, determinando o atendimento educacional especializado e a provisão de recursos de acessibilidade. Embora essa lei contemple todas as pessoas com deficiência, incluindo aquelas aos autistas, ela não se restringe apenas a elas.

A Lei 10.098/2000 estabeleceu normas gerais e critérios essenciais para promover a acessibilidade dos deficientes ou com mobilidade reduzida, bem como a Lei 10.048/2000 estabeleceu a prioridade de atendimento.

Em 2007, a ONU (Organização das Nações Unidas) instituiu o dia 2 de abril como o Dia Mundial da Conscientização do Autismo com o intuito para chamar a atenção e despertar o interesse da sociedade sobre o assunto, o que abriu as portas para maiores diálogos entre profissionais da área, profissionais e pessoas autistas.

Em 2012, a Lei Berenice Piana criou a Política Nacional de Proteção dos Direitos da Pessoa com TEA, equiparando-os a pessoas com deficiência e garantindo os mesmos direitos já estabelecidos para esse grupo. Entre as diretrizes estabelecidas, destacam-se:

- Estímulo à inserção dos autistas no mercado de trabalho.
- Diagnóstico precoce e tratamento adequado oferecidos pelo Estado.
- Tratamento multidisciplinar e terapias pelo Sistema Único de Saúde (SUS).
- Educação e proteção social.
- Igualdade de oportunidades.

A Lei Berenice Piana, nomeada em homenagem à Berenice Piana, mãe de um menino autista, é o primeiro exemplo de legislação participativa do Senado Federal, originada de uma sugestão popular. Iniciada há dez anos por pais de crianças autistas, esta lei teve impacto profundo nas vidas dos autistas e suas famílias.

Em seu art. 3º, III, "a", garante o direito ao diagnóstico precoce para pessoas autistas. Muitos estados da federação, em suas políticas públicas voltadas ao TEA, também reconhecem a necessidade de intervenção precoce, como no Estado do Paraná, pela Lei n. 17.555/2013 (art. 3º, I), e no Estado de São Paulo, pela Lei n. 17.158/2019 (art. 3º, III, "a").

A lei assegura que autistas podem estudar em escolas regulares, incluindo a Educação Básica e o Ensino Profissionalizante, com a possibilidade de solicitar um acompanhante especializado. Gestores que negarem matrícula podem enfrentar sanções que vão de três a 20 salários-mínimos, podendo resultar em perda do cargo. Além disso, autistas têm direito a atendimento integral de saúde pelo SUS, incluindo diagnóstico, tratamento e reabilitação, com suporte psicológico e fornecimento de medicamentos e insumos.

Em 2013, o *DSM-5* consolidou todas as subcategorias do autismo em um único diagnóstico: transtorno do espectro autista (TEA), com diferentes níveis. Em 2014, um grande estudo revelou que fatores ambientais são tão importantes quanto a genética no desenvolvimento do autismo, contrariando estimativas anteriores.

A Lei Brasileira de Inclusão (Lei n. 13.146/15) é vista como um marco democrático, desenvolvida ao longo de quinze anos com base na Convenção da ONU sobre os Direitos dos Deficientes. O princípio "nada sobre nós, sem nós" garantiu que as vozes dos deficientes fossem centrais no processo.

A lei, conforme descrito em seu artigo 1º, busca assegurar e promover, em igualdade de condições, os direitos e liberdades fundamentais dos deficientes, visando à inclusão social e cidadania.

Desde a Constituição de 1988, o Brasil reconhece a importância da inclusão dos deficientes, mas a Lei 13.146/15 representa um avanço significativo nesse esforço.

Em 2016, a Lei n. 13.370 tratou da concessão de jornada de trabalho especial para responsáveis por pessoas com deficiência, uma medida crucial para garantir que indivíduos autistas recebam supervisão adequada, promovendo seu desenvolvimento.

Embora alguns estados e municípios já tenham legislações próprias, na ausência de tais regulamentações, aplica-se a lei federal. Esse benefício também está sendo ampliado para empregados de empresas privadas, conforme decisões do TRT, tema que será abordado em outro capítulo.

Sancionada em 2020, a Lei Romeo Mion estabeleceu a Carteira de Identificação da Pessoa com Transtorno do Espectro Autista (Ciptea), facilitando o acesso a direitos em saúde, educação e assistência social. Emitida gratuitamente pelos órgãos estaduais e municipais, a carteira assegura prioridade nos serviços públicos e privados. Nomeada em homenagem a Romeo Mion, filho do apresentador Marcos Mion, a lei ainda enfrenta desafios de implementação em alguns estados.

Em 2021, a Lei 14.254 passou a exigir que escolas públicas e privadas ofereçam acompanhamento específico e precoce para estudantes com dislexia, TDAH ou outros transtornos de aprendizagem (que aqui, inclui-se o autismo), visando atender suas dificuldades na atenção e no desenvolvimento da leitura e escrita.

A nova versão da Classificação Estatística Internacional de Doenças e Problemas Relacionados à Saúde (CID-11) aconteceu em 2022 e adotou a nomenclatura transtorno do espectro do autismo para englobar todos os diagnósticos anteriormente classificados como transtorno global do desenvolvimento.

A Lei 14.62/23, conhecida como Lei Cordão de Girassol, introduz um cordão com desenhos de girassóis para identificar pessoas com deficiências não visíveis, como autistas. É importante notar que a apresentação de um documento comprovativo da deficiência ainda é necessária, quando solicitado.

Conclusão

A história do autismo é marcada tanto pela construção de novas compreensões quanto pela desconstrução de mitos antigos. Desde a criação do termo "autista", em 1906, muitos conceitos equivocados contribuíram para as dificuldades na inclusão social e educacional das pessoas autistas. No entanto, os marcos históricos também evidenciam uma evolução contínua na compreensão e na legislação relacionada ao autismo.

A Lei Berenice Piana e a Lei Brasileira de Inclusão consolidaram direitos fundamentais, garantindo diagnóstico precoce, tratamento adequado e igualdade de oportunidades. No entanto, para alcançar um mundo verdadeiramente inclusivo, é necessário:

- Implementação eficaz: assegurar a prática efetiva das leis existentes e corrigir as lacunas por meio de novas legislações e emendas.
- Estrutura adequada: melhorar a infraestrutura em escolas e instituições de saúde para atender plenamente às necessidades dos autistas.
- Treinamento e conscientização: formar profissionais e sensibilizar a sociedade para promover um entendimento mais profundo e empático.
- Acessibilidade e suporte: investir em políticas públicas que garantam acessibilidade e apoio às famílias de pessoas autistas.

Embora tenha havido progressos significativos, a luta pela inclusão total continua. Devemos trabalhar juntos para garantir que todas as pessoas autistas tenham uma vida plena, digna e integrada na sociedade. A jornada pela inclusão é contínua e exige o compromisso de todos para construir um futuro mais justo e inclusivo.

Referências

AMERICAN PSYCHIATRIC ASSOCIATION. *Diagnostic and Statistical Manual of Mental Disorders – DSM*. 1. ed. Washington D/C, 1952.

BRASIL. *Constituição da República Federativa do Brasil*. Brasília, DF: Senado Federal, 1988. Disponível em: https://www.planalto.gov.br/ccivil_03/constituicao/constituicao.htm. Acesso em: 14 jun. 2024.

CUNHA, E. *Autismo e inclusão:* psicopedagogia e práticas educativas na escola e na família. Rio de Janeiro: Wak, 2014.

DUMAS, J. E. *Psicopatologia da infância e da adolescência*. 3. ed. Porto Alegre: Artmed, 2011.

ESTUDO que vinculava autismo à vacina tríplice era fraude elaborada, diz revista britânica. *Veja*, 7 jan. 2011. Disponível em: https://veja.abril.com.br/saude/estudo-que-vinculava-autismo-a-vacina-triplice-era-fraude-elaborada-diz-revista-britanica. Acesso em: 15 jun. 2024.

FERRAZ, C. V. *et al. Manual dos direitos da pessoa com deficiência*. São Paulo: Saraiva, 2012.

GONÇALVES, A. S. *Reflexões sobre educação integral e escola de tempo integral*. v. 1, n. 2, 2006.

GONÇALVES, C. R. *Direito Civil Brasileiro*: volume 1 – parte geral. 3. ed. São Paulo: Saraiva, 2006.

MONTEIRO, A. R. *Pessoas com deficiência:* a trajetória de um tema na agenda pública.

2010 160 f. Dissertação (Mestrado em Ciências Políticas). Repositório Institucional Universidade de Brasília. Brasília, 2010.

02

O QUE É O AUTISMO?

O transtorno do espectro autista é um transtorno do neurodesenvolvimento que manifesta seus sintomas de modo precoce e é caracterizado por gerar prejuízos na comunicação e na interação social, além de comportamentos e/ou interesses repetitivos e restritos para coisas e pessoas. O TEA é complexo, amplo e variável. Até mesmo a palavra espectro torna-se insuficiente para descrever com clareza toda a sua singularidade.

THIAGO CASTRO

Thiago Castro

Graduado em Medicina, especialista em Pediatria, pós-graduado em Emergências e Urgências Pediátricas pelo Instituto de Ensino Albert Einstein. Pós-graduando em Transtorno do Espectro Autista pela CBI of Miami. Mestrando em Neurociência pela Universidade Christian Business School (EUA). Realiza palestras pelo Brasil há anos, levando conhecimento de forma acessível. Já capacitou centenas de médicos, milhares de terapeutas e mais de 30 mil pais em seus cursos. É responsável pelo Congresso Espectro e idealizador da BLUA Pediatria. É coordenador dos *best-sellers* *Simplificando o autismo* e *Espectro autista feminino* e coautor do livro *Autismo ao longo da vida vol.2*.

Contato
Instagram: @dr.thiagocastro

Alguns eventos e algumas pessoas são marcos históricos também no que se trata ao autismo. Quando pensamos nas primeiras citações, não tem como não pensar em Eugen Bleuler, um psiquiatra suíço que, em 1908, descreveu um de seus pacientes com o termo autismo e usou a expressão "a fuga da realidade". *Auto, alti, autos* – significa para dentro, para si. E o sufixo "*-ismo*" significa pertencer a algo, pertenço a alguma coisa. Logo, *autismo* é pertencer a mim mesmo, pertencer a minha introspecção.

Muita coisa mudou desde então, até chegarmos em 2013, quando o autismo passou a ser chamado de *transtorno do espectro autista* (TEA).

O TEA é um transtorno do neurodesenvolvimento que pode se manifestar de modo precoce, geralmente antes do segundo ano de vida. Esse transtorno é caracterizado por prejuízos na comunicação, dificuldade na interação social e comportamentos e/ou interesses repetitivos e restritos para coisas e pessoas. Esses prejuízos, por sua vez, afetam o desenvolvimento pessoal, familiar, social, pedagógico e, posteriormente, profissional do autista.

Afirmo que o TEA é mais que isso, é uma condição complexa, ampla e variável. Até mesmo a palavra espectro torna-se insuficiente para descrever com clareza toda a sua singularidade.

Costumo dizer que o TEA retira uma série de habilidades que, em maior ou menor proporcionalidade, são inatas ao ser humano. Essas dificuldades fazem que a pessoa desenvolva um comportamento incomum aos olhos das demais pessoas típicas, ou seja, um comportamento atípico.

Esses comportamentos e inabilidades variam conforme nível de suporte, sexo, comorbidades e a base genética. Devido à sua manifestação heterogênea, algumas crianças apresentam os sintomas sugestivos desde os primeiros meses de vida, ao passo que outras se desenvolvem relativamente bem por um período, mas perdem habilidades adquiridas, tornando os atrasos evidentes. Há casos mais funcionais, que desenvolvem estratégias e habilidades para mascarar seus prejuízos e passam despercebidos sem diagnóstico na primeira infância.

O autismo não tem causa única, porém sabe-se que há um forte sinergismo entre o componente genético e fatores ambientais, que influenciam como fator de associação ao diagnóstico (BOLTE; GIRDER; MARSCHIK, 2019).

Além disso, é indispensável que todos compreendam o TEA, pois é um dos transtornos mais prevalentes na infância. Dados publicados em março de 2023 pelo Centro de Controle de Prevenção e Doenças (CDC) estimam que, em 11 regiões nos Estados Unidos, uma em cada 36 crianças, aos 8 anos de idade, seja autista. Isso significa 2,8% dessa população. Ainda não há prevalência real do TEA no Brasil, mas se considerarmos esses números, deve-se ter em torno de 6 milhões de autistas no nosso país. O mesmo estudo ainda traz maior prevalência em meninos, na proporção de 3,8 para cada menina. Vale ressaltar que estudos recentes apontam o TEA ser subdiagnosticado nas mulheres, o que torna tal proporção acima contestável (OCHOA-LUBINOFF *et al.*, 2023).

Por mais que seja tão prevalente, o diagnóstico ainda é um desafio. O Manual de Orientações no Diagnóstico do TEA, publicado pela Sociedade Brasileira de Pediatria em 2019, aponta que crianças com atraso de linguagem verbal, falha em responder seu nome, falta de contato visual e agitação apresentaram tais manifestações aos 23,6 meses de idade e o diagnóstico formal só foi estabelecido próximo aos 6 anos de idade (59,6 meses), o que corresponde a um atraso significativo médio de 36 meses de idade (SBP, 2019).

A evolução do paciente depende de diagnóstico precoce e intervenção adequada. Segundo estudo publicado por Pierce (2019), o diagnóstico do TEA pode ser realizado com segurança a partir dos 14 meses de idade. No entanto, reforço que não existe idade mínima para se realizar o diagnóstico e, muito menos, para iniciar as intervenções. Uma vez que a abordagem precoce interfere diretamente no bom prognóstico do autista. Para que isso ocorra, é necessário que as manifestações diagnósticas sejam claras tanto para pais quanto para profissionais.

O diagnóstico do TEA é pautado no Manual Diagnóstico e Estatístico dos Transtornos Mentais da Associação Americana de Psiquiatria (*DSM-5*), que descreve sobre a precocidade dos sintomas gerando prejuízos significativos no funcionamento social, profissional e pessoal ou em outras áreas importantes do autista. A criança já nasce autista, logo é um transtorno que se manifesta precocemente – os primeiros sinais são perceptíveis ainda na primeira infância, não sendo possível tornar-se autista ao longo da vida. Além disso, esses prejuízos não são bem explicados por deficiência cognitiva e intelectual ou pelo atraso global do desenvolvimento.

São critérios para a caracterização do TEA.

1. Déficits persistentes na comunicação e interação social em vários contextos, como:

- Limitação na reciprocidade emocional e social, com dificuldade para compartilhar interesses e estabelecer uma conversa.
- Limitação nos comportamentos de comunicação não verbal usados para interação social, variando entre comunicação verbal e não verbal pouco integrada e com dificuldade no uso de gestos e expressões faciais.
- Limitações em iniciar, manter e entender relacionamentos, com variações na dificuldade de adaptação do comportamento para se ajustar às situações sociais, compartilhar brincadeiras imaginárias e ausência de interesse por pares.

2. Padrões repetitivos e restritos de comportamento, atividades ou interesses, conforme manifestado por pelo menos dois dos seguintes itens, ou por histórico prévio:

- Movimentos motores, uso de objetos ou fala repetitiva e estereotipada (estereotipias, alinhar brinquedos, girar objetos, ecolalias).
- Insistência nas mesmas coisas, adesão inflexível a padrões e rotinas ritualizadas de comportamentos verbais ou não verbais (sofrimento extremo a pequenas mudanças, dificuldade com transições, necessidade de fazer as mesmas coisas todos os dias).
- Interesses altamente restritos ou fixos em intensidade ou foco muito maiores do que os esperados (forte apego ou preocupação a objetos, interesse preservativo ou excessivo em assuntos específicos).
- Hiper ou hiporreatividade a estímulos sensoriais ou interesses incomuns por aspectos sensoriais do ambiente (indiferença aparente à dor/temperaturas, reação contrária a texturas e sons específicos, fascinação visual por movimentos ou luzes).

3. Níveis de gravidade ou necessidade de suporte do TEA, segundo os critérios diagnósticos do *DSM-5*:

- Nível 1 – outrora conhecido como leve (necessita suporte), apresenta relativo bom funcionamento, com apoio. Apresenta prejuízo na ausência de apoio, déficits na comunicação e interação social, assim como padrões comportamentais que podem causar prejuízos notáveis. As pessoas que se encontram no espectro do autismo nível 1 não apresentam atrasos cognitivos/intelectuais e de aquisição de fala significativos. O coeficiente intelectual está preservado.

- Nível 2 – outro conhecido como moderado (necessita de suporte substancial); significa que, mesmo que tenha suporte, poderá apresentar dificuldades na socialização, na comunicação e em seus comportamentos. Pode haver transtorno do desenvolvimento intelectual.
- Nível 3 – outrora conhecido como severo (necessita de suporte muito substancial); prejuízos graves de funcionalidade, ainda que haja nível de suporte. Apresentam déficits graves nas habilidades de comunicação social verbal e não verbal. O comportamento interfere nas funções executivas; dificuldade extrema em lidar com mudanças; grande aflição em mudar de foco ou ação. As pessoas que se encontram no espectro do autismo nível 3 ou severo estão associadas, geralmente, à deficiência intelectual, comorbidades (outras condições ou transtornos associados) e incapacidades nas habilidades/atividades da vida diária.

Sobre os níveis, é importante dizer que o autista nível 3 (grave) tem seus potenciais desacreditados e, em contrapartida, o autista nível 1 (leve) tem seus prejuízos banalizados, por isso precisamos mudar essa realidade, acreditar no potencial e nas "dores" de filhos e pacientes. Todo nível de autismo deve ser tratado com seriedade, de forma individualizada e respeitosa. Autistas de todos os níveis enfrentam desafios, necessitam de intervenção terapêutica e acolhimento.

A intervenção precoce é determinante para proporcionar melhores resultados no tratamento do paciente. Tratamento, que deve ser intenso, com qualidade e quantidade, composto por técnicas comportamentais baseadas na ciência ABA e vinculado a especialidades, de acordo com as necessidades de cada paciente (DANIOLOU *et al.*, 2022).

Essa é a definição técnico-científica, mas compreender o autismo vai além disso. Como o próprio nome sugere, trata-se de um amplo espectro com diversas possibilidades e manifestações. O autismo não se limita a uma ciência ou especialidade.

O autismo raramente virá sozinho. O *DSM-5* indica que 70 a 80% das pessoas autistas apresentam um tipo de comorbidade e 40% têm duas ou mais comorbidades. É importante entender que essas condições podem ocorrer em qualquer momento da vida do autista, podendo influenciar a apresentação e a gravidade, mudando o curso da condição principal.

Entre as principais comorbidades estão: TDAH, deficiência intelectual, TOD, transtornos gastrointestinais, distúrbios do sono, transtornos alimentares, distúrbios do movimento (p. ex., síndrome de Tourette), transtornos do humor (p. ex., ansiedade), transtornos de aprendizagem (p. ex., dislexia), transtornos do controle motor (p. ex., apraxia de fala) e outros (KHACHADOURIAN, 2023).

O transtorno do espectro autista é complexo e amplo, sendo indispensável uma intervenção individualizada. Família, escola e terapeutas serão fundamentais para potencializar todo o desenvolvimento dessa criança.

Referências

ASSOCIAÇÃO AMERICANA DE PSIQUIATRIA. *Manual diagnóstico e estatístico de transtornos mentais*. DSM. 5. ed. Porto Alegre: Artmed, 2023.

BOLTE, S.; GIRDLER, S.; MARSCHIK, P. B. A contribuição da exposição ambiental para a etiologia do transtorno do espectro do autismo. *Célula. Mol. Ciência da Vida*. 76, 1275-1297, 2019. Disponível em: https://doi.org/10.1007/s00018-018-2988-4.

BRASIL. *Transtorno do Espectro Autista (TEA) na criança*: apurando o olhar para a vigilância do desenvolvimento infantil. Brasília: Ministério da Saúde, 2019.

DANIOLOU, S.; PANDIS, N.; ZNOJ, H. The efficacy of early interventions for children with autism spectrum disorders: a systematic review and meta-analysis. *J Clin Med*. 2022 Aug 30;11(17):5100. doi: 10.3390/jcm11175100. PMID: 36079029; PMCID: PMC9457367.

KHACHADOURIAN, V.; MAHJANI, B.; SANDIN, S. *et al*. Comorbidades no transtorno do espectro autista e suas etiologias. *Transl Psychiatry* 13 , 71 (2023). Disponível em: https://doi.org/10.1038/s41398-023-02374-w.

MAENNER, M. J.; WAREEN, Z.; WILLIAMS, A. R. *et al*. Prevalence and characteristics of autism spectrum disorder among children aged 8 years – autism and developmental disabilities monitoring network, 11 Sites, United States, 2020. *Surveillance Summaries*, March 24, 2023/72 (2); 1-14-CDC.

PIERCE, K.; GAZESTANI, V. H.; BACON, E.; BARNES, C. C.; CHA, D.; NALABOLU, S. *et al*. Evaluation of the Diagnostic Stability of the Early Autism Spectrum Phenotype in the General Population Starting at Months. *JAMA Pediatr*. 2019 Jun 1;173(6):578-587.doi:10.1001/jamapediatrics. 2019.0624.

SOCIEDADE BRASILEIRA DE PEDIATRIA (SBP). (2019) *Manual de orientação transtorno do espectro do autismo*. Departamento Científico de Pediatria do Desenvolvimento e Comportamento. n. 5, 2019.

[illegible]

[illegible]

Referências

[illegible]

[illegible]

[illegible]

[illegible]

[illegible]

[illegible]

[illegible]

03

É POSSÍVEL DIAGNOSTICAR O AUTISMO ANTES DE 12 MESES DE VIDA?

Na última década, a visão das ciências da saúde sobre o autismo mudou radicalmente. Hoje, sabe-se que o transtorno do espectro autista (TEA) está ligado a fatores genéticos e ambientais intrauterinos. A maioria das crianças apresenta características do espectro nos primeiros 12 meses de vida. Profissionais, especialmente pediatras, devem estar atentos e capacitados para o diagnóstico e direcionamento precoces, cruciais para uma intervenção efetiva.

DIEGO SCHADECK RODRIGUES

Diego Schadeck Rodrigues

Médico e pediatra, com formação pela UFPR, tendo feito a residência no HC-UFPR. Atualmente, pós-graduando em Psiquiatria da Infância e Adolescência pelo CBI of Miami. Certificação em Autismo pela Certificação Thiago Castro. Certificação em Transtornos do Neurodesenvolvimento Masruha & Castro. Pediatra integrante da Equipe Blua, com foco em atendimento ao TEA, TND e desenvolvimento infantil, atendendo presencialmente e on-line para o Brasil e exterior.

Contatos
diegoschadeckrodrigues@gmail.com
Instagram: @dr.diegoschadeck
45 99137 0643

Muito se fala na atualidade sobre a importância do diagnóstico precoce no transtorno do espectro autista. E aqui, para o leitor que está adentrando nos termos técnicos e aspectos médicos do diagnóstico do TEA, cabe uma contextualização e breve análise histórica.

Até relativamente pouco tempo na história da medicina, em particular da psiquiatria infantil e da neuropediatra, os próprios critérios diagnósticos eram mais restritos e enumeravam sintomas de maior gravidade e severidade, deixando muitos dos pacientes que atualmente são diagnosticados com TEA sem um diagnóstico específico para tal. Muitos eram diagnosticados como pacientes com síndrome de Asperger, transtorno invasivo do neurodesenvolvimento ou até mesmo atraso global do desenvolvimento, entre outros, muitos dos quais atualmente englobados dentro do TEA.

Periodicamente temos a revisão de critérios diagnósticos a cada nova edição do DSM, o Manual Diagnóstico e Estatístico de Transtornos Mentais, a última em 2013, sendo este o maior compêndio norteador para os critérios diagnósticos de todas as doenças e transtornos mentais e de neurodesenvolvimento. Inclusive, a cada nova edição, verifica-se que houve ampliação da gama de sintomas descritos presentes no TEA, e exigiu-se a presença destes desde o início do seu desenvolvimento.

A idade viável para o diagnóstico, que até então se subentendia que era possível validar os sintomas de autismo no indivíduo, seria somente após os primeiros 3 anos de idade, mediante o seu desenvolvimento típico ou atípico, mas foi nas últimas edições que ficou claramente estabelecido que os sintomas de TEA devem estar presentes desde a primeira infância e início do desenvolvimento infantil, ou seja, antes mesmo dos 3 anos de idade.

Infelizmente a crença de que antes de 36 meses de vida o diagnóstico não pode ser firmado ainda se sustenta entre muitos profissionais e terapeutas, os quais, por razões que não cabe aqui elencarmos, desconhecem as últimas atualizações e mudanças na maneira como a medicina e demais ciências da saúde enxergam atualmente a evolução do transtorno ao longo do desenvolvimento do indivíduo.

O que se verifica atualmente, segundo inúmeros estudos que abordam o desenvolvimento do autismo, é que em muitos pacientes os sinais e sintomas altamente sugestivos já estão presentes nos primeiros 12 meses de vida.

Muito do que sabemos atualmente dessa evolução precocemente na vida do indivíduo é que temos as primeiras alterações da arquitetura e funcionamento cerebral alterados ainda na fase intrauterina, com o indivíduo já nascendo com características que favorecem o desenvolvimento do TEA durante o neurodesenvolvimento do indivíduo nos seus primeiros anos de vida.

Apesar de termos pacientes com o autismo regressivo, no qual o paciente tem um desenvolvimento neurotípico (ou muito próximo do típico), entre os 12 aos 36 meses de vida há uma perda de habilidades nos campos de comunicação e socialização, a maioria dos pacientes com TEA tem uma evolução dos sinais e sintomas já desde o seu primeiro ano de vida, quando avaliados retrospectivamente.

Eventualmente temos pacientes que antes dos 12 meses já apresentam perdas recorrentes de algumas habilidades sociais e de comunicação, e esse é um sinal ainda de maior alerta para a suspeita de TEA.

Quando suspeitar de TEA antes dos 12 meses de vida?

Pela tentativa de estratificar o risco para TEA, sobretudo em bebês com alto risco devido a outros irmãos e familiares já diagnosticados, Bryson e Zwaigenbaum desenvolveram e aplicaram uma escala de avaliação para bebês entre 6 e 18 meses em uma tentativa de triar e estratificar os pacientes, com 19 características de alta sugestibilidade para o autismo. Dentre essas características e sintomas, os mais evidentes e correlatos estão também contemplando os critérios necessários para o diagnóstico segundo o *DSM-V*.

Entre as dezenove características, segundo a escala AOSI (BRYSON, 2014), estão:

- Dificuldade para rastrear e seguir um objeto horizontalmente.
- Dificuldade no desengajamento do contato visual de objetos específicos.
- Baixa resposta ao chamado pelo nome.
- Reações inadequadas/ausentes às mudanças na expressão emocional alheia.
- Baixa capacidade de antecipar e sentir prazer nas atividades que envolvam contato ou atividades físicas com os cuidadores.
- Redução na capacidade e iniciativa de imitar comportamentos alheios.

- Balbucio reduzido diante de tentativas de troca de turno nas vocalizações.
- Baixa busca, manutenção e rastreamento do contato visual.
- Dificuldade em sorrir reciprocamente ao sorriso de outras pessoas.
- Habilidade reduzida de concentrar o olhar na ação correlacionada ao objeto.
- Hipo ou hiper-reatividade à apresentação de atividades e objetos.
- Engajamento reduzido em atividades e brincadeiras com demonstrações de afeto.
- Dificuldade em realizar transições entre atividades ou brincadeiras.
- Dificuldade de controle, planejamento e coordenação motora.
- Maneirismos e movimentos motores atípicos.
- Comportamento de busca ou fuga sensorial atípicos para a idade.
- Dificuldades ou alterações na atenção sustentada e dirigida.
- Presença de comportamentos repetitivos ou interesses restritos.
- Capacidade reduzida de demonstrar interesse pela triangulação do olhar.

Essa escala, entretanto, não se mostrou totalmente capaz de determinar um diagnóstico de certeza aos 6 meses de idade; no entanto, teve especificidade e sensibilidade maiores, já servindo de ferramenta de triagem entre 12 e 18 meses de vida. Muitos dos pacientes que tiveram a suspeição diagnóstica, mas que não sustentaram o diagnóstico de TEA após os 18 meses, mantinham sintomas e traços autísticos quando reavaliados posteriormente, muitos dos quais ainda necessitavam de intervenções terapêuticas dirigidas para atrasos e dificuldades específicas.

Mas por que esses sinais são sugestivos de TEA?

Ao se analisar os critérios diagnósticos previstos no DSM para o autismo, verifica-se que a maioria desses achados clínicos contemplam os sintomas descritos no manual que rege o diagnóstico do TEA.

O critério A envolve déficits na reciprocidade socioemocional, comunicação verbal e/ou não verbal e dificuldade para iniciar, manter e entender adequadamente relacionamentos e atividades sociais.

Já os critérios do grupo B mencionam estereotipias, ecolalias e movimentos repetitivos, rigidez comportamental, inflexibilidade e apego a ritualismos e rotinas, alterações sensoriais e áreas de interesse restrito ou hiperfocos desproporcionais para a idade.

Como identificar as características na vida diária do bebê?

Muitos pediatras, neuropediatras e profissionais que atuam diariamente na avaliação do desenvolvimento infantil, em particular nas consultas de rotina de puericultura, recebem queixas e preocupações dos pais sobre comportamentos atípicos dos bebês que chamam a atenção dos genitores e que, em considerável parcela, virão a ser diagnosticados com TEA posteriormente.

Não raro, a mãe é a primeira que nota um comportamento mais "frio" e indiferente do filho em relação a ela. O contato visual pobre e desinteressado muitas vezes já chama a atenção, com dificuldade para que o bebê, já nas primeiras semanas de vida, tenha uma busca e sustentação do olhar durante as mamadas.

Uma redução nas vocalizações, balbucios e troca de turno entre as vocalizações com os pais, assim como uma falta do olhar compartilhado e triangulação do olhar entre o bebê, um cuidador e um objeto (ou outra pessoa), é um dos sinais mais evidentes da falha do desenvolvimento de habilidades fundamentais no neurodesenvolvimento típico, já dando sinais precoces de uma falha na teoria da mente.

Um ponto que é de certo modo difícil avaliar em bebês, dentre os critérios diagnósticos, são as ecolalias, que particularmente fazem parte do processo de aprendizado da fala nas fases iniciais da vida, e são de dificílima diferenciação antes de 1 ano, quando seriam excessivas, pois o repertório vocal dos bebês é limitado, e existe uma tendência natural à repetição dos sons falados pelos cuidadores, até mesmo como forma de aprendizado e de comunicação.

De modo geral, bebês que apresentam comportamentos específicos e reatividade ao meio muito extremados, seja para a presença ou ausência desses, devem ser considerados suspeitos para algum transtorno do neurodesenvolvimento.

Na maioria das vezes em que se avalia a história de um paciente com autismo, temos bebês ou muito indiferentes ao contato físico e acolhimento no colo dos pais, inclusive alguns com aversão e irritabilidade significativas a essas situações, ou bebês que apresentam uma demanda contínua e praticamente ininterrupta do colo, em particular de uma pessoa em específico.

A irritabilidade frequente, recorrente, desproporcionalmente intensa, e muitas vezes sem uma explicação aparente, desde que afastadas causas orgânicas, como APLV, pode ser um sinal precoce de transtorno do processamento sensorial, mas com dificuldade na identificação dos fatores e estímulos desencadeantes.

Apesar de muitas vezes difíceis de identificar em um primeiro momento, comportamentos ritualísticos e rígidos podem já estar presentes desde cedo na vida do bebê. Dificuldades para aceitar diferentes ambientes de sono e amamentação podem estar presentes já desde os primeiros meses de vida.

Bebês com hábitos muito específicos e inflexíveis podem, se com um olhar atento e dirigido para tais situações, ser identificados.

A questão dos hiperfocos e busca sensorial alterada pode estar presente de maneira precoce em bebês que preferem de maneira desproporcional brinquedos de determinada forma, cor ou textura, deixando os demais objetos em quase total desinteresse, e não se interessando ou explorando de maneira evidente novos objetos, que é o que se espera para essa idade.

As questões motoras no autismo: um capítulo à parte

Assim como as ecolalias, as estereotipias e movimentos repetitivos, quando presentes em reduzida frequência, também são muito comuns no desenvolvimento típico, até mesmo pela falta de repertório comunicativo e gestual no primeiro ano de vida. O ponto principal é quando essas características ocorrem de maneira intensa e desproporcional, gerando inclusive dificuldades e competindo com o desenvolvimento e execução de habilidades esperadas para cada fase da vida do bebê.

Mas é de extrema importância aqui ressaltar que, apesar de não estarem entre os critérios diagnósticos no DSM, uma grande parcela dos pacientes apresenta atrasos motores já desde o primeiro ano de vida (HI HUEY LIM, 2021).

Um dos principais achados são as questões de hipotonia e atrasos nos ganhos de habilidades motoras amplas e finas. Não incomum é o relato na investigação diagnóstica de bebês que tiveram atrasos em 2 meses ao esperado para a idade ou mais para conseguir ter sustentação cervical, sentar-se sem apoio, sustentar-se de pé, desenvolver a habilidade de pinça grossa e/ou fina (CLEARY, 2023).

Outra dificuldade importante que surge e que envolve uma interface das áreas social e motora é a reduzida capacidade de imitação nos pacientes com TEA, evidenciando desde muito cedo que o desenvolvimento de habilidades tem fatores correlatos e interdependentes entre todas as áreas do desenvolvimento infantil (LANDA, 2007; ESTES, 2015).

Apesar de ainda não estar dentro dos critérios para o diagnóstico do TEA, acredita-se que para as próximas edições do DSM previstas para os próximos anos esses atrasos devam passar a serem mais um dos critérios diagnósticos contemplados.

Mas, afinal, o diagnóstico pode ser realizado aos 12 meses?

Quando analisado o que o próprio DSM preconiza, o diagnóstico de TEA é realizado quando existem déficits presentes e persistentes nas áreas aqui já mencionadas.

No entanto, a mera presença desses atrasos no desenvolvimento do paciente, quando afastadas outras possíveis causas orgânicas ou ambientais que expliquem melhor os sintomas (p. ex.: um ambiente extremamente desfavorável em estímulos adequados ao paciente), deve servir de fortes indicadores para alta suspeição do diagnóstico.

Mediante a suspeita diagnóstica evidente, desde que contemplados todos os critérios diagnósticos, e tendo em vista principalmente a janela de oportunidade e neuroplasticidade para a maior redução nos déficits encontrados, é fundamental que seja estabelecido o diagnóstico antes mesmo dos 12 meses de vida para o paciente, se houver indicadores para tal.

Somente dessa maneira o paciente terá direcionamento e acesso às terapias adequadas para ter o pleno desenvolvimento e ganho de habilidades dentro do seu potencial, independentemente da carga genética associada à maior ou menor morbidade.

Mesmo quando o diagnóstico foi firmado aos 12 meses de vida, verificou-se que o paciente, quando reavaliado posteriormente aos 3 anos e submetido novamente às ferramentas de avaliação, teve diagnóstico sustentado em 70% dos casos. Já quando o diagnóstico inicial é aos 14 meses, ele se sustenta em 84% e, desses 16% que não têm o diagnóstico sustentado, menos de 2% das crianças serão posteriormente consideradas com desenvolvimento plenamente típico (PIERCE, 2019).

Ao se avaliar esses números por si só, conclui-se que seria de uma negligência e irresponsabilidade imensas considerar postergar o diagnóstico do TEA em virtude de alguma dúvida quanto à sua evolução, mesmo que próximo aos 12 meses de vida.

Estaríamos privando a maioria das crianças autistas de ter uma intervenção mais precoce e mais efetiva. A demora no diagnóstico e direcionamento para as terapias adequadas só permitirá que o curso natural do autismo se acentue ao longo dos meses de demora e complacência na investigação médica do paciente.

Muitos desses déficits só se intensificarão, criando um hiato ainda maior no desenvolvimento dessa criança diante das demais, com atrasos cada vez maiores e necessidade de terapias em maior frequência e por tempo mais prolongado para que o paciente atinja um comportamento mais funcional e independente.

Referências

AMERICAN PSYCHIATRIC ASSOCIATION (APA). *Manual diagnóstico e estatístico de transtornos mentais*. 5. ed. Porto Alegre: Artmed, 2023.

BOLTON, P. F. *et al.* Autism spectrum disorder and autistic traits in the Avon Longitudinal Study of Parents and Children: Precursors and early signs. *Journal of the American Academy of Child and Adolescent Psychiatry*, 51, 249-260, 2012.

BRIAN, J. *et al.* Clinical assessment of autism in high-risk 18-month-olds. *Autism*, 12, 433-456, 2008.

BRYSON, S. *et al.* The Autism Observation Scale for Infants: Scale development and reliability data. *Journal of Autism and Developmental Disorders*, 38, 731-738, 2008.

BRYSON, S. E.; ZWAIGENBAUM, L. Autism observation scale for infants. *Comprehensive guide to autism*. New York: Springer, 299-310, 2014.

CLEARY, B. D. *et al.* The first six months of life: A systematic review of early markers associated with later autism. *Neuroscience*, 152, 2023.

ELSABBAGH, M. *et al.*; British Autism Study of Infant Siblings Team. Disengagement of visual attention in infancy is associated with emerging autism in toddlerhood. *Biological Psychiatry*, 74, 189-194, 2013.

ESTES, A. *et al.* Behavioral, cognitive, and adaptive development in infants with autism spectrum disorder in the first 2 years of life. *Journal of Neurodevelopmental Disorders*, 7, 24, 2015.

LANDA, R. J. *et al.* Social and communication development in toddlers with early and later diagnosis of autism spectrum disorders. *Arch Gen Psychiatry*, 64, pp. 853-864, 2007.

LIBERTUS, K. *et al.* Limited fine motor and grasping skills in 6-month-old infants at high risk for autism. *Child Development*, 85, 2218-2231, 2014.

LIM, H. H. *et al.* Early Motor Function of Children With Autism Spectrum Disorder: A Systematic Review. *Pediatrics*, 147(2), 2021.

NYSTRÖM, P. *et al.* Joint attention in infancy and the emergence of autism. *Biological Psychiatry*, 86, 631-638, 2019.

PIERCE, K. *et al.* Evaluation of the Diagnostic Stability of the Early Autism Spectrum Disorder Phenotype in the General Population Starting at 12 Months. *JAMA Pediatr*. 173(6): 578-587, 2019.

ZWAIGENBAUM, L. *et al.* Assessment of Autism Symptoms From 6 to 18 Months of Age Using the Autism Observation Scale for Infants in a Prospective High-Risk Cohort. *Child Dev*, 92: 1187-1198, 2021.

04

AUTISMO
DA SUSPEITA AO PROGNÓSTICO

Muitas pessoas se sentem perdidas quando surge uma suspeita de autismo. Infelizmente, muitos profissionais ainda não estão qualificados para realizar a triagem inicial, validar os achados e, assim, encaminhar corretamente aos próximos passos. Este capítulo se propõe a ser um passo a passo do que fazer quando estamos diante de uma suspeita. Capítulo indispensável para pais, família, professores e profissionais da área do transtorno do espectro autista (TEA).

LUCIANA XAVIER

Luciana Xavier

É psicóloga, neuropsicóloga especialista em autismo, deficiência intelectual e ABA. Referência em avaliação neuropsicológica e tratamento do autismo ao longo da vida. No Brasil, é pioneira no autismo em meninas e mulheres, ministra cursos na área do TEA feminino e no brincar como forma de potencializar o desenvolvimento infantil. Diretora clínica de suas equipes multiprofissionais, com clínicas sediadas em Santo André e São Paulo. Mais de 25 anos de prática clínica. Seu perfil no Instagram, o @neuropsicolux, aborda temas diversos voltados ao autismo e à saúde mental na infância, adolescência e idade adulta, servindo de guia para muitos familiares, terapeutas e profissionais da educação. Palestrante nacional e internacional. Professora de pós-graduação e escritora. É embaixadora técnica de uma grande empresa mundial, referência de qualidade no mercado mundial de brinquedos educativos, e colunista especialista em autismo e saúde mental de diversas revistas.

Contatos
www.neuropsicolux.com.br
@neuropsicolux

O autismo é um transtorno do neurodesenvolvimento, de diagnóstico clínico que, recentemente, vem sendo mais bem estudado, assunto cada vez mais abordado, com instrumentos mais precisos para avaliação e critérios diagnósticos mais amplos e bem explicados. Assim, consequentemente, o número de diagnósticos vem aumentando, tanto na população infantil como entre os jovens e adultos.

O caminho que se percorre desde as primeiras suspeitas ao prognóstico pode muitas vezes ser bem longo e invalidado, principalmente nos casos TEA nível 1 de suporte, que um dia já foi chamado de leve; mas, hoje, sabemos que o termo não se aplica mais, pois de leve não tem nada.

O diagnóstico tardio em adultos e em mulheres são dois pontos que merecem destaque, pois geralmente são os de maior peregrinação e invalidação, causando sofrimento e geralmente associados a sofrimento psíquico, falta de adaptação, rebaixamento da qualidade de vida e funcionalidade.

Suspeita

Muitas crianças chegam ainda pequenas aos consultórios trazidas por suspeitas que seus pais e professores levantam. Geralmente, chegam pelo clássico atraso de fala e dificuldade de contato visual, assim como dificuldade de socializar, acompanhada de comportamentos disruptivos, confundidos com "birra", "gênio mais difícil", figurando entre os principais pontos que chamam atenção dos cuidadores. Porém, no caso de autistas meninas, com pouca necessidade de suporte, o autismo pode ficar por muitos anos "invisível", por vezes até a adolescência e idade adulta. Invisível para quem está de fora, pois para as meninas autistas a sensação de não pertencimento e de sentir-se inadequada ou menos que as outras é muito impactante e traz prejuízos emocionais significativos.

Entre os adultos que suspeitam estar no espectro, muitos levantam a suspeita após o diagnóstico de seus filhos, outros após tomarem contato com alguma informação sobre o assunto. Todos apresentam um núcleo de angústia muito comum – a pergunta que não cala e que os levam muitas vezes a pesquisas solitárias na internet e uma via-sacra na procura de profissionais: "o que fazer?".

Este capítulo se propõe a ser um guia passo a passo do que fazer e como buscar potencializar habilidades e diminuir, tratar, remediar dificuldades, em prol de maior adaptação, de uso de potenciais, de qualidade de vida e saúde mental.

Não importa a idade, o TEA é claramente definido por atrasos e prejuízos em duas grandes áreas do ser humano, a comunicação social associada à presença de comportamentos repetitivos e estereotipados. Algumas pessoas "enchem o copinho de sinais", outras apresentam apenas alguns sinais, mas não enchem o "copinho" que precisamos para fazer o diagnóstico de autismo. Assim, são pessoas que também não podem ser invalidadas ou negligenciadas, são pessoas que estão no espectro expandido do autismo ou ainda no fenótipo ampliado do autismo (FAA).

Todos precisam ter seu diagnóstico correto, o que obviamente proporcionará o tratamento correto.

O diagnóstico é libertador, pois possibilita que as peças que não se encaixavam agora se encaixem, tenham sentido; que as dificuldades sejam explicadas e a que a criança ou adulto se liberte para uma jornada chamada autoconhecimento, explorar seus potenciais, conhecer suas dificuldades para lidar com elas.

Lindo, né? Parece até simples, mas esta não é a realidade da maior parte de nossa população.

O diagnóstico

O diagnóstico do autismo é clínico, por isso exige que o profissional psicólogo, neuropsicólogo, pediatra, neurologista ou psiquiatra faça uma boa sondagem, uma boa entrevista, boa observação de comportamentos, entrevista a familiares e escola, avaliando segundo critérios diagnósticos descritos no *DSM-5 TR*.

Saliento que a busca não deve se findar apenas a um diagnóstico, é preciso mais do que isso: é preciso entender como essa pessoa funciona, e mais do que isso, como seu cérebro funciona, como recebe os estímulos vindos do meio, como os processa, como armazena informações, como faz uso do pensamento operante, como controla suas emoções, como faz tomada de decisões, e como aprender quando se tem dificuldade na aprendizagem.

É preciso saber como são os índices intelectuais, ou seja, inteligência, avaliar a cognição social, responsividade social, percepção e adaptação social. Quais são as habilidades e quais são os prejuízos.

Com este grande mapa em mãos, que se chama avaliação neuropsicológica, podemos buscar as intervenções necessárias e específicas a cada caso.

O psicólogo muitas vezes é uma peça fundamental no caminho do diagnóstico ao prognóstico. O psicólogo pode dar diagnóstico? Sim, pode, conforme Lei n. 4.119, de 27 de agosto de 1962, artigo 13, inciso 1*, do Conselho Federal de Psicologia, resolução CFP 06/2019, artigo 8.

O que acontece é que, para fins legais, como solicitar benefício, a legislação brasileira exige laudo médico, ou seja, assinado por um médico. Mas destaco que o psicólogo pode sim dar diagnósticos relacionados a sua área de atuação. Portanto, em resumo, o psicólogo está apto e com respaldo legal para exercer sua profissão e dar diagnóstico psicológico e o médico fornece o diagnóstico médico ou, como chamamos na nossa prática clínica: o médico dará a conclusão diagnóstica, com o CID, aquele código que contém número e letras conforme a classificação internacional de doenças, uma linguagem mundial.

As especialidades médicas e multidisciplinares se complementam, não competem, não se excluem nem concorrem entre si, pois atuam em campos muito distintos e complementares.

Entre elas, destacamos as que se relacionam e podem beneficiar os tratamentos e estimulação dos déficits relacionados ao autismo, psicologia, neuropsicologia, fonoaudiologia, psicopedagogia, musicoterapia, psicomotricidade, fisioterapia, terapia ocupacional, nutrição, neurologia, psiquiatria e pediatria.

A avaliação neuropsicológica é uma avaliação clínica, que consiste em um conjunto de provas, testes, escalas e questionários aplicados em consultório a fim de compreender o funcionamento:

- Intelectual.
- Cognitivo.
- Emocional.
- Social.

O profissional que realiza a avaliação neuropsicológica, neste caso visando ao diagnóstico e compreender o funcionamento da pessoa, precisa ter formação em psicologia, apto a utilizar os instrumentos e testes de uso restrito ao psicólogo, também ao diagnóstico no que se refere à saúde mental, como citado acima, e com especialização em neuropsicologia, a ciência que respalda os profissionais que atuam com o funcionamento do cérebro.

Mas, com esta avaliação em mãos, o que fazer?

Procurar o médico neurologista, psiquiatra ou ainda pediatra, com conhecimento, formação e experiência em autismo para obter a conclusão diagnóstica e possíveis norteamentos terapêuticos e condutas.

A avaliação é o grande norteador de dificuldades, habilidades e caminhos a seguir para potencializar o aprendizado e o ganho de habilidades da pessoa avaliada. Por isso, além da avaliação neuropsicológica, os profissionais especialistas também determinarão sua intervenção após avaliação do repertório do atendido, de repertório, habilidades, dificuldades e barreiras ao desenvolvimento, que determinarão o passo a passo da intervenção.

Muitos se questionam: "eu já tenho o diagnóstico, para que uma avaliação?"

Outros se queixam: "o médico não deu o diagnóstico e pediu uma avaliação..."

O autismo nível 1 de suporte pode ser desafiador de diagnosticar; meninas e mulheres se utilizam muito da camuflagem social, podem não ter os sinais clássicos, como atraso de fala, por isso muitas vezes os profissionais da saúde solicitam a avaliação, que pode e deve contribuir com o diagnóstico e com o planejamento do tratamento. Muitas vezes, mesmo com sinais mais evidentes e que permitem o diagnóstico, a avaliação será solicitada, pois conhecer o funcionamento, repertório, habilidades, dificuldades, vias de aprendizagem e potencial da pessoa são informações ricas para um tratamento individualizado e eficaz.

Nos casos com maior necessidade de suporte e menor condição de autonomia, os diagnósticos costumam ser mais precoces, devido à intensidade de sinais e prejuízos que levam precocemente as famílias a procurarem por diagnóstico e tratamento. Nesses casos, a avaliação também é muito importante, pois é preciso identificar o perfil intelectual que determinará os caminhos para intervenção, pois nos casos de deficiência intelectual associados à complexidade das intervenções e ao manejo, técnicas e estratégias precisam ser planejadas e conduzidas, levando em consideração o perfil intelectual do atendido.

Os pontos mais relacionados à suspeita estão relacionados a atrasos na comunicação, dificuldades, evitação ou ainda prejuízos na capacidade de socialização, crises de sobrecarga, imaturidade, presença de estereotipias (movimentos repetitivos aparentemente sem objetivo visível), ecolalia (repetição de palavras ou frases), andar na ponta dos pés, ausência ou alterações no contato visual, alterações de sono e seletividade alimentar.

Existem dois tipos de avaliação que se complementam e são fundamentais nos casos de autismo: na avaliação diagnóstica, geralmente se utiliza a neuropsicológica ou multidisciplinar e, na avaliação interventiva, aquela que mapeia as habilidades, os prejuízos e as barreiras ao desenvolvimento, gerando um programa individual de objetivos a serem conquistados com a terapêutica e que respondem às maneiras e às técnicas ou ainda estratégias que serão utilizadas. Os instrumentos de rastreio mais utilizados são o VBMAPP, ABLLS e VINELAND 3. O programa terapêutico individual geralmente é chamado de PEI (plano educacional individualizado) ou PTI (plano terapêutico individualizado).

Agora que já entendemos sobre as suspeitas e a necessidade de não apenas se obter um diagnóstico ou um CID, é necessário avaliar outra pergunta: qual é o próximo passo?

Tratamento

Os tratamentos geralmente envolvem equipes multidisciplinares que precisam ser integradas. Os tratamentos envolvem um plano terapêutico específico e individual a cada caso. Essa seria a realidade ideal, porém sabemos que, com o aumento da demanda para diagnóstico, avaliação e tratamento para o TEA ao longo da vida, existe, por outro lado, uma escassez de profissionais, por isso este ideal muitas vezes não é uma realidade em nosso país.

Os tratamentos adequados e ideais devem envolver a família e a escola, devendo respeitar o atendido em todas as suas necessidades. Devem levar em consideração a necessidade de suporte de cada um. A presença de acompanhante terapêutico na escola ou não, qual é o objetivo desse profissional assistente e qual é o plano educacional individualizado também são questões a serem vistas pelas famílias junto à escola e à equipe terapêutica.

Adultos TEA nível 1 de suporte muitas vezes necessitam de apoio psicológico pelos processos de psicoterapia.

A base teórica que alicerça os processos terapêuticos multi e interdisciplinares é baseada na ciência ABA (análise do comportamento aplicada), pois apresenta maior respaldo científico, eficácia e comprovação por diversos estudos.

Muitos artigos científicos alicerçam a eficácia da ciência ABA nos tratamentos.

O estudo investiga a eficácia da análise do comportamento aplicada (ABA) na melhoria das habilidades sociais e comportamentais em indivíduos no espectro autista. O transtorno do espectro autista (TEA) frequentemente apresenta desafios significativos na interação social, comunicação e comportamentos adaptativos. A ABA é uma abordagem terapêutica que se concentra na compreensão e na modificação do comportamento, utilizando técnicas e estratégias baseadas em princípios científicos do comportamento.

Os resultados revelam consistentemente melhoras significativas em várias áreas como interação social, comunicação e comportamentos adaptativos, quando a ABA é implementada de forma consistente e personalizada. Estudos demonstram que a ABA, quando aplicada de maneira intensiva e individualizada, pode ser eficaz na promoção e no aprimoramento das habilidades sociais e comportamentais em crianças, adolescentes e adultos com TEA. A análise da eficácia da ABA destaca a importância de intervenções precoces e estruturadas para melhorar a qualidade de vida e a independência desses indivíduos. A pesquisa também aponta para a necessidade de estudos mais aprofundados e de longo prazo, que considerem variações individuais e os efeitos a longo prazo da ABA nas habilidades sociais e comportamentais. Além disso, é fundamental uma abordagem holística, considerando outros fatores que possam influenciar o desenvolvimento dessas habilidades como o ambiente social, suporte familiar e a combinação de diferentes modalidades terapêuticas. Em suma, a análise revela que a ABA tem demonstrado ser uma abordagem promissora na melhoria das habilidades sociais e comportamentais em indivíduos com TEA, mas enfatiza a importância de uma abordagem multifacetada e a necessidade de pesquisas contínuas para aprimorar as intervenções destinadas a esses indivíduos.

O diagnóstico precoce ainda é nossa melhor realidade, pois quanto mais cedo temos um diagnóstico, mais cedo podemos estimular os ganhos e diminuir as dificuldades com as terapias integradas e multidisciplinares. Utilizamos um período valioso, período de maior neuroplasticidade cerebral, ou seja, a capacidade do cérebro de fazer novos arranjos e novas conexões utilizando o período mais rico de janelas de oportunidades. Porém, o diagnóstico, mesmo que tardio, é muito importante, pois também levará à maior compreensão de si mesmo e a tratamentos adequados.

Quanto maior a necessidade de suporte, menor a capacidade de autonomia, menor a capacidade de gerenciar a própria vida, portanto maior a intensidade de dificuldades, maior presença de prejuízos e dificuldades funcionais; estamos nos referindo aos níveis 2 e 3 de suporte, assim como o autismo mais atualmente classificado como profundo.

Nesses casos, apesar de o diagnóstico acontecer mais precocemente na vida da pessoa, os desafios de tratamento e evoluções são ainda maiores, mas ao longo dos anos a ciência foi mostrando que, mesmo em níveis maiores de suporte, o tratamento pode trazer melhoras significativas na vida dessas pessoas e de seus familiares; tratamentos sustentados pela ciência análise do comportamento aplicada (ABA), que levam o indivíduo a ganhos progressivos, a condutas mais reguladas, diminuição de comportamentos autolesivos, diminuição de inadequados e maior funcionalidade e qualidade de vida. Portanto, mesmo que o caminho entre suspeitar e tratar muitas vezes possa ser longo e sofrido, é possível; e sim: traz bons prognósticos.

O passo a passo pode ser mais rápido quando temos uma sociedade informada; a família é o núcleo mais importante desse caminho, geralmente são a família e a escola que percebem os primeiros sinais. Em caso de adultos nível 1 de suporte, muitas vezes são os próprios que se informam e que buscam explicação para suas dificuldades e falta de adaptação, procurando ajuda.

Como sempre afirmo: "Uma sociedade caminha para a inclusão quando se informa".

Referência

DIAS, R. I. R.; ROCHA, M. E. de S. B.; COSTA, M. G. da; BARROS, R. K. P. de; NEVES, O. dos S.; VIANA, J. M. L. de M. *et al.* Autismo e comportamentos adaptativos: uma análise da eficácia da ABA na melhoria das habilidades sociais e comportamentais. *Brazilian Journal of Implantology and Health Sciences*, v. 5, n. 5, p. 2896-2908, 2023. Acesso em: https://doi.org/10.36557/2674-8169.2023v5n5p2896-2908. Disponível: 24 jun. 2024.

05

GENÉTICA E AUTISMO

A IMPORTÂNCIA DOS EXAMES GENÉTICOS NA AVALIAÇÃO

É sabido que o autismo profundo, não sindrômico, é multigênico, de herança multifatorial, associando fatores genéticos a ambientais; e a somatória desses fatores leva ao transtorno. Apesar de o diagnóstico ser clínico, os exames genéticos podem contribuir para o entendimento e evidenciar áreas que necessitam de suporte, além de auxiliar no aconselhamento genético e no planejamento familiar.

GRACIELA PIGNATARI

Graciela Pignatari

Bióloga, com mestrado e doutorado em Biologia Molecular (UNIFESP-EPM) e sanduíche no Mount Sinai School of Medicine (MSSM-NY). MBA em Gestão de Projetos – Esalq-USP. Pós-doutoramento em Terapia Celular e Modelagem de Doenças com foco no autismo (USP). Foi a primeira pós-doutoranda do Projeto A Fada do Dente da USP e participou da criação da ONG Projeto: A Fada do Dente, a primeira ONG de pesquisa científica sobre autismo no Brasil. Foi professora no programa de pós-graduação em Anatomia dos Animais Domésticos e Silvestres, em nível de mestrado e doutorado, no curso de Especialização em Implantodontia na Universidade Cruzeiro do Sul e na APCD e no Curso de Medicina da Unisa. É sócia-fundadora da *startup* de biotecnologia TISMOO, primeira com foco em medicina personalizada para o autismo e síndromes relacionadas no Brasil. Atualmente, é coordenadora de cursos no Grupo Gradual e MSL na SPL Pharma.

Contatos
Instagram: @grapignatari
grapignatari@gmail.com

Foque no potencial e não nas limitações.
Temple Grandin

A relação genética do transtorno do espectro do autismo (TEA) teve início em estudos com gêmeos na década de 1970, mas foi só ao final do sequenciamento do genoma humano e com a introdução dos testes genéticos que as alterações genéticas puderam ser identificadas e associadas a ele. Hoje é sabido que o TEA é um transtorno majoritariamente genético, embora fatores ambientais também fazem parte do risco.

A etiologia do TEA

O TEA é um modelo excelente para mostrar a complexidade das condições do desenvolvimento neurológico, pois apresenta um amplo espectro de características clínicas e fatores genéticos variados e complexos, com alta incidência de variantes sendo herdadas (80%) e outras variantes raras ocorrendo pela primeira vez (10%). Quando temos uma alteração acontecendo pela primeira vez, chamamo-na de variante do tipo "de novo" (FU *et al.*, 2022).

Para explicar de forma simples conceitos complexos da genética do autismo relacionados à multigenicidade, multifatorialidade, adição, limiar e impactos da frequência de variantes genéticas (penetrância), pesquisadores do *The Hospital for Sick Kids* criaram o "modelo de copo" (Figura 1 – HOANG *et al.*, 2018). Ele explora as causas do TEA, a herdabilidade e a heterogeneidade encontrada entre membros da mesma família, como também a sobreposição de genes que podem ser encontrados em outras condições, como no transtorno de déficit de atenção/hiperatividade (TDAH), transtorno obsessivo-compulsivo (TOC), deficiência intelectual (DI) epilepsia e esquizofrenia (HOANG *et al.*, 2018).

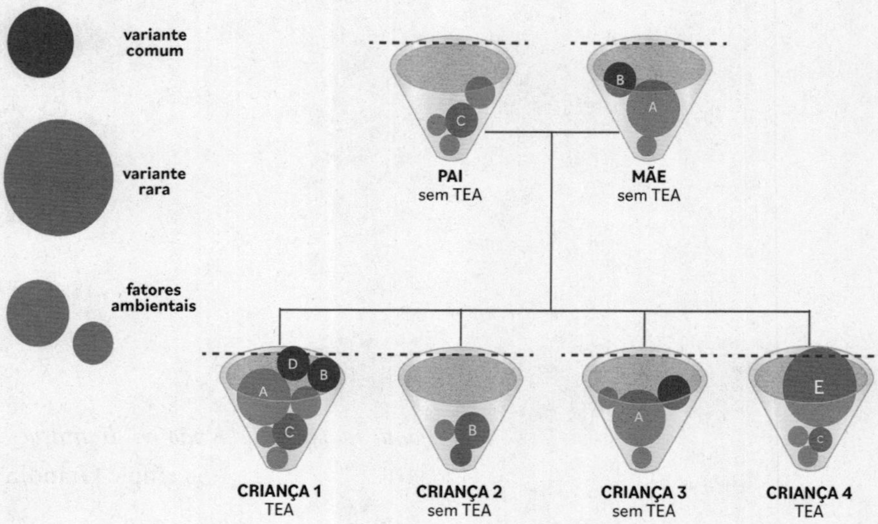

Fonte: adaptada de Hoang *et al.* (2018).
Agradecimento a Priscylla Cristina Kamin pela imagem.

Figura 1 Modelo de copo – Exibe a multifatorialidade, a multigenicidade e a heterogeneidade genética no TEA. Observe que é a somatória dos fatores que leva ao autismo pela ultrapassagem da linha pontilhada (limiar). Círculos roxos representam as variantes genéticas comuns. Círculos azuis, as variantes genéticas raras e, os rosas, os fatores ambientais. As diferenças no tamanho indicam o impacto dessas variantes em cada indivíduo (penetrância). A: variante rara herdada da mãe; B: variante comum herdada da mãe; C: variante comum herdada do pai; D: variante comum "de novo"; e E: variante rara "de novo".

Estudos científicos demonstraram que variantes comuns são frequentemente herdadas e presentes em indivíduos com inteligência preservada na infância e que conseguem atingir o maior nível de escolaridade (POLIMANTI; GELERNTER, 2017), enquanto variantes raras são do tipo "de novo", não herdadas e encontradas em indivíduos com comorbidades (GANNA *et al.*, 2018).

Em relação a causas ambientais, o ambiente em questão é o anterior ao nascimento, intrauterino; e a idade dos pais é um dos fatores de risco mais relevantes. Um homem de 45 anos tem 9% mais chance de ter um filho com autismo do que outro de 25 anos (TAYLOR *et al.*, 2019). Já mulheres acima de 35 anos têm o risco da síndrome metabólica que envolve o sobrepeso, o aumento da pressão arterial e o diabetes gestacional (KIM *et al.*, 2019).

Além da idade dos pais, fatores como utilização de ácido valproico durante a gestação, infecções, estresse oxidativo, curto intervalo entre as gestações (menor que 12 meses), baixo peso ao nascer, prematuridade e trauma ao nascimento (hipóxia) são vistos como fatores de risco. Por outro lado, vacinas, uso de paracetamol ou ácido fólico, trabalho de parto prolongado, cesariana, depressão pós-parto, poluentes, alimentação e vitaminas não são fatores ambientais (NG *et al.* 2017; CHENG *et al.*, 2019; GUO *et al.*, 2019; KIM *et al.*, 2019; LORD *et al.*, 2020; AHLQVIST *et al.*, 2024). O uso de inibidores de recaptação de serotonina também não faz parte do risco; entretanto, a depressão e a ansiedade são fatores genéticos (KIM *et al.* 2019).

Alterações epigenéticas, alterações químicas que impactam na expressão gênica sem alterar o DNA influenciadas pelo ambiente, estão sendo relatadas como importantes fatores de risco (FEINBERG *et al.*, 2023).

Exames genéticos

A evolução da tecnologia permitiu a popularização de testes genéticos como sequenciamento do exoma (sequenciamento da fração do genoma que codifica as proteínas) e do genoma (sequenciamento de todos os pares de bases que compõem o genoma humano, regiões codificantes e intergênicas).

Esse avanço levou à revolução profunda no número de estudos envolvendo sequenciamento de dezena de milhares de amostras de DNA de autistas e, consequentemente, à compreensão da biologia do TEA, com a identificação de 250 genes que, se alterados, aumentam o risco do transtorno (SATTERSTROM, 2020; FU *et al.*, 2022; TROST *et al.*, 2022).

No TEA, uma única alteração genética já é suficiente para causar o transtorno, mas, na maioria dos casos, ele não ocorre devido a alterações em um único gene; pelo contrário, envolve distúrbios moleculares complexos em múltiplos genes importantes para os processos biológicos durante o neurodesenvolvimento. Estudos demonstraram que a maior parte das alterações genéticas estão presentes nos processos de comunicação neuronal (função sináptica) ou são genes que controlam a expressão gênica (remodelação da cromatina) (HOANG *et al.*, 2018; SATTERSTRON *et al.*, 2020; TROST *et al.* 2022).

As alterações genéticas podem ser variáveis e ocorrer em um simples nucleotídeo, variações estruturais no número de cópias (CNVs, do inglês *copy number variation*) na estrutura dos cromossomos (SCHAAF *et al.*, 2020; FU *et al.*, 2022; TROST *et al.*, 2022) ou ainda nas regiões não codificantes ou intergênicas (BRANDLER *et al.*, 2018; ZHOU *et al.*, 2019; FU *et al.*, 2022; Trost *et al.*, 2022).

No TEA, as alterações podem ocorrer tanto em nível cromossômico como gênico e existem exames diferentes para analisar essas alterações. Alterações em nível cromossômico são o cariótipo e o microarranjo genômico e os que analisam as alterações gênicas são: sequenciamento do genoma, exoma, painéis genéticos e teste de X-frágil.

A escolha do exame genético deve ser feita com base nas características clínicas dos pacientes. Recomenda-se que seja feita uma consulta pré-teste para a escolha do exame e explicação dos possíveis resultados e uma consulta pós-teste para explanação e direcionamento dos resultados obtidos (MANICKAM *et al.*, 2021).

De acordo com o American College of Medical Genetics and Genomics (ACMG), comparando testes genéticos padrões como cariótipo e microarranjo genômico com o sequenciamento do exoma completo ou do genoma, observou-se que o sequenciamento do exoma e genoma tem maior rendimento diagnóstico, pode ser mais custo-efetivo quando solicitado precocemente na avaliação diagnóstica e pode identificar variantes patogênicas em uma porcentagem significativa de casos que os outros testes padrões (MANICKAM *et al.*, 2021).

Outro aspecto importante recomendado pelo ACMG no sequenciamento do exoma e do genoma é que esses testes, diferentemente dos padrões, podem ser reanalisados de um a três anos após sua realização, permitindo apresentar resultados diferentes dos que foram previamente reportados (DEIGNAN *et al.*, 2019).

No Brasil, a portaria n. 18, de 27 de março de 2019, incorporou o sequenciamento completo do exoma para investigação etiológica da deficiência intelectual (DI) no âmbito do Sistema Único de Saúde; e em 24 de fevereiro de 2021, a Agência Nacional de Saúde Suplementar aprovou a Resolução Normativa (RN) 465/2021, que introduziu o sequenciamento completo do exoma para investigação etiológica da DI e outras especialidades.

A pesquisa das variantes genéticas a partir dos exames genéticos pode ser importante para conhecer a etiologia do TEA, na estratificação de pacientes, separação de acordo com alteração genética, permitindo, além de encontrar a causa genética, a oportunidade de conexão com famílias com o mesmo perfil genético, fornecendo fonte de compreensão, apoio e *networking*. Além dessa conexão, pode levar à conexão com pesquisadores e, consequentemente, à realização de estudos clínicos gene-específicos e tratamento personalizado.

O exame genético pode auxiliar no prognóstico e na conduta terapêutica, como também auxiliar na detecção de multidiagnósticos, quando se tratar de sequenciamento de genoma e do exoma, por serem abrangentes e permitirem o conhecimento total do patrimônio genético; e nele também podem ser encontrados achados secundários ou incidentais (descobertas inesperadas que podem ou não estar relacionadas ao quadro clínico do paciente). Por fim, ele pode ainda dar subsídios no aconselhamento genético, proporcionando uma orientação técnica clara sobre o risco de recorrência para o TEA em gerações futuras.

O conhecimento de todas as alterações genéticas relacionadas ao TEA ainda não é possível, mas sabemos que o entendimento da genética permitirá a compreensão de como o cérebro humano se desenvolve. Conhecer as variantes genéticas no processo pode ser fundamental no direcionamento de pesquisas *in vitro* e *in vivo* e na Medicina Personalizada, que apesar de parecer distante já vem acontecendo em TEA sindrômico (De RUBEIS *et al.*, 2023).

É sabido que as alterações genéticas são encontradas em autistas em todos os níveis, sendo que o nível 3 compreende variantes raras.

Os exames genéticos são ferramentas valiosas para exclusão ou associação de diagnósticos e permitem entender a etiologia do TEA. Eles devem ser solicitados e analisados em parceria com a clínica. Como no autismo não temos uma via única de alteração e as alterações podem ser cromossômicas e gênicas, o ideal é analisar de forma ampla as possíveis alterações que podem ser encontradas e muitas vezes associar os testes disponíveis, embora as novas diretrizes do ACMG sugerem que o sequenciamento do exoma e do genoma sejam testes de primeira ou segunda linha na investigação do TEA.

Referências

AHLQVIST, V. H. *et al.* Acetaminophen use during pregnancy and children's risk of autism, ADHD, and intellectual disability. *JAMA*, v. 331, n. 14, pp. 1205-1214, 2024.

BRANDLER, W. M. *et al.* Paternally inherited cis-regulatory structural variants are associated with autism. *Science*, 360(6386), pp. 327-331, 2018.

DEIGNAN, J. L. *et al.* Points to consider in the reevaluation and reanalysis of genomic test results: a statement of the ACMG. *Genetics in Medicine*, v. 21, n. 6, pp. 1267-1270, 2019.

De RUBEIS, S. *et al.* Autism spectrum disorder: Leading the way to precision psychiatry in the frontiers of medical research. *Brain Science*, pp. 12-14, 2023.

FEINBERG, J. I. *et al.* Epigenetic changes in sperm are associated with paternal and child quantitative autistic traits in an autism-enriched cohort. *Molecular psychiatry*, pp. 1-11, 2023.

FU, J. M. *et al.* Rare coding variation provides insight into the genetic architecture and phenotypic context of autism. *Nature genetics*, v. 54, n. 9, pp. 1320-1331, 2022.

GANNA, A. *et al.* Quantifying the impact of rare and ultra-rare coding variation across the phenotypic spectrum. *American Journal of Human Genetics*, v. 102, n. 6, pp. 1204-1211, 2018.

GUO, B. Q. *et al.* Association of maternal prenatal folic acid intake with subsequent risk of autism spectrum disorder in children: a systematic review and meta-analysis. *Progress in Neuro-Psychopharmacology & Biological Psychiatry*, n. 94, 2019.

HOANG *et al.* Communicating complex genomic information: a counselling approach derived from research experience with autism spectrum disorder. *Patient Education and Counseling*, v. 101, n. 2, pp. 352-361, 2018.

KIM, J. Y. *et al.* Environmental risk factors and biomarkers for autism spectrum disorder: an umbrella review of the evidence. *The Lancet Psychyatry*, v. 6, n. 7, pp. 590-600, 2019.

LORD, C. *et al.* Autism spectrum disorder. *Nature Reviews Disease Primers*, v. 6, n. 1, pp. 1-23, 2020.

MANICKAM, K. *et al.* Exome and genome sequencing for pediatric patients with congenital anomalies or intellectual disability: an evidence-based clinical guideline of the American College of Medical Genetics and Genomics (ACMG). *Genetics in Medicine*, v. 23, n. 11, pp. 2029-2037, 2021.

NG, M. *et al.* Environmental factors associated with autism spectrum disorder: a scoping review for the years 2003–2013. *Health Promotion and Chronic Disease Prevention in Canada*, v. 37, n. 1, pp. 1-23, 2017.

POLIMANTI, R.; GELERNTER, J. Widespread signatures of positive selection in common risk alleles associated to autism spectrum disorder. *PLoS Genetics*, v. 13, n. 2, e1006618, 2017.

SATTERSTROM, F. K. *et al.* Large-scale exome sequencing study implicates both developmental and functional changes in the neurobiology of autism. *Cell*, v. 180, n. 3, pp. 568-584, 2020.

SCHAAF, C. P. *et al.* A framework for an evidence-based gene list relevant to autism spectrum disorder. *Nat Rev Gen*, v. 21, n. 6, pp. 1-10, 2020.

TAYLOR, J. L. *et al.* Paternal-age-related de novo mutations and risk for five disorders. *Nature Communications*, v. 10, n. 1, pp. 1-9, 2019.

TROST, B. *et al.* Genomic architecture of autism from comprehensive whole--genome sequence annotation. Cell, 185(23), 4409-4427, 2022.

ZHOU, J. *et al.* Whole-genome deep-learning analysis identifies contribution of noncoding mutations to autism risk. *Nature Genetics*, v. 51, n. 6, pp. 973-980, 2019.

06

A INTERVENÇÃO EM ABA NO BRASIL

O presente capítulo possui três principais objetivos. O primeiro é esclarecer o que é a análise do comportamento aplicada (ABA). O segundo é evidenciar a importância da qualidade da prestação do serviço na qualidade de vida dos aprendizes e demais envolvidos. O terceiro é levar o leitor à reflexão sobre a prestação de serviços em ABA a todos.

AMANDA CRISTINA DOS SANTOS PEREIRA

Amanda Cristina dos Santos Pereira

Educadora especial (UFSCar). Psicopedagoga clínica (Faveni). Especialista em ABA (UFSCar). Mestra em Educação Especial (UFSCar) e doutoranda em Psicologia. É fundadora da ABA Moving, palestrante, docente em pós-graduações e supervisora ABA.

Contatos
aeducadoraespecial@gmail.com
Instagram: @educadoraespecial

Introdução

A análise do comportamento é dividida em quatro áreas. A primeira é o behaviorismo radical, que é a filosofia por trás da ciência. A segunda é a análise experimental comportamental, que se refere à área de pesquisas básicas dos princípios da ciência. A terceira é a análise do comportamento aplicada (ABA, do inglês *Applied Behavior Analysis*), que se trata da área de pesquisas aplicadas na sociedade.

Enquanto parte de uma ciência, ou seja, uma organização e visão sistemática de um conhecimento, a ABA é a área que neste capítulo interessa.

Um equívoco comum é ver a análise do comportamento aplicada (ABA) como um método. Não é método, porque dentro da ABA existe uma grande variedade de procedimentos de ensino (também conhecidos como metodologias). Além disso, existe uma concepção de **individualização em todo o processo de intervenção de um aprendiz que torna impossível existir um passo a passo e eficaz a todos**, como o conceito de método prevê.

As intervenções em ABA tiveram início na década de 1960. Pesquisadores realizaram estudos sobre como os princípios comportamentais poderiam ser aplicados para ajudar pessoas autistas. Embora haja relatos negativos na história da ciência, hoje as práticas dos profissionais estão mais bem alinhadas com a ética prevista em documentos de instituições internacionais regulamentadoras da prestação do serviço em ABA como referência no Brasil. Além disso, profissionais da saúde e educação em território nacional devem seguir a legislação vigente e a conduta ética do conselho de classe profissional (quando da saúde). Embora não haja regulamentação nacional da profissão, há movimentos políticos para isso ocorrer.

A ABA pode ser aplicada a diversas demandas, como, segundo Martin e Pear (2018), criação e supervisão de filhos, educação (da pré-escola à universidade), pessoas com atraso no desenvolvimento, terapia comportamental na clínica (psicológica), negócios, indústria e governo, entre outros. A intervenção em ABA ao transtorno do espectro autista (TEA) permite ao aprendiz adquirir, manter e generalizar habilidades, bem como reduzir comportamentos interferentes na qualidade de vida dele.

O documento "*Applied Behavior Analysis Practice Guidelines for the Treatment of Autism Spectrum Disorder: guidance for Healthcare Funders, Regulatory Bodies, Service Providers, and Consumers*", em tradução livre "Diretrizes Práticas para o Tratamento em Análise de Comportamento Aplicada ao Transtorno do Espectro Autista: orientação para operadoras de saúde, órgãos regulatórios, prestadores de serviços e consumidores", publicado em 2024, em sua terceira edição, reafirma sobre a ABA como:

> A abordagem de tratamento provou ser eficaz ao longo da vida e para uma variedade de distúrbios e condições. [...] em centenas de estudos revisados por pares nos últimos 50 anos [...]. ABA é o principal tratamento validado e baseado em evidências para TEA. [...] É amplamente reconhecido por diversas instituições de autoridade como a Academia Americana de Pediatria, a Academia Americana de Psiquiatria Infantil e Adolescente e o Instituto Nacional [norte-americano] de Saúde Mental (CASP, 2024, p. 10).

Todo o trabalho de intervenção em ABA é, sempre que possível, adequado às necessidades da pessoa e alinhado com ela, seus cuidadores e equipe de atendimento. Desse modo, a depender disso, a intervenção pode durar meses, anos ou ao longo da vida da pessoa (CASP, 2024).

A prestação de serviços em ABA

A prestação de serviços em ABA ganhou notoriedade nos últimos anos no Brasil. A qualidade da formação do profissional impacta diretamente a qualidade da prestação de serviço em ABA para os aprendizes e demais envolvidos. Inicialmente, a formação dos profissionais em ABA dava-se, principalmente, pela formação em nível de mestrado ou doutorado em universidades, bem como pela busca pessoal do profissional por certificações internacionais. É importante saber que mestrado e doutorado acadêmico capacitam profissionais, majoritariamente, para pesquisas e docência no nível superior. Atualmente, a oferta de formação de profissionais em ABA tem ocorrido também em nível de pós-graduação *lato sensu*, ou seja, especialização.

Segundo Dittrich e Strapasson (2018), "a diferença entre um analista do comportamento aplicado, que é pesquisador, e um analista do comportamento que presta serviços profissionais é que apenas o primeiro tem compromisso com a posterior publicação de dados coletados em seus estudos" (*apud* Sella; Ribeiro, 2018, p. 60). Segundo os autores, os profissionais prestadores de serviço têm como objetivo aplicar o conhecimento científico disponível para ajudar pessoas nos comportamentos socialmente relevantes. Consideram ainda que, se o comportamento ocorre em todos os lugares, o analista do comportamento pode estar em qualquer um deles, seja como pesquisador ou prestador de serviços.

Segundo as instituições de referência na área, como a Associação Brasileira de Psicologia e Medicina Comportamental (ABPMC), a prestação de serviços em ABA é composta por três principais profissionais: o aplicador, o coordenador e o supervisor.

Em breve resumo, o aplicador é o profissional responsável pela aplicação da intervenção dentro da carga horária prevista ao aprendiz. O coordenador é o profissional que avalia, define, planeja e acompanha a intervenção do aplicador e do aprendiz. O supervisor é o profissional que verifica toda a intervenção e seus envolvidos. Essa estrutura proposta tem poucos anos no Brasil; inclusive, há confusão sobre os nomes e funções desses profissionais, uma vez que não há regulamentação da profissão. Mas já é uma realidade em outros países há alguns anos.

Considera-se que a competência de um profissional é composta pela formação e experiência prática. Ou seja, a principal medida de qualidade não é necessariamente os títulos conquistados em nível acadêmico, assim como também não é o tempo de experiência prática. Afinal, qual é a melhor medida, então?

Dittrich e Strapassom (2018) indicam que a ciência não tem nada a ver com verdade absoluta, mas sim com a curiosidade, o questionamento, a investigação, a crítica, o diálogo aberto e honesto entre todos. Dessa forma, é imprescindível que profissionais, familiares, pessoas atendidas e instituições estejam atentas a características de qualidade na prestação do serviço em ABA.

De acordo com o CASP (2024), as principais características da ABA são:

- Ter uma avaliação objetiva e uma análise do contexto da pessoa, observando como o ambiente afeta seu comportamento, conforme evidenciado por meio de medições apropriadas. Ou seja, individualização da avaliação à intervenção.
- Considerar o contexto e a importância do comportamento para a pessoa, seus cuidadores, sua família e a comunidade.
- Promover a dignidade da pessoa.

- Usar os princípios e procedimentos da análise do comportamento para melhorar a saúde, as habilidades, a independência, a qualidade de vida e a autonomia da pessoa.
- Analisar os dados de forma consistente, contínua e objetiva para basear as tomadas de decisões clínicas.

Na prática, todo o trabalho feito em ABA tem registro de alguma forma. Isso significa que alguns documentos escritos fazem parte da rotina do profissional, como a folha de registro, planilha ou gráfico dos dados coletados na avaliação, relatório de avaliação, plano de ensino individualizado, programas de ensino, plano de intervenção comportamental, dados quantitativos em gráficos ou tabelas etc. Além disso, é esperado que a equipe apresente organização nos processos e procedimentos de gestão e desempenho de suas funções, bem como periodicidade de supervisões diretas e indiretas do aplicador, reuniões para orientação de pais/responsáveis e de articulação com profissionais da escola e de outras especialidades como fonoaudiologia, terapia ocupacional, psicopedagogia etc.

As práticas do profissional da ABA, o analista do comportamento, sempre deverão se apoiar no conceito de práticas baseadas em evidências (PBE), que significa tomar decisões que integrem a melhor evidência científica disponível, a *expertise* clínica do profissional, os valores e o contexto do cliente (DUEÑAS; BAK; PLAVNICK, 2018).

Uma reflexão sobre a prestação de serviços

Um dos principais desafios dos profissionais prestadores de serviços em ABA tem sido as condições na parceria com operadoras/convênios de saúde. Por condições, é comum apenas a perspectiva sobre o apelo financeiro do serviço. Mas não é só sobre isso.

Ocorre que, por não ter regulamentação da profissão e da consequente prestação de serviços, muitas operadoras de saúde entendem que:

1. As horas a serem remuneradas são apenas as de atendimento direto ao aprendiz.
2. Não há necessidade de carga horária intensiva ao aprendiz.
3. Não há necessidade de mão de obra tão especializada e tão qualificada, ou seja, basta ter um título para comprovar aptidão ao serviço.
4. O contexto de atendimento é apenas clínico.

Porém, uma intervenção em ABA de qualidade possui muitas horas de trabalho indireto, que atendem a demandas diretas do aprendiz, como supervisões, reuniões, treinamentos etc.

O custo de um tratamento em ABA é elevado, pois exige diversos profissionais (aplicador, coordenador e supervisor), mão de obra especializada e qualificada, alta carga horária semanal de intervenção direta e indireta ao aprendiz. Por isso, a lógica da remuneração nessa parceria é complexa, pois fundamentalmente são empresas buscando diminuição de custo. Mais que isso, são profissionais buscando qualidade e investindo em sua formação e experiência para melhor atender a seus aprendizes, mas também buscando e agindo pela qualidade de vida.

É comum que clínicas sucateiem a qualidade do serviço, aumentando o número de clientes e com carga horária reduzida, a fim de faturar pelo volume de horas pagas pela operadora de saúde ou família. Mas aumento de demanda de atendimento em número e com pouca mão de obra especializada e qualificada afeta diretamente a qualidade do serviço prestado ao aprendiz e demais envolvidos. Fato é que relatos de prejuízos na saúde mental e física dos profissionais são temas recorrentes nas redes sociais. Por outro lado, as operadoras de saúde vêm investindo cada vez mais em contratação de profissionais da área, a fim de obter orientação para melhor gerenciar a relação com clínicas conveniadas e de referenciamento. São comuns relatos de profissionais da área e até das próprias operadoras, identificação de irregularidades por parte da clínica na conduta técnica, como ausência de documentos primordiais da prática profissional e lançamento indevido de horas de faturamento do serviço.

E o aprendiz com isso tudo? É o mais prejudicado. Mas toda a rede de pessoas que estão conectadas com esse aprendiz, como familiares, profissionais, pares na escola e pessoas da comunidade, também fica prejudicada.

Considerações finais

A intervenção em ABA, promovendo a qualidade de vida ao aprendiz, possibilita a redução de custos futuros ou de longos tratamentos com pouca eficácia de intervenções não baseadas em evidências. A luta por qualidade na prestação de serviços em ABA é também política. A prestação de serviços em ABA precisa estar disponível para todos. Isso significa que o Estado deve se comprometer com a implementação desse benefício no serviço público de saúde e educação, com apoio e articulação de outras áreas, como a assistência social.

Referências

ASSOCIAÇÃO Brasileira de Psicologia e Medicina Comportamental (ABPMC). *Critérios para acreditação específica de prestadores de serviços em análise do comportamento aplicada (ABA) ao TEA/desenvolvimento atípico da ABPMC*. 1. ed. 2020. Disponível em: https://abpmc.org.br/wp-content/uploads/2021/11/16070173662d2c85bd1c.pdf. Acesso em: 03. jul. 2024.

THE COUNCIL of Autism Service Providers (CASP). *Applied Behavior Analysis Practice Guidelines for the Treatment of Autism Spectrum Disorder*: Guidance for Healthcare Funders, Regulatory Bodies, Service Providers, and Consumers. 3. ed. 2024. Disponível em: https://assets-002.noviams.com/novi-file-uploads/casp/pdfs-and-documents/ASD_Guidelines/ABA_Practice_Guidelines_3_0.pdf. Acesso em: 03. jul. 2024.

DITTRICH, A.; STRAPASSON, B. A. Bases filosóficas da análise do comportamento aplicada. *In*: SELLA, A. C.; RIBEIRO, D. M. (Orgs.) Análise do comportamento aplicada ao transtorno do espectro autista. 1 ed. Curitiba: Appris, 2018. cap 4, pp. 61-72.

DUEÑAS, A. BAK, M. Y. S.; PLAVNICK, J. Práticas baseadas em evidência e análise do comportamento aplicada. *In*: SELLA, A. C.; RIBEIRO, D. M. (Orgs.) Análise do comportamento aplicada ao transtorno do espectro autista. 1. ed. Curitiba: Appris, 2018. cap 6, pp. 85-102.

MARTIN, G.; PEAR, J. *Modificação de comportamento*: o que é e como fazer? 10. ed. Rio de Janeiro: Roca, 2018.

07

ABA NA ESCOLA

UM ENSINO BASEADO EM EVIDÊNCIAS CIENTÍFICAS

A escola apresenta urgência de seu processo de ensino ser baseado em ciência, com planejamento e dados científicos. Tem como desafio a modificação do conceito tradicional de ensino e expor as tecnologias de ensino baseadas na ciência ABA para conseguir um ensino centrado na intervenção e apoio comportamental positivo (PBIS).

LIANA VALE DOS SANTOS
BRUNA GONÇALVES

Liana Vale dos Santos

Psicóloga Mestra em Educação. Especializações em análise do comportamento. Formação em diversos protocolos de intervenção. Diretora da Clínica Espaço Infantil.

Contatos
lianavale1406@gmail.com
@psicologa.liana.vale
88 99941 8414

Bruna Gonçalves

Psicóloga comportamental. Especialista em educação sexual. Pós-graduada em Neurociências do Desenvolvimento, Neuropsicologia Clínica e Sexualidade Humana. Formação em Aplicadora ABA, Protocolo VB-MAPP, Modelo DENVER, Educação Inclusiva e Habilidades Básicas no Autismo.

Contatos
psibrunagon@gmail.com
@brunac.gon

"O ensino é o arranjo de contingências sob as quais o aluno aprende", descreveu Skinner na sua obra *Tecnologia de ensino* (1972); essas contingências devem ser programadas, o que implica planejamento. Nesse sentido, Skinner define princípios, denominados *instrução programada*, sendo eles: planejar o ensino para que seja mantido por contingências de reforçamento positivo, contrapondo o modelo das escolas de ensino por fuga-esquiva (em que o aluno se comporta para eliminar o aversivo, como notas baixas); tornar a aprendizagem reforço natural a partir do reforçamento arbitrário; disponibilizar feedback imediato ao aluno; comparar o aluno apenas com ele mesmo; o aluno necessita aprender pré-requisitos antes de ser exposto a um conteúdo novo; os conteúdos devem ser apresentados em ordem crescente de complexidade; expor o aluno apenas ao material que está preparado (individual); monitorar constantemente o desempenho; seguindo esses princípios é possível uma aprendizagem sem erros (BAGAIOLO *et al.*, 2011).

Esse tipo de ensino é essencial, uma vez que indivíduos no espectro possuem necessidades especiais devido a condições clínicas, comportamentais, cognitivas, interação e linguagem (ARAÚJO, 2021). Além disso, Bezerra (2018) afirma que a intervenção ABA (*Applied Behavior Analysis*) de inclusão vem cada vez mais inserindo-se nos espaços escolares, trazendo colaborações para as ações pedagógicas e manejando a redução dos comportamentos interferentes em sala de aula. Nessa intervenção, é realizada a observação e explicação da relação coexistente entre o ambiente e as respostas dadas pelo aluno; ao se observar um comportamento interferente, é realizado um plano de ação visando à redução desse repertório inserindo novos repertórios (LEAR, 2004).

Com isso, os analistas do comportamento desenvolveram algumas tecnologias de ensino baseadas nos princípios da análise do comportamento, um desses modelos é o CABAS (*Comprehensive Application of Behavior Analysis to Schooling*), que é baseado em procedimentos científicos, assim como a formação de professores como cientistas de ensino. Nessa tecnologia, a instrução deve ser individualizada e seguir o ritmo do aluno. São realizadas avaliações iniciais nas três principais áreas: matemática, leitura e escrita. Após as avaliações, os alunos são divididos em três grupos, de acordo com suas habilidades. A classe possui um professor e dois assistentes, cada um conduz um grupo em que ficam todos no mesmo ambiente, porém possui instruções e atividades diferentes de acordo com cada habilidade; o aluno monitora seu progresso e motiva os alunos a se interessarem por atividades acadêmicas. O planejamento das atividades apresenta alguns componentes, como: objetivo geral, objetivo específico, procedimento de registro de respostas, como será realizado o feedback, organização de dicas de acordo com a necessidade dos alunos, o professor inicia com o modelo, definição de antecedentes e respostas esperadas. Além disso, é formulado o critério de aprendizagem como três respostas consecutivas (pode ser modificado de acordo com o que será ensinado). O ensino também é organizado para respostas em grupo e é planejada a consequenciação. Greer (1992) afirma que toda ciência necessita de dados e a educação não poderia ser diferente. Assim, todas as respostas dos alunos devem ser registradas. Da mesma forma, são registrados os comportamentos dos professores por meio do supervisor, sendo constantemente observados. No modelo CABAS, os professores reforçarão os comportamentos adequados e ignorarão os comportamentos interferentes (GUIMARÃES; LUNA, 2020).

Outro modelo é o sistema personalizado de ensino (PSI); desenvolvido por Keller em 1960. Corresponde a um sistema de ensino baseado na análise do comportamento, que tem como princípios o domínio sequencial de conteúdo; os programas de ensino devem ser escritos e de acordo com o ritmo do aluno. O tutor deve dar suporte ao aluno e apresentação do conteúdo de forma que o motive (MENDES *et al.*, 2021).

Para que se obtenha um acompanhamento do progresso individual do aluno, é imprescindível a organização de um Plano de Ensino Individualizado (PEI), sendo utilizado para promover a inclusão e fornecer oportunidades iguais a todos os alunos, independentemente de suas diferenças. Esse documento deve conter avaliação individualizada, objetivos educacionais com metas personalizadas de acordo com as dificuldades, capacidades e ritmo do aluno, estratégias e recursos adaptados, por fim acompanhamento e revisão constantes, compreendendo que o processo não é estagnado e está em constante mudança (BRAUN; VIANNA, 2011).

A literatura recomenda que o PEI seja no modelo de planejamento centrado na pessoa, havendo uma conexão entre o conteúdo escolar e as necessidades do indivíduo, ou seja, o PEI não deve compreender apenas as necessidades de alfabetização, mas englobar todas as habilidades necessárias para o desenvolvimento do sujeito. É essencial que esse planejamento de ensino contenha habilidades desenvolvimentais (repertórios que surgem naturalmente no desenvolvimento típico, mas apresentam atrasos nos transtornos do neurodesenvolvimento, como o comportamento verbal), habilidades de aprendiz (criam possibilidades para habilidades mais complexas como sentar, esperar, fazer contato visual, olhar compartilhado e ensino de repertórios que eliminem as barreiras comportamentais) e habilidades acadêmicas (são as descritas na Base Nacional Comum Curricular [BNCC], como a leitura e as operações matemáticas). Cada uma dessas habilidades pode ser orientada a partir de protocolos de intervenção adequados aos alunos (MARÇAL *et al.*, 2020).

Após o planejamento curricular, é iniciada a adaptação de atividades, que ocorre com a análise de tarefas, ou seja, dividir uma habilidade complexa em etapas para facilitar o processo e seu desenvolvimento (BLANCO; GENNARI, 2019). A organização dessas atividades deve favorecer o "ensino sem erros" ou com o mínimo de erros possíveis a fim de que o aluno continue motivado para o processo de aprendizagem, fornecendo assim as dicas necessárias para sua realização (MONTEIRO *et al.*, 2018).

No modelo de inclusão do grupo gradual, ocorre o planejamento de contingências de aprendizagem; os professores são orientados quanto ao que ensinar (de acordo com um currículo comportamental), como ensinar (utilizando os procedimentos de ensino, como reforçamento, ou seja, aumento da frequência de respostas; pareamento de estímulos – apresentar um estímulo seguido de outro; modelagem, reforçando pequenas respostas que se aproximem à topografia de resposta desejada; tentativas discretas que envolvem passos de instrução, resposta, consequência e intervalo entre as tentativas; e hierarquia de dicas planejada). Além disso, é realizado o planejamento da inclusão, descrevendo o papel de cada um dos envolvidos. O analista do comportamento supervisiona o acompanhante terapêutico (AT), elabora com a escola um currículo adaptado para o aluno e favorece o envolvimento da família nesse processo. O AT é um estagiário, de preferência do curso de Pedagogia, que deve ser supervisionado e treinado pelo analista do comportamento. Seu papel é fazer registros e sistematizar em gráficos; executando o currículo e as atividades adaptadas e auxiliando na confecção de material, bem como alterar as contingências de reforçamento de acordo com a orientação do analista do comportamento. Nesse processo de inclusão, o material adaptado é imprescindível, que pode ser com material de interesse da criança e refazer o livro didático do aluno. Algumas adaptações são: oferecer mais espaços para o aluno escrever, menor quantidade de exercícios por páginas, acrescentar figuras de itens de interesse ou com dicas para compreensão da atividade, digitalizar exercícios. Ainda são utilizadas dicas antecedentes, como quadro de rotina, dicas gestuais, dicas físicas e vinhetas que facilitem o responder da criança (BAGAIOLO *et al.*, 2011).

Para que a análise do comportamento seja efetiva na escola, é essencial a formação de professores, porém nem sempre o ensino dos princípios comportamentais é efetivo na prática educacional, sendo mais efetivo que os professores aprendam as funções dos comportamentos e a consequenciar adequadamente (FREITAS *et al.*, 2022).

Uma forma de antecipar possíveis comportamentos interferentes é o quadro de rotina, que deve ser individualizado. Ele oferece previsão da sequenciação de atividades e pode auxiliar na negociação do professor e aluno, este último podendo mudar a sequência, além de oferecer uma noção temporal diminuindo a ansiedade, podendo funcionar ainda como treino de comunicação e verbalização, podendo pedir e descrever o que ocorreu no seu dia. Sobre sua utilização, o AT realiza a montagem da rotina com a criança, nomeando a ação e a criança pode repetir; no final do dia, pode ser revisto tudo o que foi realizado no dia (BAGAIOLO *et al.*, 2011).

É essencial ainda que a escola desenvolva intervenção e apoio comportamental positivo (PBIS), buscando a redução dos comportamentos interferentes dos estudantes, pela modificação comportamental da equipe gestora e docente, fortalecendo apoio e desenvolvendo sistemas para atender às demandas dos alunos. Nisso, os professores devem saber realizar análises funcionais de comportamentos, solicitar ao aluno instruções claras, alternância da atividade com um interesse da criança, fazer uso de pistas visuais de solicitações e reforço positivo (BRADSHAW *et al.*, 2008; GENNARO *et al.*, 2007).

Referências

ARAÚJO, C. P. F. *A mediação pedagógica para a inclusão de alunos com autismo através do modelo ABA: um estudo nos anos iniciais do ensino fundamental numa escola da rede privada de São Luís-MA. 2021*. Disponível em: https://

comum.rcaap.pt/bitstream/10400.26/39588/1/CILDENE_ARAUJO.pdf. Acesso em: 10 maio 2024.

ARAUJO, F. L. G. M. P. de; LACERDA, L. A inclusão escolar como direito da pessoa com autismo: para além da socialização. *In:* MENEZES, A. M. de C.; MENEZES, S. M. de C. (org.). *Coletânea ANEC*: Inclusão. Material organizado para instituições católicas. 1. ed. Brasília: ANEC e-Book, 2020. v.2. Disponível em: https://anec.org.br/biblioteca/coletanea-sobre-inclusao/. Acesso em: 10 set. 2024.

BAGAIOLO, L.; GUILHARDI, C.; ROMANO, C. Análise Aplicada do Comportamento – ABA. In: SCHWARTZMAN, J. S.; ARAÚJO, C. A. *Transtorno do espectro do autismo*. São Paulo: Memnon, 2011.

BEZERRA, M. F. A importância do método ABA: análise do comportamento aplicada no processo de aprendizagem de autistas. *Revista Científica Multidisciplinar Núcleo do Conhecimento*, 6(10), 189-204, 2018. ISSN: 2448-0959.

BRAUN, P.; VIANNA, M. M. Atendimento educacional especializado, sala de recursos multifuncional e plano de ensino individualizado: desdobramentos de um fazer pedagógico. *Educação especial e inclusão escolar*: reflexões sobre o fazer pedagógico. Seropédica, RJ: EDUR, pp. 23-34, 2011.

FREITAS, M. C. de; BENITEZ, P.; POSTALLI, L. M. M. Contribuições da análise do comportamento para a inclusão educacional brasileira. *Perspectivas em Análise do Comportamento*, [S. l.], v. 13, n. 1, pp. 197-212, 2022. DOI: 10.18761/DH010.jul21. Disponível em: https://www.revistaperspectivas.org/perspectivas/article/view/847. Acesso em: 22 maio 2024.

GUIMARÃES, L. S.; LUNA, S. V. de. Análise do comportamento aplicada à educação: aprendendo com as escolas CABAS e Morningside. *Revista Eletrônica de Educação*, [S. l.], v. 14, p. e2802055, 2020. DOI: 10.14244/198271992802. Disponível em: https://www.reveduc.ufscar.br/index.php/reveduc/article/view/2802. Acesso em: 22 maio 2024.

LEAR, K. *Um programa de treinamento em ABA (análise do comportamento aplicada em ritmo autoestabelecido)*. 2. ed. Toronto. 2004. Disponível em: http://www.helpusleam.com. Acesso em: 8 maio 2024.

MENDES, R.; BRINO, A. L. F.; GOULART, P. R. K.; CALCAGNO, S. O Sistema Personalizado de Ensino adaptado ao ensino de Análise do Comportamento em uma universidade pública: Histórico, potencialidades e dificuldades. *Revista Brasileira de Terapia Comportamental e Cognitiva, 23, 1-24, 2021*. Disponível em: https://doi.org/10.31505/rbtcc.v23i1.165. Acesso em: 9 set. 2024.

MONTEIRO, S. P. *et al. Procedimentos corretivos à aprendizagem sem erro: o caso de um adolescente com fracasso sistemático em leitura*, 2018.

08

AUTISMO E A EFICÁCIA DA INTERVENÇÃO DA TERAPIA FONOAUDIOLÓGICA

O presente capítulo tem como objetivo demonstrar a intervenção terapêutica fonoaudiológica com distúrbios do espectro autista. A terapia fonoaudiológica desempenha um papel importante no tratamento de distúrbios do espectro autista, ajudando no desenvolvimento da linguagem, comunicação, interação social e habilidades de alimentação. A abordagem varia de acordo com as necessidades individuais de cada pessoa com autismo, mas geralmente envolve o uso de técnicas específicas para estimular a comunicação e a expressão.

ALINE MENDES MARCHI DA SILVA

Aline Mendes Marchi da Silva

Fonoaudiologia (UFRJ). Pós-graduada em Psicopedagogia Clínica e Institucional (UNIG). Pós-graduada em Educação Especial e Inclusiva (Uninter). Especialista em Distúrbios de Fala e Linguagem (Unyleya). Especialista em Neuroaprendizagem (Faveni). Especialista com formação e certificação em ABA. Mestre em Educação (Facultad Interamericana de Ciencias Sociales).

Contatos
alinemendesmarchi@yahoo.com.br
Instagram: @alinemendesmarchi
Facebook: Aline Marchi

A fonoaudiologia desempenha um papel importante no desenvolvimento da comunicação e habilidades sociais em pessoas no espectro autista. Os profissionais dessa área podem ajudar na melhoria da linguagem, na compreensão de expressões faciais e gestos, além de trabalhar na modulação da voz e na articulação.

O autismo (TEA) é um transtorno de neurodiversidade que influencia a forma como uma pessoa se comunica, interage socialmente e percebe o mundo ao seu redor. É caracterizado por um espectro amplo e não linear, em que cada indivíduo pode apresentar diversos comprometimentos e defasagens, desafios e habilidades. Em geral, inclui dificuldades em compreender e utilizar a comunicação tanto verbal quanto não verbal, desenvolver e manter relações sociais e apresentar comportamentos restritos e repetitivos.

Entender o autismo significa reconhecer essa complexidade e diversidade. Cada pessoa com TEA tem o próprio conjunto de desafios e habilidades; portanto, empatia, respeito, paciência e apoio fazem grande diferença em suas vidas.

O transtorno já se manifesta desde a infância, apesar de muitos indivíduos só receberem o diagnóstico na fase adulta. O TEA acompanha o indivíduo no decorrer da vida, necessitando de um suporte adequado e adaptado às necessidades de cada um.

O autismo é um transtorno do neurodesenvolvimento que apresenta uma diversidade de características, ou seja, cada pessoa com TEA é única e pode apresentar características diferentes e individuais. Algumas características mais comuns:

- **Dificuldades de comunicação e interação social**: alguns indivíduos diagnosticados com autismo apresentam ausência de fala, ou fala não adequada, disfuncional. Outros apresentam a ecolalia (repetição incessante de palavras ou frases ditas na TV, ou por outras pessoas) ou as próprias palavras (palilalias). Quanto à interação social, muitos sentem dificuldade e precisam de ajuda para aprender a agir em diversos tipos de situações sociais, para iniciar um diálogo ou se manter nele, além de desafios de entender as intenções do outro.

- **Ausência ou prejuízo na atenção compartilhada**: as pessoas com o transtorno do espectro do autismo (TEA) necessitam de suporte para desenvolver essas habilidades, já que apresentam dificuldade em olhar ou apontar para algo que está sendo mostrado ou em mostrar para outra pessoa aquilo que lhe desperta o interesse.
- **Prejuízo ou ausência na interação visual**: na maior parte dos casos, evitam contato visual ou fazem o oposto, fixam o olhar de forma intensa.
- **Resposta sensorial atípica**: hipo ou hipersensibilidade a estímulos sensoriais, como sons, toques, luzes e texturas (alimentos, roupas, areia, etiquetas etc.); sensibilidade olfativa. Estereotipias motoras ou *stims* para autorregulação, como balançar, correr, girar ou pular.
- **Comportamentos repetitivos**: movimentos restritos, repetitivos e contínuos como fazer fileiras de brinquedos ou andar na ponta dos pés; produção de gritos ou sons sem um padrão compreensível; adesão a rotinas e dificuldades com mudanças ou imprevistos; hiperfoco em assuntos e interesses específicos.
- **Expressão emocional**: não esboçam nenhuma reação ou reação inadequada a determinada situação. Podem ter expressões faciais limitadas e/ou inusitadas. Geralmente, preferem brincar sozinhos; dificuldade no controle das emoções, principalmente quando frustrados, podendo apresentar reações intensas para mínimos contratempos.
- **Variações cognitivas e de desenvolvimento**: espectro amplo de habilidades cognitivas, com alguns indivíduos demonstrando habilidades típicas de desenvolvimento e outros aspectos, apresentando atrasos significativos.
- **Altas habilidades ou deficiência intelectual**: alguns casos apresentam altas habilidades (aptidões excepcionais em áreas de conhecimento e interesse específico, como cálculo, arte ou música) ou deficiência intelectual (prejuízo cognitivo do indivíduo).

Nesse contexto, é importante esclarecer que duas pessoas com TEA podem não ter os mesmos sintomas ou comportamentos, mesmo apresentando suportes ou condições de saúde semelhantes. Além disso, um único sinal não define nem classifica o autismo, que depende de diagnóstico clínico, para avaliar e diagnosticar a presença de um conjunto de características.

Atualmente, o diagnóstico segue as orientações do *DSM-5* (Manual Diagnóstico e Estatístico de Transtornos Mentais), que detalha e especifica os critérios para o diagnóstico de diversos transtornos, incluindo o autismo. Este diagnóstico é clínico, baseado na análise e observação comportamental da pessoa, além de entrevistas com pais, cuidadores e a própria pessoa.

A confirmação do diagnóstico e a emissão do laudo oficial do autismo podem ser feitas por médicos, profissionais de saúde e terapeutas, conforme a Lei 13.438/2017. É importante e necessário buscar profissionais capacitados para conduzir o processo de diagnóstico adequadamente, garantindo o entendimento amplo da situação e o suporte necessário para cada caso.

Não existem exames específicos para confirmação do autismo diretamente, mas o médico pode solicitar exames complementares a fim de descartar outras comorbidades associadas.

De acordo com o *DSM-5*, os níveis de suporte para pessoas com TEA são divididos em três graus, refletindo a quantidade de suporte que cada pessoa necessita:

- **Nível de suporte 1**: pessoas nesse nível necessitam de suporte mínimo, podendo ter dificuldades sociais que requerem apoio para iniciar interações sociais e enfrentar desafios organizacionais e de planejamento, impactando sua independência em várias ocasiões.
- **Nível de suporte 2**: indivíduos nesse nível precisam de suporte moderado, já que possuem desafios evidentes, podendo afetar a comunicação e comportamentos repetitivos, que podem dificultar sua autonomia e independência em várias situações.
- **Nível de suporte 3**: pessoas com autismo nesse nível requerem suporte substancial; enfrentam desafios significativos na comunicação social e comportamentos repetitivos e restritos, interferindo em várias áreas do seu funcionamento diário.

A base do tratamento do autismo são as terapias. Quanto à intervenção terapêutica, existem diversas abordagens, sendo de extrema importância que as terapias sejam aplicadas por profissionais capacitados que avaliem as necessidades da criança individualmente.

Dentro desse cenário, destaca-se o fonoaudiólogo, que é um profissional com graduação plena em Fonoaudiologia, que atua na promoção da saúde, prevenção, avaliação e diagnóstico, orientação, terapia (habilitação e reabilitação) e aperfeiçoamento dos aspectos fonoaudiológicos da função auditiva periférica e central, da função vestibular, da linguagem oral e escrita, da voz, da fluência, da articulação da fala e dos sistemas miofuncional, orofacial, cervical e de deglutição. Exerce também atividades de ensino, pesquisa e administrativas.

A eficácia da terapia fonoaudiológica com autistas pode variar de acordo com as necessidades e características individuais. No entanto, estudos e relatos clínicos frequentemente destacam os benefícios dessa terapia para o desenvolvimento da linguagem, da comunicação, da interação social e das habilidades de alimentação em pessoas no espectro autista. A terapia fonoaudiológica pode ajudar a melhorar a compreensão e expressão da linguagem, promovendo a comunicação funcional e desenvolvendo habilidades de interação social. É importante ressaltar que a intervenção precoce e o acompanhamento personalizado são fundamentais para maximizar os resultados.

A terapia fonoaudiológica poderá ter como embasamento:

- **ABA (análise do comportamento aplicada)**: cientificamente aprovada, demonstrando seus inúmeros benefícios; visa desenvolver habilidades comunicativas e sociais, e reduzir comportamentos inapropriados com utilização de reforços positivos.
- **Comunicação alternativa aumentativa**: consiste no sistema de comunicação por troca de imagens (comunicação alternativa), ou seja, utilização de figuras para implementação de comunicação, podendo ser feito por PECS ou pelo uso de tecnologia em que programas e aplicativos eletrônicos permitem que o indivíduo acesse a imagem e crie frases que serão verbalizadas pelo aparelho eletrônico ao controle de quem o manuseia.
- **Programa TEACCH (desenvolvido pelo departamento TEACCH da Universidade da Carolina do Norte, EUA)**: avaliação individualizada centrada nas habilidades pedagógicas, com estabelecimento de rotinas, regulando ansiedades e frustrações. Tratamento e Educação para crianças autistas e com outros prejuízos na comunicação.
- **Modelo Denver de Intervenção Precoce**: com estimulação intensiva e diária, promovendo interações sociais positivas e naturalistas com a finalidade de motivar a criança para as competências sociais, a aprendizagem e o desenvolvimento da comunicação receptiva e expressiva e das habilidades cognitivas e motoras.
- **Terapia cognitivo-comportamental**: tem objetivo de regular e equilibrar as emoções e sentimentos. Segundo as pesquisas, indivíduos diagnosticados com Nível de Suporte 1 vêm apresentando resultados satisfatórios com essa abordagem terapêutica.

A terapia fonoaudiológica é uma ferramenta importante no tratamento de indivíduos com TEA, visando melhorar habilidades de linguagem, comunicação e interação social, adaptando-se às necessidades específicas de cada pessoa, valorizando as habilidades e respeitando os limites, podendo ajudar os autistas a terem comunicação mais efetiva e funcional e a se integrarem melhor em suas comunidades.

Acreditamos que a informação é o primeiro passo para a mudança e, com este livro, esperamos contribuir para a melhoria na qualidade de vida de nossa comunidade, diminuindo o preconceito e ampliando as oportunidades. Encorajamos a sociedade a acolher e apoiar nossos autistas, respeitando sua individualidade e proporcionando o melhor desenvolvimento de suas potencialidades.

Reforçamos a necessidade de políticas públicas mais efetivas, principalmente no âmbito da saúde e da educação.

O tema TEA é complexo e vasto, e nossa intenção nunca foi a de esgotá-lo, mas tão somente contribuir para levar informações e conhecimentos aos interessados.

09

TERAPIA OCUPACIONAL E A ABORDAGEM DA INTEGRAÇÃO SENSORIAL NO TEA

A terapia ocupacional é uma profissão de nível superior que trata alterações físicas, cognitivas, afetivas, sensoriais e psicomotoras, promovendo autonomia. No transtorno do espectro autista (TEA), a intervenção visa melhorar o desempenho ocupacional, especialmente com a abordagem de integração sensorial, desenvolvida pela dra. Jean Ayres, impactando positivamente no desenvolvimento da criança e em sua qualidade de vida. A participação ativa dos pais é crucial para generalizar as habilidades e promover melhor inclusão social.

CORALINA MATOS

Coralina Matos

Graduada em terapia ocupacional, e com especialização em desenvolvimento infantil, intervenção precoce no autismo, análise do comportamento aplicada ao autismo. Com certificação internacional em Integração Sensorial de Ayres (Clasi) e no Modelo Denver de Intervenção Precoce no Autismo – ESDM (Mind Institute). Há 15 anos, atua na área clínica, há 10 anos exclusivamente com avaliação e intervenção precoce na infância. É supervisora de intervenção comportamental naturalística para famílias e profissionais no Brasil e em Portugal, onde também ministra cursos e palestras. Teve mais de 60 mil alunos na Semana Profissional de Intervenção Precoce no Autismo, evento gratuito/on-line. É diretora da Clínica do Instituto Sertãozinho e CEO do IFCORA.

Contato
Instagram: @coralinamatos.to

A terapia ocupacional

Profissão de nível superior voltada aos estudos, à prevenção e ao tratamento de indivíduos com alterações cognitivas, afetivas, perceptivas e psicomotoras, decorrentes ou não de transtornos e distúrbios genéticos, traumáticos e/ou de doenças adquiridas, por meio da sistematização e utilização da atividade humana como base de desenvolvimento de projetos terapêuticos específicos, na atenção básica, de média complexidade e alta complexidade (COFFITO).

A terapia ocupacional visa promover a autonomia e qualidade de vida das pessoas por meio de atividades significativas e funcionais, de acordo com as demandas, contextos, idade, potencialidades e dificuldades de cada paciente. Para indivíduos com autismo, essa intervenção se torna ainda mais importante, pois auxilia no desenvolvimento de habilidades específicas e ampliação do desempenho ocupacional como, por exemplo, o desenvolvimento de habilidades motoras finas e grossas, cognitivas, sociais, sensoriais e emocionais.

Por meio de estratégias e técnicas específicas, os terapeutas ocupacionais identificam as necessidades individuais do paciente, adaptando o ambiente e as atividades de acordo com capacidades e interesses, contribuindo para o desenvolvimento global. Isso permite um processo terapêutico mais eficaz e individualizado, promovendo resultados mais assertivos e direcionados.

A terapia ocupacional também pode ser aplicada em ambientes escolares para auxiliar no processo educacional de crianças ao colaborar com os professores na adaptação do currículo escolar às necessidades individuais do paciente, criando estratégias que facilitem a participação ativa nas atividades escolares. Assim como poderá também beneficiar adultos e idosos, ajudando-os a adquirir habilidades necessárias para uma vida mais autônoma e produtiva, por meio de treinamentos vocacionais, atividades práticas do dia a dia e programas de inclusão laboral, os profissionais dessa área podem contribuir significativamente para o desenvolvimento profissional e social desses indivíduos.

Terapia ocupacional e o tratamento no autismo

Geralmente, os indivíduos com diagnóstico de TEA (Transtorno do Espectro Autista) apresentam dificuldades em habilidades complexas e em diferentes contextos, como no relacionamento com as pessoas, compreensão de situações sociais, falar, ler, escrever, bem como estabelecer independência por meio de habilidades básicas como autocuidado, uma vez que a autonomia às vezes é limitada (PENTEADO, 2020).

O atraso no desenvolvimento das habilidades relacionadas à independência pessoal, higiene e alimentação pode ter diferentes causas, mas especificamente em crianças com TEA alguns fatores importantes são: a baixa interação social que ocasiona menor frequência de comunicação social e contato visual, que por sua vez tem maior dificuldade na observação ambiental e menor constância na imitação de ações dos adultos e pares; o atraso global em alguns domínios como a linguagem receptiva e expressiva, o desenvolvimento sensório-motor, a cognição, ocasionando dificuldade no desenvolvimento dos pré-requisitos para a aquisição de autonomia; e o contexto familiar, que por muitas vezes reduz as oportunidades de estímulo devido à presença da hipótese diagnóstica ou o diagnóstico de autismo.

É importante ressaltar que a terapia ocupacional não deve ser vista apenas como um tratamento pontual para sintomas específicos do autismo, mas sim como uma abordagem abrangente que visa promover e garantir o desempenho ocupacional de cada paciente. Os benefícios dessa prática vão além do aspecto físico ou cognitivo, alcançando também o domínio emocional e social.

Integração sensorial

Uma das abordagens utilizadas na terapia ocupacional para crianças com TEA é a integração sensorial, que está na lista de práticas baseadas em evidências para o autismo. Esta abordagem, que é de uso exclusivo da terapia ocupacional (Resolução N. 483, 2017. COFFITO), busca melhorar a capacidade do cérebro em processar informações sensoriais de forma eficiente, ajudando na regulação sensorial, emocional e comportamental do indivíduo, além de aumentar o engajamento e a participação nas ocupações e atividades, proporcionando estímulos positivos e adequados ao sistema nervoso, auxiliando no desenvolvimento global do indivíduo.

A integração sensorial é um processo complexo e fundamental para o desenvolvimento humano, que envolve a capacidade do cérebro integrar, processar e organizar as informações do corpo e do ambiente pelos sentidos do corpo (tato, olfato, visão, audição, paladar, propriocepção, sistema vestibular e interocepção).

A teoria da integração sensorial foi desenvolvida pela Dra. Ayres, Terapeuta Ocupacional, que desde a década de 60 testou a eficácia da terapia de integração sensorial por meio de pesquisas. Vários outros pesquisadores subsequentemente testaram a eficácia da terapia de integração sensorial (LANE & BUNDY, 2020). Essa abordagem combina conceitos do desenvolvimento humano, neurociência, psicologia e terapia ocupacional para compreender a aprendizagem e comportamento humano (SCHAAF & MAILLOUX, 2015).

A integração dos sistemas sensoriais começa a se desenvolver desde os primeiros meses de vida, ainda no ventre, e vai se ampliando e amadurecendo à medida que o bebê começa a explorar o ambiente e a interagir com os estímulos ao seu redor. Durante essa fase inicial do desenvolvimento, o cérebro está aprendendo a processar e integrar as informações sensoriais de forma eficaz. Por exemplo, para o indivíduo perceber algo que o esteja machucando e evitar que aquilo continue ou se repita, como no caso de quando pisamos em um espinho ou usamos um sapato apertado.

No entanto, algumas crianças podem apresentar disfunção de integração sensorial (DIS), definida como dificuldade ou ausência do ajuste de processamento das mensagens neurais que carregam informações sobre a intensidade, frequência, duração, complexidade e estímulos sensoriais. Isso pode afetar negativamente o desempenho ocupacional, interferindo no comportamento, na autonomia, no acadêmico e na qualidade de vida do indivíduo.

É importante ressaltar que a intervenção precoce nas dificuldades de integração sensorial pode trazer benefícios significativos para o desenvolvimento da criança. Quanto mais cedo forem identificadas as dificuldades no processamento sensorial e iniciado o tratamento adequado, maior será o prognóstico. Isso porque os primeiros anos de vida da criança se caracterizam pela intensa plasticidade cerebral (ARAÚJO *et al.*, 2018), capacidade que o cérebro tem de se moldar a partir das experiências vividas e estímulos que recebe.

Além disso, os pais também desempenham papel fundamental no apoio ao desenvolvimento da integração sensorial de seus filhos. Eles podem oferecer um ambiente rico em estímulos sensoriais positivos, promover experiências variadas e desafiadoras, incentivar atividades físicas e criativas, entre outras práticas, por isso é fundamental que, durante o tratamento, os pais recebam sessões exclusivas para a orientação e apoio às ações, bem como para responder a dúvidas específicas sobre os filhos.

O tratamento do autismo com a abordagem da integração sensorial

Cerca de 90% das crianças autistas apresentam disfunções no processamento das sensações e isso implica dificuldades em realizar atividades da rotina pertinentes à sua faixa etária (MATTOS & JACI CARNICELLI, 2019). Quando há prejuízos no desempenho ocupacional do indivíduo, tem-se o que Ayres chamou de Disfunção de Integração Sensorial (DIS), que ocorre quando não há uma organização ou processamento suficiente dos impulsos sensoriais de maneira a fornecer ao indivíduo informações precisas sobre ele mesmo ou sobre o contexto. Desta forma, ocorrem dificuldades de aprendizagem de diferentes áreas (AYRES, 1998).

Crianças com DIS podem ter reações extremas ao som, sabor, toque e movimento; dificuldade de atenção; recusa e birras em ter que participar de atividades que outras crianças desfrutam; dificuldade em seguir instruções; dificuldade em mudar de uma atividade para outra; diminuição das habilidades sociais; desajeitamento motor; destrutividade com pessoas e objetos; impulsividade; insegurança; movimentação constante ou dificuldade em ficar parado (ELIAS & CARINA, 2022).

Alguns ensaios clínicos randomizados realizados com crianças autistas nos EUA (SCHAAF *et al.*, 2011; WILLIAMS *et al.*, 2018) e no Brasil (OMAIRI, c.; MAILLOUX, Z.; ANTONIUK, S. A. & SCHAAF, R., 2022), que receberam intervenção da terapia ocupacional usando a abordagem de integração sensorial de Ayres, mostraram que essas crianças apresentaram maiores ganhos em autocuidado, socialização e cumprimento de metas identificadas pelos pais em comparação com as crianças do grupo de cuidados habituais. Os participantes receberam a intervenção em sessões de 60 minutos, 3 vezes por semana.

O tratamento da disfunção do processamento sensorial (DIS) geralmente envolve a avaliação e o planejamento do terapeuta ocupacional, focado em auxiliar no tratamento para que a criança aprenda a regular sensações e ter melhor participação e engajamento em seu desempenho ocupacional. Além disso, estratégias de adaptações e acomodações ambientais podem ser recomendadas para minimizar o impacto da DIS no dia a dia da pessoa.

Infelizmente, ainda existe muito desconhecimento sobre a disfunção do processamento sensorial e, muitas vezes, ela é confundida com outros transtornos neurológicos. Vale ressaltar que esse diagnóstico só poderá ser confirmado após a avaliação de um profissional da terapia ocupacional, que tenha formações e experiência na área. Outro ponto importante é que esse diagnóstico não está relacionado somente ao autismo, pode ser comorbidade de outros transtornos do neurodesenvolvimento, também pode ser um diagnóstico isolado.

É fundamental que todos estejamos atentos às necessidades de cada pessoa, além de ampliar a conscientização sobre esse tema, promovendo uma maior inclusão das pessoas com essa condição na sociedade.

Conclusão

Ao longo deste capítulo, abordamos a importância da terapia ocupacional e da abordagem da integração sensorial no tratamento de crianças com Transtorno do Espectro Autista (TEA). Essas intervenções visam não apenas melhorar a capacidade de processamento sensorial, mas favorecer o desenvolvimento global do indivíduo, abrangendo aspectos físicos, cognitivos, emocionais e sociais, com foco no desenvolvimento de habilidades funcionais e no desempenho ocupacional.

Com uma abordagem individualizada e baseada em evidências, os terapeutas ocupacionais desempenham um papel importante na qualidade de vida e na promoção da autonomia das crianças com TEA, tendo uma intervenção que envolve a avaliação e o planejamento, incluindo adaptações e acomodações para ampliar a participação e o engajamento do indivíduo nas atividades cotidianas.

O reconhecimento precoce do autismo, bem como das disfunções sensoriais e a implementação de estratégias terapêuticas específicas, pode resultar em ganhos significativos, por isso é essencial continuar promovendo o conhecimento e a aplicação dessas práticas para beneficiar cada vez mais indivíduos e suas famílias. A educação e a conscientização sobre essas práticas são essenciais para garantir que mais pessoas possam se beneficiar de estratégias baseadas em evidências, beneficiando uma sociedade mais inclusiva e informada.

10

INTERVENÇÃO PSICOPEDAGÓGICA NO TRANSTORNO DO ESPECTRO AUTISTA

DESAFIOS E POSSIBILIDADES

Neste capítulo, será abordada a importância da psicopedagogia como parte fundamental no desenvolvimento de crianças/jovens no transtorno do espectro autista, bem como a colaboração dos profissionais na orientação a pais, professores e comunidade escolar. Além disso, serão apresentadas orientações para a elaboração do PEI (Plano de Ensino Individualizado) e as adaptações necessárias.

LUANA LAGE MORENO CANA

Luana Lage Moreno Cana

Professora e psicopedagoga, pós-graduada em Psicopedagogia Clínica e Institucional pela Universidade Cidade de São Paulo (UNICID), em Transtorno do Espectro Autista e em Psicopedagogia Baseada na Análise do Comportamento Aplicada (ABA), ambas pelo CBI of Miami; pós-graduanda em Neuropsicopedagogia pela Universidade Cruzeiro do Sul. O constante interesse em enxergar além do que o aluno mostrava em sala de aula fez com que dedicasse seus esforços e estudos aos transtornos de aprendizagem e ao autismo por meio de cursos de capacitação realizados pelo Instituto Singular, pelo Instituto Neuro, dentre outros. Sempre buscou criar projetos que se adequassem aos diferentes estilos de aprendizado e acredita muito na eficácia do trabalho multidisciplinar e da ludicidade no processo de ensino-aprendizagem. Coautora no livro *Autismo: uma maneira diferente de ser*, publicado pela Editora Literare Books International.

Contatos
luana.psicopedagogia22@gmail.com
Instagram: @psicopedagoga.luana
11 97750 1601

Luana Lage Moreno Cana

Se uma criança não pode aprender da maneira que é ensinada, é melhor ensiná-la da maneira que ela pode aprender.
MARION WELCHMANN

A psicopedagogia é uma área de estudo e atuação clínica e escolar cujo objetivo é compreender como ocorre o processo de aprendizagem, agindo na raiz e buscando estratégias para lidar com as eventuais barreiras relacionadas, intervindo, assim, da melhor maneira possível com base nas necessidades de cada aprendiz. Além disso, o psicopedagogo busca resgatar o vínculo do aprendiz com o ato de aprender utilizando como ferramenta o vínculo que será estabelecido entre o profissional e a criança/o jovem. Isso é especialmente importante quando falamos das intervenções feitas em indivíduos no transtorno do espectro autista (TEA).

Segundo o Censo Escolar 2023[1], de um total de 1.771.430 matrículas na educação especial, 35,9% delas correspondem a estudantes no transtorno do espectro autista. Com essa crescente demanda, notamos que é muito pertinente refletir acerca dos profissionais que poderão auxiliar esses estudantes na vida escolar visando sempre trabalhar as habilidades em defasagem o quanto antes para que lidem com os desafios da vida adulta de maneira mais autônoma.

Aprendemos algo a todo o momento e em todos os lugares nos quais estamos inseridos. Sendo assim, a atuação do psicopedagogo não se restringe ao ambiente escolar, podendo o profissional atuar na área clínica, empresarial e até mesmo hospitalar. Neste capítulo, o foco será no âmbito escolar associado à parte clínica.

Para o êxito do processo de ensino-aprendizagem, é fundamental que saibamos como aprender ("aprender a aprender") e que os profissionais

1 Disponível em: https://www.gov.br/inep/pt-br/assuntos/noticias/censo-escolar/matriculas-na-educacao-especial-chegam-a-mais-de-1-7-milhao.

envolvidos tenham como ponto de partida aquilo que o aprendiz já saiba fazer, utilizando esse aspecto para promover o desenvolvimento das novas habilidades. Quanto maior for a segurança e a motivação passadas a essa criança/esse jovem, maior será o engajamento nas demandas propostas e, assim, maior será o aprendizado. Como diz Cunha:

> A educação para a aquisição de habilidades acadêmicas é também uma educação social, que deve partir dos interesses e carência do aluno, não sendo centrada no seu déficit, mas principalmente na sua singularidade como ser humano (CUNHA, Eugênio, 2019, p.107).

Como o psicopedagogo pode auxiliar uma criança/um jovem no TEA?

Além das dificuldades geralmente decorrentes do TEA, como interação social, interesses restritos e repetitivos, possível atraso na fala, alterações sensoriais, dentre outros, ao se deparar com um aprendiz que esteja no espectro autista, o psicopedagogo também deve voltar a sua atenção ao desenvolvimento das funções executivas.

As funções executivas envolvem uma série de processos e habilidades que impactam diretamente a vida social do indivíduo, pois envolvem basicamente os seguintes aspectos:

- Atenção (sustentada, compartilhada e dividida).
- Memória de trabalho (processamento de informações, envolvendo a localização da informação, manipulação e, então, utilização apenas do que for necessário).
- Controle inibitório (controle de impulsos, autorregulação).
- Flexibilização (mudanças de "rota" sempre que for necessário).
- Planejamento e antecipação (organização do que é necessário para atingir um objetivo, incluindo informações, estratégias, tempo para execução e conclusão, hierarquização das tarefas – definindo o que é prioridade e o que não é, embora ainda precise ser feito).
- Percepção (raciocínio dedutivo, precisão, conclusão de tarefas).

O indivíduo no TEA também tende a apresentar dificuldade para fazer inferências (o que chamamos de "teoria da mente"), fazendo interpretações de maneira literal; sendo assim, cabe ao psicopedagogo (juntamente a outros profissionais da equipe multidisciplinar) buscar estratégias que possam abranger atividades que trabalhem esses aspectos do desenvolvimento que estão em déficit. O "brincar de faz de conta", por exemplo, é uma excelente ferramenta para isso. Além de trabalhar essas inferências, também abrangerá aspectos relacionados às funções executivas (p.ex., para "preparar uma comidinha", alguns processos são necessários: pegar os instrumentos necessários, simbolizar a colocação deles na panela, misturá-los, colocá-los no fogão de brinquedo, servir, experimentar. Tudo isso feito com brinquedos ou simplesmente deixando a criatividade e a imaginação voar em alto com objetos que tenham esse simbolismo).

Momentos como esse são de extrema importância e muito valiosos para o desenvolvimento de habilidades (inclusive de comunicação), aumento de repertório e fortalecimento de vínculos. É essencial lembrar sempre de partir do interesse da criança e basear-se no que ela já sabe fazer, tanto relacionado a aspectos cognitivos quanto a aspectos motores (afinal, como demandar da criança que ela segure um lápis e escreva se ela apresentar baixo tônus muscular e, consequentemente, não tiver a motricidade fina (utilização de dedos e mãos para pegar objetos) desenvolvida? Além disso, essa criança crescerá, será jovem, adulta. O trabalho das funções executivas ajudará a desenvolver habilidades como interpretação de textos, organização de ideias para uma apresentação/reunião/estudos.

Tendo em mente esses e todos os demais aspectos inerentes ao TEA, fica clara a importância de um plano individualizado de ensino para que seja possível proporcionar as oportunidades de aprendizado necessárias para cada criança/jovem considerando as características e necessidades específicas naquele caso. Nesse momento especialmente, o psicopedagogo precisará contar com a parceria com a escola, a equipe terapêutica e a família.

Qual é a importância do PEI (Plano de Ensino Individualizado) no ambiente escolar?

Cada criança é única, com suas potencialidades e seus desafios/déficits. Sendo assim, o PEI funciona como um guia que norteará o processo de ensino para aquela criança especificamente (daí a designação "individualizado"). Ele se baseia em avaliações feitas com base nos marcos do desenvolvimento, personaliza o ensino da criança, permitindo que ela atinja seu potencial e respeitando a sua individualidade, assegura as adaptações necessárias, estabelece metas e objetivos (a curto, médio e longo prazos). Cabe ressaltar que tudo deve ser registrado para que seja possível mensurar o desenvolvimento da criança e fazer o acompanhamento de maneira mais assertiva e precisa, reajustando as estratégias sempre que for necessário.

O PEI é um documento que deve ser elaborado em conjunto (escola, psicopedagogo, equipe terapêutica) e contará também com o apoio da família, adaptando as demandas aos diferentes locais aos quais a criança estiver inserida, possibilitando a generalização das habilidades trabalhadas. A comunicação clara e aberta entre todos os envolvidos na elaboração do PEI é essencial para o bom andamento das propostas educacionais e clínicas, bem como na promoção de autonomia e desenvolvimento da criança.

Vale ressaltar que o PEI não é um documento exclusivo para autistas. Indivíduos com transtorno do déficit de atenção e hiperatividade (TDAH), deficiência física/sensorial/intelectual/múltipla, altas habilidades/superdotação e/ou necessidades educacionais especializadas também devem ter esse documento.

O PEI deve conter as seguintes informações:

- Informações do aluno (incluindo informações sobre a escola e vida escolar do aluno).
- Diagnóstico (descrição geral, nível de suporte e intervenções em curso e/ou já realizadas).
- Objetivos e metas (específicos e mensuráveis).
- Estratégias e ações (especificar as estratégias pedagógicas, o apoio, os recursos e os materiais utilizados, as adaptações – curriculares, de materiais e eventualmente de ambientes).
- Avaliação e acompanhamento (como ocorrerá e a periodicidade com que ocorrerá).
- Definição do papel de cada pessoa envolvida no desenvolvimento da criança (comunidade escolar, família, equipe terapêutica).

Com base nesses apontamentos, fica evidente a importância do psicopedagogo no processo de desenvolvimento da criança, seja no ambiente clínico ou na escola. A parceria entre escola e psicopedagogo possibilitará um olhar diferenciado para os possíveis atrasos da criança, culminando na intervenção mais pontual, acompanhando de perto o desenvolvimento da criança e orientando os professores quanto às melhores práticas e estratégias para aquela criança. Além de proporcionar novas maneiras e estratégias ao aprendente, o psicopedagogo também busca novas alternativas de ensinar.

Dicas psicopedagógicas para auxiliar um aluno no TEA em sala de aula

Sendo a escola o ambiente mais social da criança, no qual ela terá contato com diferentes estímulos, diferentes pessoas, cabe elencar uma série de dicas para tornar essa vivência escolar o mais eficaz possível.

- Dê instruções simples, claras e diretas. Verifique sempre se a criança entendeu o que foi solicitado.
- Dê previsibilidade, apresente a rotina do dia (deixe tudo visual e acessível para a criança), deixando claro também o processo de uma proposta (começo, meio e fim). Há um aplicativo chamado *Mouse Timer* que auxilia muito a dar essa previsibilidade por meio do uso de *timer* de maneira didática e lúdica.
- Recorra a formas de comunicação alternativa, como recursos visuais, prancha de comunicação, comunicação por meio de algum aplicativo, bem como qualquer ferramenta de tecnologia assistiva que seja recomendada para o aluno.
- Divida a demanda em partes menores. Isso ajudará muito a criança a se organizar e a ter melhor previsibilidade dos fatos.
- Utilize reforçadores como ferramentas motivadoras (descubra os interesses do aprendiz e utilize-os nas atividades e como reforçador após a realização de alguma demanda).
- Baseie-se no PEI e realize adaptações sempre que for necessário (utilize diferentes linguagens para poder proporcionar ao estudante a melhor oportunidade de aprendizado, respeitando o processo de aprendizado dela[e]).
- Baseie-se sempre em práticas com comprovação científica.
- Considere sempre as habilidades preditoras antes de inserir o ensino de uma nova habilidade.
- Por mais agitado que seja o ambiente escolar (e, muitas vezes, o familiar também), permita que a criança vá a um ambiente mais tranquilo para se regular. Isso a ajudará também a manter o foco. Muitas vezes a criança precisará apenas sair um pouco de um ambiente mais ruidoso para que consiga trabalhar a autorregulação e a atenção. É importante definir claramente (por meio de recursos visuais, uso de *timer*) que ela irá voltar à sala. Assim, evita-se o risco de que esse comportamento se torne uma fuga das demandas apresentadas em sala.
- Mantenha sempre o diálogo aberto com todos os que fazem parte do desenvolvimento da criança. A maior beneficiada de tudo será ela.
- Incentive a criança/o jovem a participar das atividades sociais (promova esse momento de inclusão).
- Não permita ações de *bullying*.

É fundamental lembrar-se sempre de que: cada criança é uma criança diferente da outra. O olhar atento do professor e do psicopedagogo fazem grande diferença para que possíveis atrasos sejam notados o quanto antes e, consequentemente, a avaliação e intervenção possam acontecer da maneira mais precoce possível. O olhar da família é sempre muito importante também, mas muitas vezes a criança apresenta diferenças no comportamento em casa e na escola. Esse olhar precisa estar cada vez mais apurado devido ao crescente número de alunos no TEA matriculados em escolas regulares. Veja dados a seguir.

Número de alunos com autismo nas escolas brasileiras

Obs.: até 2018, ainda havia separação entre "autismo" e "síndrome de Asperger". Aqui, as categorias foram somadas.

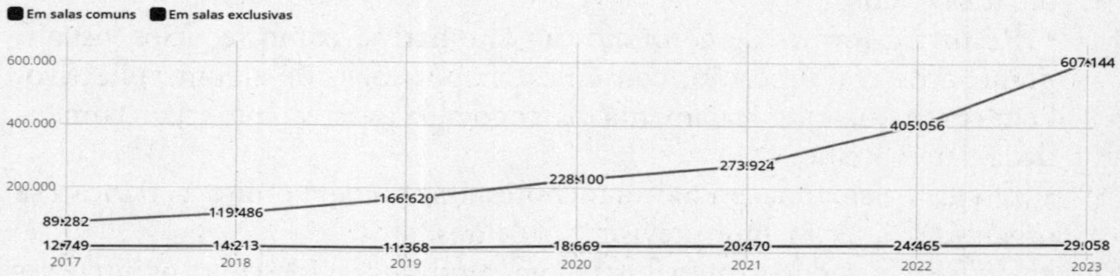

Fonte: adaptada de https://g1.globo.com/educacao/noticia/2024/04/02/em-um-ano-200-mil-alunos-com-autismo-foram-matriculados-em-escolas-comuns-falta-de-apoio-a-professores-ainda-e-obstaculo.ghtml.

Inclusão não é favor; inclusão é direito de todo e qualquer indivíduo com qualquer tipo de transtorno do neurodesenvolvimento. A verdadeira inclusão acontece não apenas quando você insere uma criança em uma escola regular. Ela acontece quando você proporciona as mesmas oportunidades de aprendizado, com as devidas adaptações, para que ela atinja seu máximo potencial. Como diz a consultora de diversidade Vernā Myers, "diversidade é convidar para a festa; inclusão é chamar para dançar".

Referências

CUNHA, E. *Autismo e inclusão:* psicopedagogia e práticas educativas na escola e na família. 8.ed. Rio de Janeiro: Wak Editora, 2019.

GAIATO, M. *S.O.S. Autismo:* guia completo para entender o transtorno do espectro autista. São Paulo: nVersos, 2018.

STRAVOGIANNIS, A. L. *et al. Autismo:* uma maneira diferente de ser. São Paulo: Literare Books International, 2023.

UNIVERSIDADE FEDERAL DO PARÁ. Superintendência de Assistência Estudantil. Coordenadoria de Acessibilidade. *Orientações pedagógicas e técnicas para o relacionamento com as pessoas com Transtorno do Espectro Autista – TEA.* v. 4. Belém, 2018. 21 f.

11

DIREITOS DOS AUTISTAS NA EDUCAÇÃO

OBRIGAÇÕES ESCOLARES E INCLUSÃO EFICAZ

A inclusão educacional de alunos autistas no Brasil é garantida pela Constituição e leis específicas, como a Lei Berenice Piana e a Lei Brasileira de Inclusão. Contudo, desafios persistem na prática. Este capítulo aborda os direitos educacionais dos autistas, as obrigações das escolas e as políticas necessárias para assegurar um ambiente escolar inclusivo e equitativo.

ANA CAROLINA
ABRAHÃO CAPRARO

Ana Carolina Abrahão Capraro

É sócia-fundadora do escritório de advocacia Abrahão Capraro, referência em Direito da Saúde. Formada em Direito pela Pontifícia Universidade Católica do Paraná, atua como advogada desde 2014. Especialista em Direito Processual Penal pelo Curso CEI. Possui diversos cursos de capacitação e mentorias em Direito da Saúde e Direitos dos Autistas.

Contatos
www.abrahaocapraro.com.br
contato@abrahaocapraro.com.br
@abrahaocapraro.adv
62 99554 3121

Ana Carolina Abrahão Capraro

Quando o fardo parecer pesado demais, lembre-se de que cada passo seu pavimenta um caminho de luz e esperança para muitos que virão depois de você.

Ana Carolina Abrahão Capraro, sócia-fundadora do Abrahão Capraro Advocacia.

A inclusão educacional de alunos com transtorno do espectro autista (TEA) é um tema de grande relevância no Brasil. A educação é um direito fundamental assegurado pela Constituição Federal e outras legislações específicas, como a Lei Berenice Piana (Lei n. 12.764/2012) e a Lei Brasileira de Inclusão da Pessoa Deficiente (Lei n. 13.146/2015). Essas leis estabelecem diretrizes e garantias que visam promover a inclusão e o acesso à educação para as crianças autistas. No entanto, apesar do arcabouço legal, a realidade das escolas brasileiras ainda apresenta diversos desafios para a efetiva inclusão de alunos autistas. As famílias frequentemente enfrentam dificuldades para matricular seus filhos, obter materiais didáticos adaptados e garantir a presença de profissionais de apoio escolar.

Diante desse cenário, é essencial entender quais são os direitos educacionais dos autistas, as obrigações das escolas para garantir esses direitos e como a legislação brasileira ampara esses direitos. O objetivo deste capítulo é promover uma compreensão clara das políticas inclusivas e das práticas necessárias para garantir um ambiente escolar acessível e equitativo para todos os estudantes. Para isso, serão discutidos os principais aspectos das legislações vigentes, as práticas escolares necessárias para atender às necessidades específicas dos alunos autistas e os desafios enfrentados pelas famílias e instituições na implementação dessas políticas.

Legislação vigente

Lei Berenice Piana (Lei n. 12.764/2012)

A Lei Berenice Piana é um marco na proteção dos direitos dos autistas no Brasil. Ela reconhece os autistas como deficientes, garantindo-lhes direitos em diversas áreas, incluindo a educação. A lei assegura que os autistas tenham o direito de serem matriculados em escolas regulares, sem discriminação ou limites de vagas específicas para alunos deficientes. Além disso, garante o direito a um acompanhante especializado nas classes comuns de ensino regular. Outro ponto importante da Lei Berenice Piana é a promoção da formação e capacitação continuada de professores e demais profissionais da educação, preparando-os para atender às necessidades específicas dos alunos autistas.

A lei incentiva a criação de programas de formação que abordem as características do autismo e as melhores práticas pedagógicas para inclusão. Além disso, garante o acesso dos autistas a programas de ensino técnico e profissionalizante, visando à integração no mercado de trabalho e promoção da autonomia.

Lei Brasileira de Inclusão da Pessoa Deficiente (Lei n. 13.146/2015)

A Lei Brasileira de Inclusão, também conhecida como Estatuto da Pessoa Deficiente, assegura e promove os direitos dos deficientes em condições de igualdade. No contexto educacional, a lei garante que o sistema educacional seja inclusivo em todos os níveis de aprendizado, desde a educação infantil até o ensino superior, permitindo que os deficientes, incluindo os autistas, tenham acesso a uma educação de qualidade e em igualdade de condições com os demais alunos. Além disso, a lei estabelece a obrigatoriedade de disponibilizar profissionais de apoio escolar, tais como intérpretes de Libras, guias-intérpretes, cuidadores e outros profissionais que possam atender às necessidades específicas dos alunos deficientes. Esses profissionais são essenciais para auxiliar na adaptação curricular e no suporte individualizado. A lei também obriga as instituições de ensino a fornecer materiais didáticos e recursos pedagógicos adaptados às necessidades dos alunos deficientes, garantindo que todos possam participar ativamente do processo educativo.

Para assegurar um ambiente escolar acessível, a lei estabelece que as escolas sejam fisicamente acessíveis e ofereçam as adaptações pedagógicas necessárias para atender às necessidades específicas dos alunos deficientes, promovendo um ambiente inclusivo e equitativo. Além disso, garante o direito à elaboração e à implementação de um Plano Educacional Individualizado (PEI) para cada aluno deficiente. O PEI deve ser desenvolvido com a participação da família e dos profissionais da educação, detalhando as metas específicas de aprendizado e os apoios necessários para ajudar o aluno a alcançar seu potencial máximo.

Parecer 50/2023 do Conselho Nacional de Educação (CNE)

O Parecer 50, aprovado pelo CNE em 5 de dezembro de 2023, ainda pendente de homologação; é um guia fundamental para a inclusão educacional de autistas. Este parecer, baseado em evidências científicas, estabelece diretrizes claras sobre as adaptações necessárias, a formação de profissionais e as estratégias pedagógicas para garantir uma educação inclusiva e de qualidade. Ele complementa as legislações anteriores, fortalecendo o compromisso do Brasil com a educação inclusiva e estabelecendo padrões que devem ser seguidos por todas as instituições de ensino.

O parecer destaca a importância de um ambiente escolar que elimine barreiras e promova a inclusão plena, focando nos quatro objetivos basilares: acesso, permanência, participação e aprendizado dos alunos autistas. Ele também reforça a necessidade de protocolos de conduta e práticas baseadas em evidências (PBEs) para o desenvolvimento adequado dos estudantes. Portanto, não é apenas um guia essencial, mas uma instrução do CNE que deve ser respeitada e seguida, promovendo a inclusão educacional efetiva de autistas por meio de diretrizes claras e baseadas em evidências.

Direitos garantidos aos autistas na educação com matrícula nas redes pública ou privada

Um dos principais direitos garantidos é a matrícula de alunos autistas em escolas públicas ou privadas. Nenhuma instituição pode negar a matrícula de uma criança autista, e não há limite de vagas para alunos especiais por turma. A negativa de matrícula por motivos relacionados ao autismo constitui crime de discriminação e pode resultar em severas penalidades legais para a instituição.

De acordo com a Lei 12.764/2012, conhecida como Lei Berenice Piana, o gestor escolar ou autoridade competente que recusar a matrícula de um aluno autista será punido com multa de 3 (três) a 20 (vinte) salários-mínimos.

É importante ressaltar que as escolas particulares não podem cobrar valores adicionais para atender alunos autistas. Os valores pagos na matrícula ou nas mensalidades devem ser exatamente os mesmos pagos pelos demais alunos.

Caso um aluno autista passe por situação de discriminação no ambiente escolar ou tenha a matrícula recusada, a família poderá acionar a instituição de ensino na justiça. As consequências incluem ações judiciais civis e criminais, nas quais, por exemplo, a escola pode ser condenada a pagar indenizações por danos morais e ser obrigada a aceitar a matrícula do aluno.

Acompanhante especializado

A presença de um acompanhante especializado é essencial para garantir a inclusão de alunos autistas. Esse profissional auxilia nas atividades diárias e pedagógicas, proporcionando o suporte necessário para o desenvolvimento do aluno autista.

Conforme definido pela Lei Federal n. 12.764/12 e regulamentado pelo Decreto n. 8.368/2014, esse profissional deve ser disponibilizado pela instituição de ensino, quando comprovada a necessidade de apoio nas atividades de comunicação, interação social, locomoção, alimentação e cuidados pessoais.

Esse profissional deve atuar junto ao professor regente, adaptando atividades escolares, auxiliando nas interações sociais e no ensino de maneira geral. Além disso, deve contribuir para a autonomia do aluno, facilitando a comunicação e a interação social e promovendo a inclusão efetiva no ambiente escolar.

A presença do acompanhante especializado não apenas media o desempenho e o desenvolvimento do aluno, mas também fortalece o vínculo entre a escola, o aluno e a família. Os pais se sentem mais seguros sabendo que seus filhos estão recebendo o suporte necessário para prosperar na escola. Esse profissional deve manter um equilíbrio cuidadoso, estando próximo o suficiente para oferecer suporte, também encorajando a interação do aluno com os colegas e promovendo sua independência.

Plano educacional individualizado (PEI)

O plano educacional individualizado (PEI) é uma ferramenta crucial para a adaptação do ensino às necessidades específicas de cada aluno autista. De acordo com o Parecer nº 50 do CNE, o prazo para apresentação do PEI deve ser de 30 dias após o início das aulas e caso a criança já esteja matriculada na escola no ano letivo anterior, antes de acabar o ano letivo. O PEI deve ser aprovado pela família antes de ser aplicado em ambiente escolar e ser renovado sempre que houver necessidade. Esse documento orienta a adaptação de materiais e avaliações, assegurando que o aprendizado seja adequado ao ritmo e às capacidades do aluno.

O PEI é mais do que uma simples obrigação legal; é um compromisso de proporcionar uma educação inclusiva e equitativa para todos os alunos. Ele detalha as metas específicas de aprendizado e os apoios necessários para ajudar o aluno a alcançar seu potencial máximo, promovendo a colaboração entre pais, educadores, especialistas em educação especial e o próprio aluno.

Material adaptado

A inclusão de alunos autistas na escola não se resume à presença física na sala de aula. É necessário adaptar os materiais didáticos para atender às necessidades de cada aluno. Isso pode incluir a fragmentação de tarefas complexas, o uso de atividades lúdicas, a redução de textos extensos e a inclusão de temas de interesse do aluno. A adaptação do material é fundamental para que o aluno possa participar ativamente das atividades escolares e desenvolver suas habilidades de forma efetiva.

Desafios e implementação

Dificuldades enfrentadas

Apesar das leis e das políticas públicas, a implementação da inclusão educacional ainda enfrenta muitos desafios. As famílias relatam dificuldades para efetuar a matrícula dos filhos, enfrentando processos seletivos disfarçados de entrevistas pedagógicas e a recusa de vagas. Além disso, muitas escolas não possuem profissionais de apoio adequados ou materiais adaptados, o que prejudica o desenvolvimento dos alunos autistas.

As escolas muitas vezes se mostram despreparadas para lidar com as necessidades específicas dos alunos autistas. A falta de capacitação dos professores e da equipe escolar contribui para a inadequação do atendimento. Além disso, há carência de recursos materiais e financeiros destinados à adaptação do ambiente escolar e ao desenvolvimento de práticas pedagógicas inclusivas.

A conscientização e a aceitação por parte dos colegas de classe também são fundamentais. Sem uma cultura escolar que valorize a diversidade e promova o respeito, os alunos autistas podem enfrentar exclusão e *bullying*, o que agrava ainda mais os desafios que já enfrentam no ambiente educacional.

Soluções legais

As soluções para esses desafios passam pelo fortalecimento da fiscalização e da aplicação das leis existentes. Ações judiciais têm sido uma ferramenta importante para garantir os direitos das crianças autistas, resultando em decisões favoráveis que obrigam as escolas a cumprir suas obrigações legais. É fundamental que as famílias conheçam seus direitos e saibam como proceder em casos de discriminação ou negação de qualquer direito escolar do seu filho autista. Para isso, as famílias devem estar bem informadas sobre a legislação vigente e as obrigações das escolas. Conhecer a Lei Berenice Piana, a Lei Brasileira de Inclusão e o Parecer 50 do CNE é essencial para entender quais são os direitos das crianças autistas. As famílias devem ser proativas na busca de informações e apoio, seja por meio de grupos de pais, associações de autismo ou consultoria jurídica especializada.

Em casos de discriminação ou negação de direitos, as famílias podem recorrer a diversas instâncias. Inicialmente, é recomendável tentar resolver a questão diretamente com a escola, buscando o diálogo com a direção e apresentando os fundamentos legais que respaldam os direitos da criança. Se a solução não for satisfatória, pode-se recorrer às secretarias de educação municipal ou estadual, que têm o dever de fiscalizar e garantir o cumprimento das leis educacionais. Além disso, o Ministério Público pode ser acionado para atuar na defesa dos direitos das crianças autistas. O órgão possui promotorias especializadas em direitos humanos e educação, que podem intervir em casos de violação de direitos. O advogado especializado em direito dos autistas também é um importante aliado, oferecendo assistência jurídica e orientações valiosas às famílias que necessitam, fazendo valer os direitos das pessoas autistas. Dessa forma, as ações judiciais podem incluir pedidos de liminares para garantir a imediata matrícula da criança na escola, a disponibilização de profissionais de apoio escolar, a adaptação de materiais didáticos e a elaboração de um plano educacional individualizado (PEI). As decisões judiciais favoráveis têm um efeito multiplicador, servindo como precedente para outros casos e pressionando as escolas e o sistema educacional a se adequarem às normas inclusivas.

Considerações finais

A inclusão educacional de alunos autistas é um direito garantido por leis específicas que visam promover a igualdade e a equidade no acesso à educação. Este capítulo destacou as principais obrigações das escolas e os direitos dos alunos autistas, com base em uma análise das legislações vigentes e da literatura especializada.

Para que a inclusão seja efetiva, é necessário que as escolas se adaptem e ofereçam os recursos necessários, como profissionais de apoio, materiais didáticos adaptados e o Plano Educacional Individualizado. Além disso, é essencial que as famílias estejam informadas sobre seus direitos e saibam como agir em casos de discriminação.

A busca por uma educação inclusiva e de qualidade é um compromisso com a diversidade e o respeito pela singularidade de cada indivíduo. Promover a inclusão não é apenas uma responsabilidade legal, mas também um valor fundamental para a construção de uma sociedade mais justa e igualitária.

Referências

BRASIL. *Lei n. 12.764, de 27 de dezembro de 2012*. Institui a Política Nacional de Proteção dos Direitos da Pessoa com Transtorno do Espectro Autista, 2012. Disponível em: http://www.planalto.gov.br/ccivil_03/_ato2011-2014/2012/lei/l12764.htm. Acesso em: 23 jun. 2024.

BRASIL. *Lei n. 13.146, de 6 de julho de 2015*. Institui a Lei Brasileira de Inclusão da Pessoa com Deficiência (Estatuto da Pessoa com Deficiência), 2015. Disponível em: http://www.planalto.gov.br/ccivil_03/_ato2015-2018/2015/lei/l13146.htm. Acesso em: 23 jun. 2024.

BRASIL. Ministério da Educação. *Política Nacional de Educação Especial na Perspectiva da Educação Inclusiva*. 2008. Disponível em: http://portal.mec.gov.br/index.php?option=com_docman&view=download&alias=16690-politica-nacional-de-educacao-especial-na-perspectiva-da-educacao-inclusiva--2008-pdf&Itemd=30192. Acesso em: 23 jun. 2024.

CNE. *Parecer 50, de 2023*. Diretrizes para a educação de estudantes com Transtorno do Espectro Autista (TEA). Conselho Nacional de Educação, 2003.

FERNANDES, C. H. A.; COSTA, M. L. G. Estratégias de Inclusão Escolar para Alunos com TEA. *Revista Educação e Pesquisa*, 2018; 44(2):521-537.

MANTOAN, M. T. E. *Inclusão escolar de alunos com deficiência*. São Paulo: Summus Editorial, 2003.

PEREIRA, F. F.; SILVA, A. C. S. Autismo e inclusão escolar: desafios e possibilidades. *Revista Brasileira de Educação Especial*, 2016;22(3):359-372.

SASSAKI, R.K. *Educação inclusiva:* compreensão e prática. São Paulo: WVA Editora, 2011.

12

DA RESPONSABILIDADE DOS ENTES FEDERATIVOS NA GARANTIA DO ATENDIMENTO INCLUSIVO E INTEGRAL AOS AUTISTAS

Este capítulo discutirá a importância desse compromisso, abordando fundamentos legais, desafios enfrentados e estratégias necessárias para assegurar todos os direitos aos indivíduos com TEA.

ALEX FIRMINO DOS SANTOS

Alex Firmino dos Santos

Pai atípico, professor, empresário e advogado especialista em direito dos autistas no Brasil.

Contatos
contato@alexfirmino.com.br
Instagram/Kwai/TikTok: @alexfirmino_

O transtorno do espectro autista (TEA) é uma condição neurobiológica que afeta a maneira como uma pessoa percebe o mundo e interage com os outros. Com a complexidade desse transtorno, é crucial que os municípios, estados e União assumam a responsabilidade de garantir um atendimento inclusivo e integral aos autistas.

A legislação brasileira reconhece a importância de garantir os direitos das pessoas com TEA e estabelece diretrizes para a promoção da inclusão e proteção desses indivíduos. Destacam-se a Lei n. 12.764/2012 (Lei Berenice Piana), que institui a Política Nacional de Proteção dos Direitos da Pessoa com Transtorno do Espectro Autista, e a Lei Brasileira de Inclusão da Pessoa com Deficiência (Lei n. 13.146/2015), conhecida como Estatuto da Pessoa com Deficiência. Ambas as leis, com a Convenção sobre os Direitos das Pessoas com Deficiência da ONU ratificada pelo Brasil em 2008, fornecem a base legal para o diagnóstico precoce, acesso à saúde, educação, trabalho e assistência social, além da promoção de campanhas de conscientização e combate ao preconceito.

Apesar dos avanços legislativos, a efetiva implementação de políticas públicas voltadas para os autistas enfrenta desafios significativos. Um dos principais obstáculos é a falta de estrutura e recursos nos serviços de saúde e educação, especialmente nos municípios e regiões mais remotas. A escassez de profissionais capacitados em TEA, a ausência de protocolos claros de atendimento e a falta de investimento em terapias especializadas contribuem para a perpetuação de lacunas no atendimento e na assistência aos autistas.

Não obstante exista um crescente aumento no número de pacientes em investigação para TEA, não visualizamos o acompanhamento dos entes federativos no suporte multidisciplinar de que essas crianças e adolescentes necessitam para se desenvolver. Mas sim, constatamos uma omissão latente ao direito assistencial à saúde dos autistas, regrado pelas mais diversas legislações.

Atualmente nunca se falou tanto em inclusão quanto em garantia para os autistas, em que a necessidade maior tem sido entregar o máximo de suporte às famílias atípicas, seja por meio do SUS ou da saúde suplementar por meio dos planos.

Além disso, a falta de conscientização e treinamento dos profissionais que lidam com os autistas em estabelecimentos comerciais e órgãos públicos dificulta o acesso aos atendimentos preferenciais garantidos por lei.

Para superar os desafios na garantia do atendimento inclusivo e integral aos autistas, é necessário adotar uma abordagem multidisciplinar e integrada, envolvendo ações nos âmbitos da saúde, educação, assistência social e direitos humanos. No que diz respeito à saúde, é fundamental investir na formação e capacitação de profissionais de saúde para o diagnóstico e intervenção precoces, bem como na ampliação da oferta de serviços especializados em TEA em todo o país. Além disso, é necessário promover a integração entre os diferentes níveis de atenção à saúde, visando garantir um atendimento integral e coordenado aos autistas.

Normalmente, o primeiro passo das famílias é buscar um diagnóstico precoce pela rede pública de saúde; contudo, ao se depararem com a longa espera por um médico ou atendimento especializado, acabam perdendo as esperanças em longas filas – isso apenas por uma consulta de rotina.

Já quando se trata de buscar um atendimento multidisciplinar, recebem a informação de que deve ser incluído numa fila de espera e aguardar a boa vontade dos entes federativos. Contudo, a referida barreira de acesso às terapias vem cada vez mais sendo derrubada pela justiça; inclusive, o Supremo Tribunal Federal, no julgamento da STA 175, expressamente reconheceu e definiu alguns parâmetros para solução judicial dos casos que envolvem direito à saúde, bem como a demonstração de evidências científicas para justificar o início imediato do tratamento.

Quando ocorre o descumprimento por parte do município em disponibilizar as terapias ou atendimentos inclusivos, deve o Estado garantir tais direitos – conforme Protocolo Clínico e Diretrizes Terapêuticas do Comportamento Agressivo como Transtorno do Espectro Autista (portaria 324/2016 do Ministério da Saúde) – sob pena de ser autorizado e custeado em rede particular.

O que muitas famílias não sabem é que os entes federativos têm a responsabilidade solidária de garantir o tratamento integral a todos os pacientes autistas, inclusive em investigação. E na ausência de vagas disponíveis na rede municipal, estadual ou federal de saúde, deverá ser disponibilizada toda a assistência na rede particular, às custas do poder público – que detém autonomia administrativa e financeira para efetivar tais direitos.

Ato contínuo, é incontroverso que a legislação assegura o direito do autista a tratamento especializado, o que inclui até mesmo instituições particulares, uma vez que o Estado não se adequou às necessidades da sociedade.

Por outro lado, é consenso que o Sistema Único de Saúde (SUS) é um dos maiores sistemas de saúde pública do mundo, oferecendo serviços gratuitos a toda a população brasileira. No entanto, apesar de sua abrangência, pacientes autistas enfrentam uma série de desafios e barreiras ao tentar acessar os tratamentos necessários. Essas dificuldades vão desde o diagnóstico até a continuidade do cuidado, refletindo a complexidade e as limitações do sistema.

Um dos principais obstáculos é o diagnóstico tardio ou faltante. A falta de capacitação específica dos profissionais de saúde para reconhecer os sinais de TEA resulta em diagnósticos frequentemente realizados com atraso. A escassez de especialistas como neuropediatras e psiquiatras infantis agrava ainda mais essa situação, com longas listas de espera para consultas especializadas. Esse atraso no diagnóstico pode comprometer significativamente o desenvolvimento do paciente, uma vez que intervenções precoces são cruciais para melhores prognósticos.

O acesso limitado a terapias e tratamentos especializados é outra barreira significativa. Em muitas regiões, especialmente nas áreas mais remotas, há uma falta crítica de profissionais capacitados para oferecer terapias como a análise do comportamento aplicada (ABA), terapia ocupacional e fonoaudiologia. Mesmo quando essas terapias estão disponíveis, a demanda é tão alta que muitos pacientes não conseguem atendimento regular e contínuo, essencial para o tratamento eficaz do TEA.

A infraestrutura inadequada das unidades de saúde também representa um desafio considerável. Centros de Atenção Psicossocial Infantil (CAPSi), que são fundamentais para o acompanhamento contínuo dos pacientes autistas, não estão presentes em todas as cidades, forçando muitas famílias a percorrer longas distâncias para obter atendimento. Além disso, muitos ambientes de saúde não são adaptados para as necessidades sensoriais dos pacientes autistas, o que pode tornar o ambiente de tratamento sobrecarregante e estressante.

A burocracia e a desinformação agravam ainda mais o cenário. O processo para obter encaminhamentos, laudos e outros documentos necessários é frequentemente demorado e complicado. Muitas famílias, além de desconhecerem os direitos e os serviços disponíveis no SUS, encontram dificuldades em navegar pelo sistema de saúde. Essa falta de informação e orientação adequada impede que muitos pacientes recebam o cuidado de que necessitam.

Além disso, a falta de continuidade no cuidado é um problema persistente. A fragmentação dos serviços e a alta rotatividade de profissionais dificultam a manutenção de um tratamento consistente e de qualidade. A ausência de uma integração efetiva entre os diferentes níveis de atenção à saúde prejudica a construção de um plano de tratamento coeso e contínuo para os pacientes autistas.

E não apenas isso, o preconceito e o estigma social associados ao TEA ainda são prevalentes. A falta de compreensão e sensibilidade por parte de alguns profissionais de saúde pode levar a um atendimento inadequado e até discriminatório. Esse estigma social também dificulta a inclusão e o apoio de que os pacientes e suas famílias necessitam.

Sem deixar de mencionar que os recursos estatais e municipais não são inesgotáveis, e que outras famílias também necessitam de uma prioridade ou assistência de urgência. Mas não se pode admitir que um paciente, seja qual for a idade que tenha, seja privado do tratamento adequado devido a alegações de natureza econômica ou burocrática. Quando há um conflito entre os interesses econômicos dos entes federativos versus a vida e a saúde, esses últimos devem prevalecer.

E como forma de garantir tais direitos inclusivos, a lei 12.764/2012 institui a Política Nacional de Proteção dos Direitos da Pessoa com Transtorno do Espectro Autista, estabelecendo diversos direitos, incluindo o direito a um tratamento digno. Quanto a crianças e adolescentes, o Estatuto da Criança e do Adolescente impõe a responsabilidade do poder público na promoção efetiva da saúde de crianças e adolescentes, garantindo o acesso à saúde. Logo, se a oferta de vagas é inferior à demanda, compete à justiça determinar que seja providenciado imediatamente o tratamento adequado pelos entes federativos.

No que diz respeito ao acesso para o diagnóstico e tratamento precoce, não restam dúvidas de que é fundamental para o desenvolvimento das pessoas com TEA. No entanto, a maioria dos pacientes que não conseguem acessar a saúde suplementar, tais como os convênios médicos, tentam uma vaga nas filas de espera do SUS para consultas com especialistas e terapias específicas – que muitas vezes demoram meses; isso é uma realidade enfrentada por muitas famílias de autistas. Sem deixar de mencionar que existem inúmeros casos de demora no agendamento de consultas com neuropediatras e psiquiatras infantis, podendo ultrapassar seis meses em algumas regiões do país.

Essa situação é agravada pela escassez de profissionais capacitados em TEA e pela falta de estrutura adequada nos serviços de saúde pública. A ausência de protocolos claros de encaminhamento e a baixa oferta de terapias comportamentais baseadas em evidências contribuem para o aumento das filas de espera e a deterioração da qualidade do atendimento prestado aos autistas.

É imprescindível que os gestores públicos atuem na otimização dos fluxos de atendimento, na ampliação da oferta de profissionais especializados e na garantia de tratamentos baseados em práticas cientificamente comprovadas. Além disso, é necessário investir na descentralização dos serviços de saúde, levando em consideração as particularidades regionais e as demandas específicas da população autista.

Em relação aos municípios, é possível observar uma crescente demanda de pacientes em investigação para o transtorno do espectro autista. E muitas vezes a rede de saúde local não dispõe de equipe multidisciplinar, até mesmo para realizar o diagnóstico precoce em investigação. Existe, na verdade, uma oferta de serviços de saúde e educação inclusiva em unidades conhecidas como Centros de Atenção Psicossocial (CAPS) – que oferecem acolhimento a muitas famílias atípicas.

Os estados, por sua vez, têm o papel de articular políticas regionais de saúde e assistência social, visando garantir o acesso equitativo aos serviços especializados, como centros de reabilitação e programas de apoio às famílias. A criação de redes de apoio interdisciplinares, envolvendo profissionais da saúde, assistência social, educação e direitos humanos, é fundamental para garantir uma abordagem integrada e abrangente às demandas dos autistas e suas famílias.

Já a União possui a responsabilidade de estabelecer diretrizes nacionais e financiar programas e serviços voltados para a promoção da inclusão e garantia dos direitos das pessoas com TEA. Cabe ao poder central criar incentivos para a capacitação de profissionais, o desenvolvimento de pesquisas científicas e a disseminação de boas práticas no atendimento ao autismo.

É importante ressaltar que a efetivação dos direitos dos autistas requer não apenas ações governamentais, mas também o engajamento da sociedade civil e o fortalecimento da participação democrática.

Para superar essas barreiras, é fundamental investir em capacitação contínua dos profissionais de saúde, melhorar a infraestrutura e expandir a rede de serviços especializados. Políticas públicas eficazes que garantam a disponibilidade e o acesso a terapias e serviços são essenciais. Além disso, fortalecer redes de apoio e fornecer informações claras e acessíveis às famílias pode ajudar a mitigar os desafios burocráticos.

Portanto, a tese de que os municípios, Estados e União devem garantir todos os direitos aos autistas encontra respaldo não apenas na legislação vigente, mas também na imperativa necessidade de promover uma sociedade mais justa e inclusiva. A efetivação desses direitos exige um compromisso conjunto dos poderes públicos e da sociedade em geral, visando assegurar o pleno exercício da cidadania e o bem-estar de todos os cidadãos, incluindo aqueles no espectro autista.

13

DIREITO E EDUCAÇÃO

AS MAZELAS DO SISTEMA PÚBLICO EDUCACIONAL DIANTE DA LUTA DAS PESSOAS COM AUTISMO PELA EFETIVA INCLUSÃO

O presente capítulo norteou-se pela análise e aplicação da Lei n. 12.764/2012. Como problema central deste estudo, houve o questionamento sobre a efetiva inclusão social da pessoa com autismo no âmbito escolar. Assim, concluiu-se que nesse embate entre a norma escrita e a aplicada, infelizmente, os que mais sofrem são as crianças, inocentes e indefesas, vítimas de seus próprios direitos.

TAINÁ SANTOS DE OLIVEIRA

Tainá Santos de Oliveira

Nascida em 9 de setembro de 1996, bacharel em Direito pelas Faculdades Integradas de Três Lagoas - FITL/AEMS (2015-2019). Especialista em Direito Constitucional Aplicado, nível de pós-graduação *lato sensu* pela Faculdade Legale, pós-graduanda em Direito da Seguridade Social - Previdenciário e Prática Previdenciária, pela Faculdade Legale. Advogada especialista em Benefício de Prestação Continuada e em direitos das pessoas com transtorno do espectro autista. Palestrante. Coautora em obras jurídicas - com três capítulos já publicados. Professora voluntária de Direito Previdenciário na Universidade Federal do Mato Grosso do Sul (UFMS), 1º de semestre de 2023.

Contatos
tainasoliveira.adv@gmail.com
Instagram: @adv.tainaoliveira
Currículo Lattes: http://lattes.cnpq.br/2757144276924860
67 99602 8629

Uma breve introdução

A educação, além de ser um direito humano, é uma garantia e direito fundamental (previsto como dever do Estado, conforme dispõem os artigos 6 e 205 da Constituição Federal de 1988) para todas as crianças e jovens, independentemente de suas habilidades ou deficiências. No entanto, para os indivíduos com transtorno do espectro autista, a jornada educacional pode ser repleta de desafios únicos que requerem uma abordagem especializada.

"O autismo é um transtorno do neurodesenvolvimento caracterizado por dificuldades de interação social, comunicação e comportamentos repetitivos e restritos, essas três características (elementos determinantes) são essenciais para o diagnóstico" (SANTOS; LEITE, 2022). De acordo com a Lei Berenice Piana, "o autismo é considerado uma deficiência, para todos os efeitos legais" (BRASIL, 2012).

"Dentre as diversas vertentes do assunto, destaca-se uma de extrema relevância, que se refere à inclusão nas instituições escolares, pois a mesma vai além de somente matricular a pessoa com deficiência, é preciso realmente inseri-la no processo de aprendizagem. Mesmo com todas as dificuldades, é nesse ambiente que o aluno necessita ser estimulado e preparado para viver em sociedade" (PAULA; PEIXOTO, 2019).

O direito, a educação e a luta pela efetiva inclusão

De acordo com o artigo 5, caput, da Constituição Federal, "todos são iguais perante a lei, sem distinção de qualquer natureza". Sendo assim, a pessoa diagnosticada com TEA é sujeito de direitos, dentre eles, o direito à educação. Ao longo dos anos, com a edição de novas leis de proteção e direitos da pessoa com deficiência, as escolas foram sujeitas a mudanças drásticas.

"Mesmo havendo a matrícula, há possibilidade de esse estudante ser incluído ou excluído dos processos de desenvolvimento da aprendizagem. Visto que a inclusão não se relaciona apenas ao acesso do indivíduo em ambiente escolar e sim na permanência e aprendizagem aos conhecimentos pedagógicos" (BARBOSA, 2018, p. 300).

As adequações pelas quais as escolas foram submetidas, após a publicação da Lei Berenice Piana (Lei n. 12.764/2012), envolvem não só um conteúdo programático ou uma vaga em sua instituição, mas sim a garantia de que aquele aluno com diagnóstico de TEA possa frequentar o ambiente escolar em igualdade de condições de aprendizado.

Para tanto, a Lei supracitada trouxe a possibilidade de um acompanhante especializado para a criança com TEA que comprovadamente demonstrar essa necessidade (art. 3, parágrafo único). Nesse aspecto, podemos observar que a ideia trazida pela lei é excelente, mas a execução está muito distante de ser realmente eficaz.

Nesse contexto, faz-se necessário o compartilhamento de uma reflexão pessoal no que tange ao direito de acompanhante especializado. Como mencionado, a ideia é excelente, mas a execução é falha. E por quê?

Pela experiência própria ao trabalhar na educação infantil por seis anos, foi possível verificar que este profissional especializado de que trata a lei é uma pessoa com formação de ensino médio completo, que passou em um concurso público e muitas vezes nem faz ideia do que é autismo.

Nesse aspecto, podemos identificar a falha na aplicação da lei, uma vez que esta menciona que o acompanhante deve ser especializado e é responsabilidade da escola disponibilizar este profissional; ocorre que um professor com diploma e especialização na área do espectro autista possui a mão de obra mais cara em comparação a uma pessoa que só possui o ensino médio completo.

O acompanhante especializado nas escolas públicas ser um professor com toda a capacitação necessária não é uma realidade vivida por todas as instituições. Muitas escolas utilizam a mão de obra mais barata só para fazer valer a lei, e usam o auxiliar de professor como um cuidador, uma espécie de babá que por muitas vezes nunca realizou um curso de formação sobre o autismo. Será que isso é realmente considerado inclusão?

Com o intuito de demonstrar o que se tem debatido até o momento, apresenta-se uma pesquisa realizada na Escola Municipal de Ensino Fundamental Professora Ida Valmont, localizada no município de Marabá, no estado do

Pará. Os resultados apresentados via formulário proposto no Google Forms mostraram a participação de 10 (dez) profissionais da educação.

“Graduados foram 8, sendo 5 (50%) Pedagogos e 3 (30%) professores de disciplinas aleatórias; quanto aos pós-graduados, foram 2 psicopedagogos (20%), com tempo de experiência variando entre 4 e 22 anos, que responderam aos seguintes questionamentos” (Adaptado de SANTOS; LEITE, 2022, pp. 11-14):

1.	Quanto às dificuldades encontradas no trabalho com alunos TEA?	Resposta: 60% citaram a dificuldade em planejar; 40%, dificuldade na utilização de recursos especiais; 30%, dificuldade de comunicação, além de outros aspectos.
2.	Acreditam no processo de inclusão de alunos com autismo no ensino comum?	Resposta: 60% disseram que é pelo contato e pela interação com outros indivíduos que o sujeito aprende e se desenvolve; portanto, a inclusão é procedente; além disso, a legislação vigente garante. Quanto às negativas, 40% responderam que, embora a legislação garanta a inclusão, a escola e os professores não estão preparados para recebê-los. Esse despreparo inclui não apenas a falta de capacitação (falta de formação específica), mas também a de infraestrutura.
3.	Está fazendo (ou já fez) algum tipo de curso para melhor se comunicar com os alunos com TEA?	Resposta: das respostas colhidas, 60% nunca fizeram; 40% fizeram anteriormente na área de educação para alunos deficientes e inclusão.

4.	Para finalizar, perguntou-se sobre a efetivação da inclusão e sobre o que pode ser feito para melhorar esse processo, por meio de sugestões e opiniões. Os entrevistados responderam da seguinte forma:	• Quero salientar a importância da assistência à família do aluno com TEA.
		• Capacitação, recursos, investimentos etc.
		• Precisava haver a presença de um professor-auxiliar (especialista) nas turmas que contenham alunos autistas.
		• A necessidade de formações específicas para o educador que trabalha com alunos autistas.
		• Os educadores precisam manter-se capacitados e preparados para realizar diagnósticos coerentes com a realidade de cada aluno, o transtorno/distúrbio.
		• Atuação do educador para manutenção e desenvolvimento da autonomia.

Nesta senda, observa-se que os próprios profissionais da educação evidenciam as mazelas do sistema educacional. Ou seja, apesar de existir uma lei, não significa que não existe nenhum problema ou que algo não possa ser melhorado. Estamos tratando de crianças e adolescentes com diagnóstico de TEA, que com acesso a uma educação de qualidade potencializarão seu desenvolvimento para a vida adulta, e isso é inegável.

Diante desse cenário, é válido destacar que existem meios de buscar a verdadeira inclusão, a exemplo dos "cursos on-line de formação docente no formato MOOC, que podem ser utilizados como ferramentas em uma perspectiva inclusiva na capacitação de professores de alunos com TEA" (BALBINO; PINTO; BRAZ, 2020). "Um MOOC é um curso on-line com a opção de registro gratuito e aberto, um currículo compartilhado publicamente, e os resultados em aberto" (McAULEY *et al.* apud BALBINO; PINTO; BRAZ, 2020).

"Os cursos de capacitação no formato MOOC funcionam como uma alternativa para suporte aos docentes de alunos com TEA. Os MOOCs eliminam barreiras que dificultam o aprendizado e que, porventura, ainda existam em cursos tradicionais. É dentro dessa lógica que vários cursos no formato MOOC chegam a universidades brasileiras para facilitar a disseminação de conteúdos diversos para a sociedade, incluindo docentes e demais educadores nesse processo" (BALBINO; PINTO; BRAZ, 2020).

Outro exemplo que merece destaque é a política educacional desenvolvida no município de Uberaba/MG, "apontado no ano de 2019 como uma das 37 cidades referência do Brasil em educação inclusiva. Os alunos com autismo na rede municipal de ensino da cidade são acompanhados pelo professor de apoio em classe de aula e realizam no contraturno escolar atividades com um profissional especializado na sala de recursos no atendimento educacional especializado (AEE)" (RAMOS; BARBOSA, 2022).

"No tocante às políticas públicas, o Ministério da Educação (MEC) tem atuado para a inclusão dos estudantes autistas em todas as escolas do Brasil. No dia 21 de novembro de 2023, o Ministério lançou o Plano de Ampliação e Fortalecimento da Política Nacional de Educação Especial na Perspectiva da Educação Inclusiva (PNEEPEI). O plano traz ações e investimentos em formação, infraestrutura, transporte, recursos de tecnologia assistiva e pedagógicos, estimados em mais de R$ 3 bilhões, em quatro anos" (BRASIL, 2024).

"Além disso, em uma ação inédita, o MEC está realizando a formação em educação inclusiva para todos os professores da educação básica do atendimento educacional especializado, gestores escolares e professores de classes comuns, que atuam com o público da educação especial" (BRASIL, 2024).

Conclusão

Diante de todo contexto apresentado, foi possível concluir que a luta das pessoas com TEA e suas famílias pela efetiva inclusão no ambiente escolar está longe do fim. Mas também é importante mencionar que, em comparação, há alguns anos, muito já foi conquistado.

O grupo familiar também sofre nesse processo de inclusão da criança e do adolescente, pois com as dificuldades escolares existem outros problemas como a negativa de um benefício assistencial, a falta de vaga no SUS para um atendimento médico especializado, a falta de recursos para comprar um medicamento de alto custo, a discriminação e o preconceito.

Nesse contexto, este ensaio buscou demonstrar que, mesmo com todo o aparato legal vigente, a luta das famílias pela efetiva inclusão das crianças com autismo no ambiente escolar é árdua. Infelizmente, nesse embate os que mais sofrem são as crianças, inocentes e indefesas, vítimas de seus próprios direitos.

Por isso, a conclusão a que se foi possível chegar resume-se a uma frase: a escola pública ainda não está completamente preparada para receber as crianças e adolescentes com transtorno do espectro autista. E para que o Direito não seja apenas um conjunto de leis inaplicadas, a união entre escola (por meio da prática educacional adequada e com a devida inclusão dos alunos com autismo), Estado (pela criação de políticas públicas cada vez mais eficazes) e família (pelo comprometimento e pela busca dos direitos das crianças) é o caminho para a efetiva inclusão.

Referências

BALBINO, V. da S.; PINTO, S. C. C. S.; BRAZ, R. M. M. Uma visão do uso de MOOCs como ferramenta de capacitação para docentes de alunos com TEA. *Rev. Ens. Educ. Cienc. Human.*, v. 21, n. 2, pp. 181-190, 2020.

BARBOSA, M. O. O transtorno do espectro autista em tempos de inclusão escolar: o foco nos profissionais de educação. *Revista Educação Especial*, v. 31, n. 61, pp. 299-310, 2018.

BRASIL. *Lei n. 12.764/2012* (Lei Berenice Piana). Disponível em: https://www.planalto.gov.br/ccivil_03/_ato2011-2014/2012/lei/l12764.htm. Acesso em: 9 set. 2024.

BRASIL. Ministério da Educação, 2024. Página inicial. Disponível em: https://www.gov.br/mec/pt-br. Acesso em: 9 set. de 2024.

PAULA, J. B. de; PEIXOTO, M. F. A inclusão do aluno com autismo na educação infantil: desafios e possibilidades. *Cadernos da Pedagogia*, v. 13, n. 26, pp. 31-45, Out/Dez 2019.

RAMOS, M. A. S.; BARBOSA, S. *Autismo e inclusão escolar:* o cotidiano nas escolas regulares e a inclusão dos alunos com (TEA). 2022.

SANTOS, A. A. S. dos; LEITE, D. S. *Inclusão de alunos com autismo no ensino regular:* análise em uma escola de ensino fundamental. 2022.

14

QUEBRANDO BARREIRAS

A IMPORTÂNCIA DA COLABORAÇÃO ENTRE SAÚDE E EDUCAÇÃO PARA A INCLUSÃO DE CRIANÇAS AUTISTAS

A saúde e a educação de crianças autistas devem ser integradas, envolvendo médicos, psicólogos e pedagogos. No Brasil, leis garantem a inclusão escolar, mas a prática multiprofissional ainda é limitada. O acompanhante especializado (AE) e o aplicador ABA (AT) são cruciais para a adaptação educacional. Negar esse apoio é abusivo. Estudos comprovam a eficácia dessas intervenções na inclusão e no desenvolvimento social. Profissionais de saúde e educação devem colaborar para garantir o acesso pleno à educação para os autistas.

LUIZA MONTEIRO LUCENA

Luiza Monteiro Lucena

Coordenadora técnica deste livro, é a sócia-fundadora do escritório Monteiro Lucena Advogados e consolidou-se como referência nacional no campo do direito dos autistas e deficientes. É uma das primeiras advogadas a ter se tornado referência e especialista no assunto. Sua formação acadêmica é amplamente consolidada, com especializações em áreas cruciais como direitos dos deficientes e autistas, direito civil, direito empresarial e processo civil. Além de sua *expertise* jurídica, ela é uma fervorosa ativista na causa da inclusão e ensina, por meio de sua mentoria, outros advogados a se tornarem especialistas em direitos dos autistas. Dedica-se incansavelmente para assegurar aos deficientes o acesso irrestrito a serviços de saúde de qualidade, contribuindo significativamente para a construção de uma sociedade mais justa e igualitária.

Contatos
Instagram: @luizamlucena
@monteirolucenaadvogados
11 93044 0809

A saúde e a educação para crianças diagnosticadas com transtorno do espectro autista (TEA) devem ser trabalhadas de forma integrada, englobando médicos, psicólogos e pedagogos. No Brasil, o acesso à educação é uma garantia constitucional, complementada por políticas públicas e diversas leis federais e municipais que visam à inclusão e à integração das pessoas com autismo na escola regular. No entanto, a prática de trabalho multiprofissional ainda não é uma realidade consolidada no país.

A falta de conhecimento sobre a importância de cada profissional no tratamento da criança, bem como a relevância de suas especializações, é o maior obstáculo no desenvolvimento adequado dentro do espectro. Essa incompreensão afeta não apenas profissionais da saúde e do direito, mas também convênios médicos e a sociedade em geral. Após o diagnóstico, muitos pais e responsáveis se sentem perdidos, sem saber qual rumo tomar. A dúvida recai sobre as necessidades específicas da criança: um aplicador ABA (socialmente conhecido como acompanhante terapêutico [AT]) ou um acompanhante especializado (AE)? Quem deve custear esses serviços?

Acompanhante especializado (AE)

Dentro do contexto de atendimento a pessoas com demandas particulares, como aquelas com diagnóstico de autismo, a figura do AE emerge como uma peça fundamental para a inclusão e o desenvolvimento integral desses indivíduos. Este profissional desempenha um papel crucial não apenas na garantia do acesso à educação, mas também na promoção de uma experiência educacional adaptada às necessidades do aluno na escola regular.

O AE é previsto no artigo 3º, parágrafo único, da Lei 12.764/12 (Lei Berenice Piana), que garante ao autista a integração no ambiente escolar, impedindo que sejam impostas barreiras ao seu aprendizado. A lei menciona que é dever da escola custear o AE quando comprovada a necessidade, mas não esclarece quem deve ser esse profissional ou qual deve ser sua formação acadêmica.

De acordo com a análise do papel do AE no contexto escolar inclusivo, ele deve ser um profissional da educação, como um pedagogo especializado em autismo, com responsabilidades que incluem:

- Promover adaptações no material pedagógico e nas avaliações, garantindo acesso ao currículo escolar de maneira significativa e adaptada.
- Preparar o Plano de Ensino Individualizado (PEI).
- Aplicar ensino pedagógico individualizado e personalizado conforme as necessidades da criança, visando à inclusão e ao acesso ao ensino no sistema regular.
- Colaborar estreitamente com professores e outros profissionais da escola e da saúde para garantir um ambiente inclusivo e acolhedor.

Além disso, é fundamental que o AE tenha especialização em práticas baseadas em evidências, o que potencializa a eficácia de suas intervenções educacionais. Segundo Elivelton de Oliveira Pereira, a função do AE inclui também o desenvolvimento de estratégias que atendam às necessidades específicas dos alunos, promovendo um ambiente de aprendizagem colaborativo e integrado (PEREIRA, 2019).

Aplicador ABA (acompanhante terapêutico [AT])

O tratamento com maior eficácia cientificamente comprovada para crianças com autismo é a análise do comportamento aplicada (ABA). Os primeiros estudos da ciência ABA em pacientes com autismo aconteceram na década de 1960.

ABA é uma ciência focada em promover o ensino de novas habilidades e auxiliar no enfrentamento de comportamentos desafiadores dentro do espectro. O aplicador ABA é o profissional responsável por realizar as intervenções no ambiente natural da criança, sempre sob a supervisão de um especialista com pós-graduação lato sensu.

O aplicador ABA atua de maneira próxima e individualizada, identificando as habilidades, desafios e necessidades específicas do paciente, visando constantemente ao aprimoramento e à promoção da autonomia. Utilizando técnicas de comunicação alternativa e recursos visuais, o aplicador busca otimizar a comunicação da criança, permitindo que ela expresse suas necessidades e pensamentos de maneira clara e eficaz.

Londero (2010) ressalta que o aplicador tem como principal característica a intervenção realizada em ambiente natural e em situações cotidianas do cliente, ou seja, ele não se limita necessariamente ao ambiente escolar. Essa abordagem intensiva visa intervir diretamente no comportamento do paciente, adaptando-se às diversas situações do dia a dia. Portanto, o aplicador ABA integra a equipe multidisciplinar ABA e, para ser custeado pelo plano de saúde ou SUS, deve ser um profissional da saúde. A negativa do plano de saúde ou do SUS em custear integralmente as terapias de urgência indicadas pelo médico que atende o paciente implica desrespeito à dignidade do paciente e na prestação inadequada do serviço contratado, ferindo a boa-fé contratual.

Segundo Nascimento *et al.* (2019), o acompanhamento terapêutico escolar (AT) é uma prática crescente no Brasil, associada ao processo de inclusão escolar. O aplicador ABA se caracteriza por uma posição "entre" (entre o estudante e os outros), uma função que revela certa indefinição e instabilidade. No entanto, essa posição permite ao acompanhante atuar como mediador nas relações estabelecidas na escola, promovendo a inclusão e o desenvolvimento do estudante. Esta prática destaca-se por abordar tanto os aspectos pedagógicos quanto os subjetivos, essenciais para a formação do laço social e a emergência do sujeito (NASCIMENTO *et al.*, 2019).

A crucial parceria entre saúde e educação

O autista é considerado pessoa com deficiência para todos os efeitos legais, conforme disposto no artigo 1°, §2°, da Lei 12.764/2012. Essa condição se caracteriza por uma deficiência significativa na comunicação e na interação social (art. 1°, §1°, inciso I, da Lei 12.764/2012) e por padrões restritivos e repetitivos de comportamento (art. 1°, §1°, inciso II, da Lei 12.764/2012).

Neste contexto, é garantido ao autista, nos termos do artigo 3°, inciso III, alínea "b", da referida lei, o "acesso a ações e serviços de saúde, com vistas à atenção integral às necessidades de saúde, incluindo: [...] o atendimento multiprofissional; [...]". Além disso, o inciso IV, alínea "a", assegura o acesso à educação.

Portanto, o tratamento do transtorno do espectro autista deve abordar tanto aspectos educacionais quanto de saúde, visando ao melhor desenvolvimento mental e físico do paciente. A saúde humana, conceito abrangente, envolve o bem-estar físico, psíquico e social.

Quando não há um ambiente apropriado e condições adequadas para a inclusão, os ganhos no desenvolvimento podem ser comprometidos, prejudicando todas as crianças. Isso evidencia a necessidade de uma reestruturação geral do sistema social e escolar para que a inclusão se efetive (CAMARGO; BOSA, 2009, p. 70).

As limitações inerentes ao espectro autista acarretam maior dificuldade no convívio social. Portanto, essas pessoas devem receber um tratamento diferenciado em comparação àquelas sem transtornos, de acordo com o princípio constitucional da isonomia previsto no artigo 5º, caput, da Constituição Federal.

Na concepção clássica de Aristóteles, o princípio constitucional da isonomia exige tratar iguais de forma igual e desiguais de forma desigual, na medida de sua desigualdade. Isso significa que, se for necessário tratar a pessoa com transtorno do espectro autista de forma diferente para que ela tenha acesso às mesmas condições de aprendizado que uma pessoa sem diagnóstico, assim deve ser feito.

A Lei Federal n. 14.254/21 (conhecida como Lei do TDAH e outros transtornos de aprendizagem) assegura a intervenção de um profissional de saúde no âmbito escolar em parceria com os profissionais da rede de ensino para melhorar o prognóstico do aluno. Esta lei permite e reforça a importância do vínculo terapêutico para o melhor atendimento ao aluno que necessita de atenção especial, visando a uma inclusão social eficaz.

Resta cristalino dizer que a conduta da escola em negar o acompanhamento de um aplicador ABA em seu ambiente natural é considerada abusiva, uma vez que a criança tem a oportunidade de ter uma qualidade de vida melhor e aproveitar as atividades escolares de forma eficaz. Se há perspectiva de obter melhora no quadro de saúde da criança, proporcionando uma vida digna, inclusive para sua família, deve a agravada cumprir sua obrigação contratual de zelar pela saúde da criança.

O artigo 208, III, da Constituição Federal, e o artigo 54, III, do Estatuto da Criança e do Adolescente, dispõem ser dever do Estado garantir o atendimento educacional especializado aos portadores de deficiência, preferencialmente na rede regular de ensino, e atender o educando, em todas as etapas da educação básica, por meio de programas suplementares de material didático-escolar, transporte, alimentação e assistência à saúde (artigo 208, VII, da Constituição Federal). No mesmo sentido, os artigos 58 e 59 da Lei n. 9.394/96 (Lei de Diretrizes e Bases da Educação Nacional) preveem a educação especial como modalidade de educação escolar oferecida preferencialmente na rede regular de ensino para educandos portadores de necessidades especiais.

A garantia do direito à educação especializada à criança ou ao adolescente autista não se esgota, portanto, no mero acesso a uma vaga na rede regular de ensino, mas inclui a garantia de toda e qualquer atividade necessária e adequada ao pleno acesso à educação e à saúde, como o acompanhamento especializado em sala de aula ou o aplicador ABA.

Um estudo clínico realizado em 2015 demonstrou o avanço e a importância do aplicador ABA na escola com uma criança autista. Isso possibilitou à criança estar no ambiente escolar, circular socialmente, ser vista, expor suas estranhezas, relacionar-se, ser escutada, ser um sujeito falante e de desejo, construindo laços sociais e retomando a constituição subjetiva.

Assim, cabe aos profissionais da educação e da saúde trabalharem em equipe para que o objetivo final seja o acesso à educação para a pessoa com transtorno do espectro autista.

Conclusão

A integração entre saúde e educação é essencial para o desenvolvimento pleno de crianças diagnosticadas com transtorno do espectro autista (TEA). No Brasil, a Constituição Federal e diversas leis federais e municipais asseguram o acesso à educação e saúde para essas crianças, promovendo sua inclusão na rede regular de ensino. No entanto, a prática multiprofissional ainda enfrenta desafios significativos.

A falta de compreensão sobre a importância de cada profissional no tratamento do autista é um dos maiores obstáculos. Essa falta de conhecimento afeta não apenas os profissionais da saúde e do direito, mas também os convênios médicos e a sociedade em geral. Os pais e responsáveis frequentemente se sentem desorientados após o diagnóstico, sem saber quais serviços e profissionais são necessários para atender às necessidades específicas da criança.

Dentro desse contexto, tanto o acompanhante especializado (AE) quanto o aplicador ABA desempenham papéis cruciais. O AE, previsto na Lei 12.764/12, é fundamental para a adaptação educacional e a inclusão na escola regular. Ele promove adaptações no material pedagógico, prepara planos de ensino individualizados e trabalha em colaboração estreita com outros profissionais para garantir um ambiente inclusivo. Por outro lado, o aplicador ABA, com sua abordagem baseada em evidências e foco em intervenções no ambiente natural da criança, auxilia no desenvolvimento de habilidades e no enfrentamento de comportamentos desafiadores. Sua atuação é vital para a promoção da autonomia e comunicação eficaz da criança, sendo uma peça-chave na equipe multidisciplinar.

A negativa de escolas em permitir o acesso do acompanhamento de um aplicador ABA é considerada abusiva, prejudicando a qualidade de vida e o desenvolvimento escolar da criança. A legislação brasileira é clara ao garantir o direito à educação especializada e ao atendimento multiprofissional, devendo ser cumprida para assegurar uma vida digna e inclusiva para as crianças autistas.

Estudos clínicos demonstram a eficácia dessas intervenções, mostrando avanços significativos na inclusão escolar e no desenvolvimento social das crianças autistas. Portanto, é imprescindível que profissionais da educação e da saúde trabalhem em conjunto, garantindo o acesso pleno à educação e promovendo a inclusão e o bem-estar das crianças com transtorno do espectro autista.

Referências

BRASIL. *Lei n. 12.764, de 27 de dezembro de 2012*. Dispõe sobre a Política Nacional de Proteção dos Direitos da Pessoa com Transtorno do Espectro Autista; e altera o § 3º do art. 98 da Lei n. 8.112, de 11 de dezembro de 1990. Diário Oficial da União, Brasília, DF, 28 dez. 2012. Disponível em: https://www.planalto.gov.br/ccivil_03/_ato2011-2014/2012/lei/l12764.htm. Acesso em: 12 mar. 2024.

CAMARGO, P. H.; BOSA, C. A. Competência social, inclusão escolar e autismo: revisão crítica da literatura. *Psicologia & Sociedade*, v. 21, n. 1, p. 65-74, 2009. Disponível em: https://www.lume.ufrgs.br/bitstream/handle/10183/20834/000718941.pdf?sequence=1. Acesso em: 15 mar. 2024.

LONDERO, V. L. M. *et al.* (Org.) *Acompanhamento terapêutico:* teoria e técnica na terapia comportamental e cognitivo-comportamental. São Paulo: Santos, 2010.

LONDERO, V. L. M. Aplicação de ABA no ambiente natural da criança: uma abordagem individualizada. *Revista Brasileira de Terapia Comportamental e Cognitiva*, v. 12, n. 1, pp. 34-45, 2010.

NASCIMENTO, V. G.; TEIXEIRA, A. M. B.; SANTOS SPADA, A. A.; DAZZANI, M. V. M. Acompanhamento terapêutico escolar: uma atuação caracterizada pelo "entre". *Estilos da Clínica*, v. 24, n. 3, pp. 445-457, 2019.

PEREIRA, E. de O. *O acompanhante especializado do aluno com transtorno do espectro autista:* uma análise no contexto escolar inclusivo. 2019. Monografia (Graduação) – Curso de Pedagogia, Universidade Estadual do Maranhão, São Luís, 2019.

15

O PAPEL DO LAUDO MÉDICO NAS AÇÕES DE AUTISMO

Neste capítulo, serão pontuados os principais aspectos legais concernentes ao laudo médico para que família, médicos, advogados e profissionais da saúde tomem nota. Orientações precisas sobre ajustes no laudo são fundamentais para embasar as demandas legais com sucesso. Serão abordadas as diretrizes legais basilares para fortalecer o caso, com clareza e praticidade para os profissionais envolvidos.

NATHALIA RAFAEL

Nathalia Rafael

Advogada especialista em Direito dos Autistas e Direito Previdenciário, graduada em Direito pela Pontifícia Universidade Católica de Goiás (2021). Possui pós-graduação em Direito Civil e Processual Civil pelo Instituto Goiano de Direito (IGD) e certificação em Direito Público pela Faculdade UniCambury (2022) e pela Faculdade Legale (2022). Com ampla experiência na obtenção de benefícios assistenciais para crianças autistas, tanto na esfera administrativa quanto judicial, destaca-se pelo compromisso em apoiar famílias em situação de vulnerabilidade. Atualmente, atua em mais de 500 processos ativos, assegurando direitos para autistas e pessoas com deficiência.

Contatos
escritoriorafaeladv@gmail.com
Instagram: @nathaliarafael.adv
@rafael.advocacia_
https://www.facebook.com/nathalia.rafael.14/
https://www.facebook.com/rafaelescritorioadvocacia/
62 98205 6160

No âmbito das questões legais relacionadas aos direitos das pessoas autistas, como acesso a tratamento, medicamentos, redução da carga horária de trabalho e benefícios assistenciais, o laudo médico assume um papel central. Ele representa o alicerce fundamental em qualquer processo envolvendo autistas, sendo essencial para embasar e fundamentar suas reivindicações, destacando-se, assim, sua inegável importância.

Um laudo médico bem elaborado tem o poder de direcionar o curso do processo, seja administrativo ou judicial. O profissional da área jurídica encarregado deve possuir competência técnica para fornecer orientações abrangentes à família, abordando todos os aspectos relevantes do documento. Somente após os ajustes necessários, que podem ter um impacto significativo, a ação poderá prosseguir com o devido protocolo.

É amplamente reconhecido que o médico assistente do paciente possui autoridade soberana, assim como seu laudo. A intenção de sugerir ajustes no documento nunca deve ser interpretada como uma interferência na função do médico de prescrever, laudar e diagnosticar. O propósito aqui é fornecer orientação jurídica sobre o que é importante para o processo judicial e identificar o que poderia ser prejudicial, tudo sob uma perspectiva estritamente legal.

O objetivo compartilhado entre médico e advogado é essencial: ambos visam proporcionar ao paciente o tratamento mais eficaz para mitigar as comorbidades associadas ao transtorno do espectro autista (TEA). Assim como a escola deve colaborar com os profissionais de saúde que acompanham a criança autista, estes últimos também devem unir esforços com o advogado encarregado do processo e da defesa da família atípica. Essa colaboração mútua não apenas promove uma abordagem integrada para o cuidado do paciente, mas também fortalece o apoio disponível para a família ao longo desse percurso.

A seguir, serão discutidos os principais aspectos que devem ser contemplados no laudo médico, sob uma perspectiva jurídica, visando ao sucesso de uma ação judicial para obtenção de tratamento para a criança autista.

Explicação do diagnóstico (CID) e abordagem das dificuldades da criança

Para alcançar êxito em uma ação judicial visando ao tratamento de uma criança autista, o laudo médico deve apresentar uma explicação detalhada do diagnóstico, indo além do código CID. Deve fornecer informações abrangentes sobre as limitações e barreiras enfrentadas pela criança, como prejuízos psicomotores, atrasos na fala, seletividade alimentar, dificuldades de aprendizagem e interação social, oferecendo ao juiz uma visão clara dos impactos do transtorno e auxiliando em decisões informadas e justas.

Explicação acerca do transtorno do espectro autista

Também é crucial que o laudo médico forneça uma explicação detalhada sobre o transtorno do espectro autista (TEA). Essa explicação deve abordar não apenas a definição clínica do TEA, mas também suas características, sintomas e possíveis variações dentro do espectro. Dessa forma, o laudo proporciona ao juiz uma compreensão abrangente do transtorno e de como ele se manifesta no caso específico da criança em questão.

Explicação sobre o tratamento recomendado e a sua eficácia

Adicionalmente, é essencial que o laudo médico apresente evidências científicas que respaldem a escolha do tratamento recomendado, como a terapia comportamental aplicada (ABA). É importante explicar por que esse tratamento específico é considerado o mais eficaz para a criança autista em questão, utilizando pesquisas e estudos científicos para fundamentar essa recomendação. Além disso, se houver a necessidade de justificar a não adoção de outros tratamentos alternativos, o laudo deve fornecer uma explicação clara e embasada sobre as razões pelas quais essas opções não são adequadas ou não apresentam os mesmos benefícios que o tratamento proposto.

Ênfase na neuroplasticidade cerebral

Além disso, é fundamental destacar no laudo médico o papel da neuroplasticidade cerebral no tratamento do TEA. A neuroplasticidade refere-se à incrível capacidade do cérebro de se adaptar e se reorganizar ao longo do tempo em resposta a experiências e estímulos externos. Ao enfatizar a importância da neuroplasticidade cerebral no contexto do TEA, o laudo médico reforça a ideia de que intervenções precoces e intensivas podem ter um impacto significativo no desenvolvimento cognitivo e comportamental da criança autista. Isso ajuda a justificar a necessidade urgente de acesso a tratamentos especializados e intensivos, como a terapia ABA, que são projetados para aproveitar ao máximo o potencial de plasticidade cerebral da criança. É devido à neuroplasticidade que a intervenção precoce no TEA é considerada urgente; quanto mais cedo a criança autista iniciar o tratamento, melhores serão os resultados.

Urgência no início do tratamento

O tratamento do autismo demanda urgência; não se pode esperar até o final do processo judicial para iniciar as intervenções necessárias. Por esse motivo, o profissional do Direito que representa a família atípica deve buscar uma liminar. No entanto, para que a liminar tenha chance de êxito, é fundamental comprovar a urgência do tratamento, e o documento primordial para embasar essa urgência é o laudo médico. O laudo desempenha um papel central ao demonstrar a necessidade imediata de intervenção terapêutica para a criança. Ele apresenta uma avaliação detalhada da condição do paciente, ressaltando os desafios enfrentados e os impactos do transtorno na vida diária da criança. Ao evidenciar a urgência do tratamento, o laudo fortalece o pedido de liminar, fornecendo ao juiz as informações necessárias para compreender a gravidade da situação e tomar uma decisão rápida e eficaz em prol do bem-estar da criança.

Ao incluir termos como "urgente" e "início imediato", o laudo reforça a gravidade da situação e a necessidade premente de ação para garantir os direitos da criança e o seu desenvolvimento adequado.

Especificações acerca das modalidades terapêuticas, número de sessões semanais, duração de cada sessão, métodos ou intervenções de cada especialidade

No laudo médico, é essencial fornecer especificações detalhadas sobre as modalidades terapêuticas prescritas, incluindo o número de sessões semanais, a duração de cada sessão e os métodos ou intervenções utilizados em cada especialidade. Por exemplo, no caso da ciência ABA, o laudo deve especificar o número de horas de intervenção por semana, a duração de cada sessão e os princípios fundamentais da abordagem ABA que serão aplicados. Da mesma forma, se outras modalidades terapêuticas, como a terapia ocupacional ou a fonoaudiologia, forem recomendadas, o laudo deve detalhar as técnicas específicas utilizadas em cada uma dessas terapias, bem como a frequência e a duração das sessões.

Da capacidade técnica da equipe multidisciplinar

No contexto em que o tratamento prescrito pelo médico envolve a ciência ABA, é de suma importância garantir que a equipe de profissionais responsável pelo atendimento seja altamente especializada e habilitada. Todos os membros da equipe devem possuir formação adequada em ABA, demonstrando experiência comprovada na aplicação dessa abordagem terapêutica. Além disso, é fundamental que a equipe seja supervisionada por uma profissional com pós-graduação em ABA nível *stricto sensu* ou *lato sensu*.

Do tempo de duração do tratamento

Quanto ao tempo de duração do tratamento, é importante destacar que, no caso do TEA, o tratamento é frequentemente necessário por tempo indeterminado. Devido à natureza crônica do transtorno e à complexidade das necessidades de desenvolvimento da criança, o tratamento muitas vezes se estende ao longo do tempo, adaptando-se às necessidades individuais em diferentes estágios da vida. Portanto, é fundamental que o laudo médico reconheça essa realidade e enfatize a necessidade de um plano de tratamento contínuo e adaptável, visando fornecer suporte terapêutico ao paciente autista ao longo de sua jornada de desenvolvimento.

Do dinamismo do tratamento

No laudo, é importante enfatizar que o tratamento do TEA é dinâmico. Isso significa que ao longo do tempo pode ser necessário incluir novas especialidades terapêuticas, conforme as necessidades individuais da criança evoluem. Além disso, a carga horária das intervenções pode ser ajustada de acordo com a progressão do tratamento e as demandas específicas do paciente. Essa flexibilidade garante que o plano de tratamento permaneça adaptado às necessidades em constante mudança da criança autista, visando sempre promover o desenvolvimento e bem-estar de forma eficaz.

Os prejuízos em caso de suspensões, interrupções ou início tardio do tratamento

Deve-se ressaltar os prejuízos significativos que podem resultar de suspensões, interrupções ou início tardio do tratamento do TEA. Tais atrasos podem comprometer seriamente o progresso terapêutico da criança, aumentando o risco de regressão ou estagnação no desenvolvimento. Além disso, interrupções no tratamento podem dificultar a consolidação de habilidades aprendidas e a adaptação às intervenções terapêuticas, potencialmente resultando em perda de ganhos terapêuticos previamente alcançados. Portanto, é crucial destacar no laudo a importância da continuidade e a consistência do tratamento para maximizar os benefícios terapêuticos e promover o melhor resultado possível para a criança autista.

Abordar sobre a distância entre a clínica e a residência da criança

É verídico que crianças autistas frequentemente apresentam dificuldades sensoriais significativas, o que pode tornar extremamente desafiador para elas permanecer por longos períodos em meios de transporte. Essa sensibilidade pode levar à desregulação emocional e comportamental, especialmente se a criança for exposta a longos trajetos ou ao trânsito intenso. É imprescindível que o laudo médico ressalte a necessidade de que a clínica esteja localizada próxima à residência da criança. A proximidade garante a regularidade e eficácia do tratamento, minimizando o estresse e o desconforto associados ao deslocamento, evitando comprometimentos no progresso terapêutico.

CID, CRM, data do laudo e data do diagnóstico

Um laudo médico para casos de transtorno do espectro autista deve conter informações específicas para garantir validade e eficácia em processos judiciais. Isso inclui o CID para identificar o diagnóstico, o CRM do médico responsável, a data de emissão do laudo e a data do diagnóstico. Esses elementos são basilares para garantir aceitação e relevância legal, além de proporcionar um registro detalhado do diagnóstico e das recomendações terapêuticas.

Em suma, o laudo médico é um elemento indispensável nas ações judiciais que visam assegurar os direitos de crianças com TEA. Esse documento não só fundamenta as reivindicações legais, mas também orienta de forma decisiva o curso dos processos administrativos e judiciais. A colaboração estreita entre médicos, advogados e outros profissionais da saúde é essencial para garantir que o laudo médico seja elaborado de maneira que atenda a todos os requisitos legais e clínicos, proporcionando o suporte necessário para a obtenção de tratamentos adequados.

A importância de um laudo médico detalhado e bem fundamentado reside na sua capacidade de esclarecer o diagnóstico, justificar a necessidade de tratamentos específicos, enfatizar a urgência das intervenções e abordar todos os aspectos terapêuticos pertinentes. Ao destacar a neuroplasticidade cerebral e a urgência no início do tratamento, o laudo reforça a necessidade de intervenções precoces e intensivas, justificando medidas legais imediatas.

Além disso, o laudo deve considerar a capacidade técnica da equipe multidisciplinar envolvida no tratamento, a duração indeterminada das terapias e a flexibilidade necessária para ajustar o plano de tratamento conforme a evolução da criança. A proximidade da clínica com a residência da criança também é um fator crucial, considerando as dificuldades sensoriais comuns no TEA.

Por fim, o laudo deve conter todas as informações essenciais, como o CID, CRM, data do laudo e data do diagnóstico, para garantir validade legal e eficácia nos processos judiciais. Com a elaboração cuidadosa e colaborativa desse documento, médicos e advogados podem trabalhar juntos para assegurar que as crianças autistas recebam o tratamento necessário, promovendo desenvolvimento e bem-estar.

16

MODALIDADES DE PLANO DE SAÚDE E SUA RELEVÂNCIA PARA O ATENDIMENTO DAS PESSOAS COM TRANSTORNO DO ESPECTRO AUTISTA

O direito dos pacientes autistas no contexto dos planos de saúde deveria ser extremamente garantido, considerando a redação da Lei n. 9.656/98 e da Lei n. 12.764/2012. O reconhecimento social dos direitos assegura a efetividade da dignidade da pessoa humana, fundamento do Estado Democrático de Direito.

ALEXANDRA BARP

Alexandra Barp

Advogada, sócia-fundadora do Barp.Hoff.Costa Advocacia Especializada, com atuação focada em pacientes contra planos de saúde e SUS. Mentora de advogados na área da saúde. Doutora em Direito (UMSA-2016). Professora universitária por 17 anos. Autora de vários artigos científicos. Palestrante.

Contatos
barphoffcosta.com.br
advogagos.bhc@gmail.com
45 3027 3100

O autismo só foi adicionado à Classificação Internacional de Doenças da Organização Mundial da Saúde em 1993. A demora na inclusão do autismo neste *ranking* é reflexo do pouco que se sabe sobre a questão. Ainda hoje, o diagnóstico é impreciso, nem mesmo um exame genético é capaz de afirmar com precisão a incidência da síndrome. De acordo com o relatório do CDC (*Centers for Disease Control and Prevention*), publicado em março de 2023, um em cada 36 crianças de 8 anos de idade é diagnosticada com TEA. Ao relacionar esse índice com os dados do Brasil, conclui-se que o país, com uma população estimada em 203.080.756 (segundo o Censo 2022), teria cerca de 5.641.132 pessoas com espectro autista. Esse número representa um aumento de 22% em relação ao estudo anterior, feito em 2018, que estimava que um em cada 44 crianças apresentava TEA naquele ano. Considerando esses números, é imprescindível analisar a efetividade dos planos de saúde no que se refere à prestação de serviços em atenção aos usuários nessa condição.

O direito à saúde à luz da Constituição Federal de 1988 e o fundamento da dignidade da pessoa humana

O direito à saúde é fundamental para o desenvolvimento social e humano e é protegido pela Constituição Federal de 1988, especialmente pelo Art. 196, que fundamenta o Sistema Único de Saúde (SUS). Além do SUS, existem planos de saúde privados que oferecem serviços diferenciados e mais ágeis. Para pessoas com espectro autista, esses planos proporcionam maior flexibilidade na escolha de médicos e hospitais, além de acesso a serviços menos sobrecarregados. Planos privados são escolhidos por oferecerem cobertura de procedimentos não contemplados pelo SUS e por reduzirem as filas de espera. Embora o SUS tenha um papel crucial, a coexistência dos sistemas público e privado visa atender às diversas necessidades da população brasileira.

Atualmente, há mais de 51 milhões de usuários de planos de saúde no Brasil, segundo a Agência Nacional de Saúde.

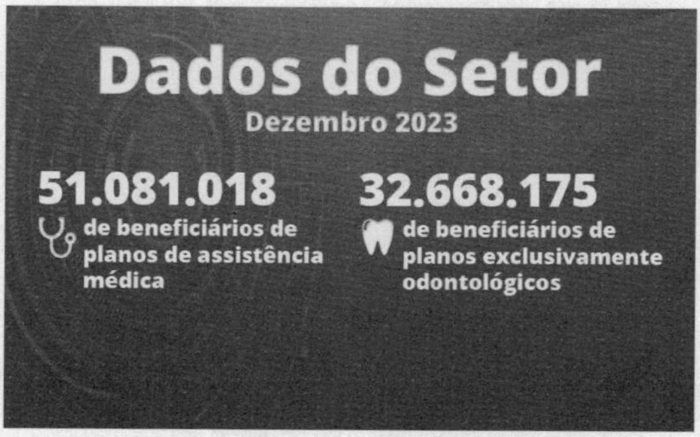

Fonte: Agência Nacional de Saúde Suplementar.
Disponível em: https://www.gov.br/ans/pt-br/assuntos/noticias/numeros-do-setor/setor-fecha-2023-com-51-milhoes-de-beneficiarios-em-planos-de-assistencia-medica.
Acesso em: 10 maio 2024.

Os planos de saúde existentes no sistema de saúde suplementar são regidos pela Lei 9.656/98. E no que tange à pessoa com espectro autista, deve-se considerar o que dispõe a Lei 12.764/12, sendo que ambas as legislações devem, sempre, serem analisadas em conjunto quando o objetivo é assegurar uma prestação efetiva dos serviços de saúde.

É importante mencionar que o Art. 16, inciso VII, da Lei 9.656/98, estabelece vários tipos/modalidades de plano de saúde, sendo muito importante considerar cada modalidade antes da contratação, pois definem qual é o acesso do beneficiário.

Das modalidades de plano de saúde

Dos planos de assistência à saúde comercializados atualmente, deve-se destacar o que se descreve a seguir.

Plano individual ou familiar

O plano de saúde individual ou familiar é aquele em que a contratação é firmada diretamente com a operadora de saúde, sendo que o titular pode incluir seus dependentes ou familiares na contratação. Essa modalidade de contratação foi criada para atender às necessidades específicas de cada cliente, podendo ser configurada de acordo com as preferências e requisitos do titular, abrangendo a escolha do tipo de quarto, seleção de médicos e hospitais, além dos procedimentos inclusos. Em razão de todas essas condições, o plano de saúde individual ou familiar não é a modalidade preferida das operadoras, pois a lei não permite o cancelamento unilateral, salvo em casos de fraude ou inadimplência. Por ser uma modalidade personalizada, o valor desse plano costuma variar de acordo com a idade, o histórico médico do indivíduo e o nível de cobertura desejado pelo contratante.

Essa contratação é uma ótima opção para pessoas com autismo, dada a necessidade de muitas terapias e tratamentos que devem ser integralmente custeados pelo plano de saúde. Nessa modalidade, o contrato pode conter cláusulas de agravo ou cobertura parcial temporária em caso de doenças preexistentes (Art. 4º da Resolução Normativa n. 195/09). Vale lembrar que o autismo não é considerado uma doença e, por isso, o plano de saúde não pode negar tratamento sob a alegação de doença preexistente.

Plano coletivo empresarial

O plano coletivo empresarial se caracteriza pela formação do vínculo contratual entre a operadora e outra pessoa jurídica (vínculo empregatício ou estatutário). Nessa modalidade de contratação, a responsabilidade pelo pagamento dos serviços prestados é da pessoa jurídica contratante, nos termos do Art. 8º da Resolução Normativa n. 195/09.

O Superior Tribunal de Justiça já pacificou o entendimento de que, para configurar essa modalidade de contratação, o número de beneficiários deve ser maior do que trinta vidas. O fundamental, nessa modalidade, é que não se exige prazo de cumprimento de carência e, portanto, não haverá cláusula de agravo ou cobertura parcial temporária nos casos de doenças preexistentes, desde que o beneficiário formalize o pedido de ingresso em até trinta dias da celebração do contrato coletivo ou de sua vinculação à pessoa jurídica.

Muitas operadoras de saúde oferecem essa modalidade de contratação mesmo quando não existe a quantidade mínima de beneficiários. Essa prática abusiva ocorre porque as operadoras de saúde não querem comercializar o plano individual ou familiar, já que estes têm hipóteses muito restritas de cancelamento, como descrito.

Plano falso coletivo

O plano de saúde falso coletivo é a modalidade de plano de saúde que, embora seja registrada como um plano coletivo, não atende aos critérios estabelecidos pela Agência Nacional de Saúde Suplementar (ANS) para ser considerado como tal. A ANS define planos de saúde coletivos como aqueles contratados por pessoas jurídicas (empresas, associações ou sindicatos), para oferecer cobertura a seus empregados, associados ou membros.

No caso dos planos de saúde falsos coletivos, operadores de planos de saúde utilizam subterfúgios para registrar planos individuais como coletivos. As principais características desse tipo de fraude estão descritas na Tabela 1.

Tabela 1	
Não possuem vínculo	Os beneficiários não possuem um vínculo real com a pessoa jurídica contratante, ou seja, formalizam a contratação por uma empresa fictícia ou inativa, que pode ser usada para contratar o plano.
Finalidade de reduzir custos	Visam contornar as regulamentações mais rigorosas e os preços mais altos dos planos individuais, oferecendo planos supostamente coletivos com condições mais vantajosas para os beneficiários.
Falta de transparência	Os consumidores não são informados adequadamente sobre a verdadeira natureza do plano, acreditando estar contratando um plano coletivo legítimo.
Riscos ao consumidor	Oferecem menos garantias de estabilidade contratual. Por não serem verdadeiramente coletivos, podem ser rescindidos com maior facilidade pela operadora, deixando os beneficiários desprotegidos.

A prática de comercializar planos de saúde falsos coletivos é ilegal e está sujeita a sanções pela ANS, que visa proteger os consumidores e garantir a transparência e a equidade no mercado de planos de saúde. Quando ocorrer uma situação como essa, o consumidor necessitará ingressar com ação judicial para garantir a proteção e a efetividade de seus direitos.

Plano coletivo por adesão

O plano de saúde coletivo por adesão é oferecido por operadoras de planos de saúde a grupos de pessoas que possuem algum vínculo com uma determinada entidade de classe, como sindicatos, associações profissionais ou órgãos de classe. Diferentemente dos planos coletivos empresariais, que são contratados por empresas para seus funcionários, os planos coletivos por adesão são voltados para profissionais liberais, autônomos, estudantes, entre outros, que se associam a uma entidade de classe.

As principais características dos planos coletivos por adesão são descritas na Tabela 2.

Tabela 2	
Vínculo associativo	Estar vinculado a uma entidade de classe (sindicato ou associação profissional) que tenha firmado um contrato com a operadora de plano de saúde.
Intermediação	A entidade de classe atua como intermediária na contratação do plano, negociando as condições e os preços com a operadora.
Condições contratuais	Esses planos oferecem condições e coberturas semelhantes às dos planos empresariais.
Regulamentação	São regulamentados pela ANS, que estabelece normas específicas para garantir a transparência e a proteção dos consumidores.
Rescisão	As operadoras podem rescindir unilateralmente os contratos, desde que respeitem a legislação vigente. Isso pode representar um risco para os beneficiários, que podem perder a cobertura de saúde de forma repentina.

No caso das pessoas com espectro autista é cada vez mais comum a oferta de planos de saúde coletivos por adesão, sem que o contratante tenha conhecimento quanto às reais implicações de contratar um plano dessa natureza. É por isso que comumente tem-se notícias de cancelamento em massa e outras abusividades que só ocorrem por razões econômicas: não honrar o contrato quando o beneficiário mais necessita.

A proteção do autista quanto às abusividades cometidas pelos planos de saúde

A inclusão e o acesso a cuidados de saúde adequados para pessoas autistas representam um desafio significativo em muitas partes do mundo. No Brasil, apesar da existência de uma regulamentação específica que visa proteger os direitos das pessoas com TEA, inúmeros relatos e evidências apontam para práticas abusivas perpetradas por operadoras de planos de saúde.

É muito importante conhecer as modalidades de contratação do plano de saúde para evitar as principais formas de abusividade cometidas. A atenção no momento da contratação pode evitar muitos dissabores, pois é nesse momento que muitas operadoras de saúde usam artifícios para induzir o consumidor a contratar um plano com a promessa de ser mais benéfico.

Algumas das abusividades mais comuns estão apontadas na Tabela 3.

Tabela 3	
Negativa de cobertura para terapias essenciais	Uma das práticas abusivas mais recorrentes é a negativa de cobertura para terapias essenciais ao desenvolvimento das pessoas com TEA, como terapia ocupacional, fonoaudiologia, psicologia e terapia ABA (análise do comportamento aplicada). Apesar de a Lei n. 12.764/2012, conhecida como a Lei Berenice Piana, assegurar o direito à saúde integral para autistas, muitas operadoras de planos de saúde se recusam a cobrir essas terapias, alegando que não fazem parte do rol de procedimentos obrigatórios da ANS.

Limitação de sessões de terapia	Mesmo quando há cobertura para determinadas terapias, os planos de saúde frequentemente impõem um limite arbitrário ao número de sessões disponíveis, ignorando a necessidade contínua e intensiva de tratamento que muitas pessoas autistas possuem. Esta prática contraria as diretrizes médicas e científicas que recomendam intervenções terapêuticas intensivas e personalizadas.
Redefinição de diagnósticos	Algumas operadoras de saúde adotam a prática de redefinir diagnósticos para enquadrar os tratamentos dentro de coberturas menos onerosas. Por exemplo, em vez de reconhecerem o TEA, podem reclassificar os sintomas como transtornos comportamentais inespecíficos, dificultando o acesso ao tratamento adequado e específico para autismo.
Rescisão unilateral de contratos	A rescisão unilateral de contratos é outra prática abusiva que afeta negativamente as pessoas autistas e suas famílias. Em casos de uso intensivo de serviços médicos, algumas operadoras optam por rescindir contratos coletivos por adesão, deixando os beneficiários sem cobertura no momento em que mais necessitam de cuidados continuados.

Os impactos jurídicos e sociais dessas abusividades são devastadores, pois deixam pacientes desamparados e sofrendo com retrocessos em seus tratamentos. Os desmandos praticados violam o Código de Defesa do Consumidor e os princípios constitucionais da dignidade da pessoa humana e do direito à saúde. Socialmente, acarretam sofrimento e sobrecarga financeira para as famílias, além de prejudicar o desenvolvimento e a qualidade de vida das pessoas autistas.

A única forma de mitigar essas abusividades decorre de algumas posturas, tais como: a intensificação da fiscalização pela ANS, visando aplicar sanções rigorosas às operadoras que descumprirem a legislação vigente; a ampliação do rol de procedimentos, com a inclusão de todas as terapias reconhecidas cientificamente para o tratamento do TEA no rol de procedimentos obrigatórios da ANS; a educação e a capacitação dos profissionais de saúde e das famílias sobre os direitos das pessoas autistas, para que possam exigir o cumprimento das normas; e, por fim, a implementação de mecanismos que facilitem o acesso das famílias à justiça, de modo que seus direitos sejam garantidos.

A luta pela efetivação dos direitos da pessoa com espectro autista é obrigação de toda a sociedade, considerando que a qualidade de vida dessas pessoas é fundamental para a efetivação de uma sociedade justa e solidária.

Referências

BRASIL 61. *Autismo no Brasil*: "Casos não aumentaram, o que aumentou foi o volume de informações que levam ao diagnóstico" diz especialista. Disponível em: https://brasil61.com/n/autismo-no-brasil-casos-nao-aumentaram-o-que-aumentou-foi-o-volume-de-informacoes-que-levam-ao-diagnostico-diz-especialista-bras239991. Acesso em: 14 maio 2024.

GARCIA, L.; DANTAS, A.; ROCHA, R. *Lei dos planos de saúde:* doutrina e jurisprudência para utilização profissional. 4. ed. São Paulo: JusPODIVM, 2022.

GOMES, J. A. *Contratos de planos de saúde*. 3. ed. São Paulo: JHMIZUNO, 2023.

MARQUES, C. L. *Contratos no Código de Defesa do Consumidor*: o novo regime das relações contratuais. 6. ed. São Paulo: Revista dos Tribunais, 2011.

SAMPAIO, A. *Contratos de planos de saúde*: regime jurídico e proteção do sujeito mais fraco das relações de consumo. São Paulo: Revista dos Tribunais, 2010.

17

PRAZOS DE ATENDIMENTO DOS PLANOS DE SAÚDE NO BRASIL

Este capítulo examina a regulação dos prazos de atendimento pelos planos de saúde no Brasil, destacando a importância das normas da ANS para garantir qualidade nos serviços e proteger os direitos dos consumidores. Detalha os prazos máximos para diferentes tipos de atendimento, as principais legislações e as medidas que os usuários podem tomar em caso de descumprimento, além de discutir o impacto desses prazos na saúde, especialmente para pessoas autistas.

ANDRÉIA MELOTTI DO NASCIMENTO
BEATRIZ ASTORRE

Andréia Melotti do Nascimento

OAB/ES 30.020

Especialista em Direito dos Autistas e Direito da Saúde. Certificação no curso sobre o Transtorno do Espectro Autista (TEA) Intervenção no Ambiente Educacional e Doméstico. Certificação em Níveis de Suporte e Crises Agressivas no Autismo. Certificação em Reajustes Abusivos do Plano de Saúde. Certificação em Aspectos do Desenvolvimento Cerebral nos Transtornos de Neurodesenvolvimento, a Complexa Neurobiologia do Transtorno do Espectro Autista, Alfabetização no TEA e Transtornos de Comunicação pelo IEPSIS. Presidente da Comissão da Infância e Juventude na Ordem dos Advogados do Brasil - Seção Espírito Santo (2018-2021).

Contatos
atendimento@astorremelottiadv.com.br
Instagram: @astorreemelotti.advogados
27 99826 8561

Beatriz Astorre

OAB/ES 30.019

Especialista em Benefícios Assistenciais e Direito dos Autistas, membro da Comissão da Infância e Juventude na Ordem dos Advogados do Brasil - seção Espírito Santo (2018-2021). Certificação em Aspectos do Desenvolvimento Cerebral nos Transtornos de Neurodesenvolvimento, a Complexa Neurobiologia do Transtorno do Espectro Autista, Alfabetização no TEA e Transtornos de Comunicação pelo IEPSIS.

Contatos
atendimento@astorremelottiadv.com.br
Instagram: @astorreemelotti.advogados
27 99826 8561

Introdução

A regulamentação dos planos de saúde no Brasil é uma área que se desenvolveu ao longo do tempo em resposta a uma série de desafios e demandas sociais. Para entender plenamente o contexto histórico dessa regulação, é essencial revisitar marcos importantes na história da saúde e da legislação brasileira.

A história da regulação dos planos de saúde no Brasil remonta ao século XX, quando o país começou a adotar políticas voltadas para a proteção da saúde pública e o acesso aos serviços de saúde. Durante as décadas de 1960 e 1970, houve aumento significativo na demanda por assistência médica, acompanhado pelo surgimento dos primeiros planos de saúde privados.

No entanto, o setor de saúde privada enfrentou diversos desafios, incluindo práticas abusivas, falta de transparência e exclusão de grupos sociais mais vulneráveis. Essas questões destacaram a necessidade de uma regulação mais eficaz para proteger os consumidores e garantir a qualidade dos serviços prestados pelos planos de saúde.

O marco mais significativo na regulação dos planos de saúde no Brasil ocorreu em 1998, com a promulgação da Lei n. 9.656, conhecida como Lei dos Planos de Saúde. Esta legislação estabeleceu diretrizes claras para o funcionamento dos planos de saúde, definindo regras para cobertura mínima, garantia de acesso, proteção ao consumidor e fiscalização do setor.

Desde então, houve uma série de atualizações e aprimoramentos na regulação dos planos de saúde, incluindo a criação de agências reguladoras específicas, como a Agência Nacional de Saúde Suplementar (ANS), responsável por supervisionar e regular o setor de saúde suplementar no país.

No contexto atual, a regulação dos planos de saúde no Brasil continua sendo um tema de grande relevância, à medida que o país busca garantir o acesso universal aos serviços de saúde, promover a qualidade e a segurança do atendimento médico e proteger os direitos dos consumidores em um ambiente dinâmico e em constante evolução.

Normas da ANS (Agência Nacional de Saúde Suplementar) e prazos de atendimento

A Agência Nacional de Saúde Suplementar (ANS), por meio da Resolução Normativa n. 259, de 17 de junho de 2011, dispõe sobre a garantia de atendimento dos beneficiários de plano privado de assistência à saúde.

A resolução normativa determina os prazos máximos que as operadoras de planos de saúde devem seguir para garantir o atendimento dos beneficiários. Os prazos variam conforme o tipo de serviço ou especialidade médica requisitada.

Serão utilizadas tabelas e explicações detalhadas para fornecer uma visão clara sobre os prazos, garantindo que os usuários conheçam seus direitos e evitem longas esperas por atendimento. Vejamos:

Tipo de serviço	Prazo máximo
Consulta básica (clínica médica, pediatria, ginecologia, obstetrícia)	7 dias úteis
Consulta em outras especialidades	14 dias úteis
Serviços de diagnóstico por laboratório de análises clínicas	3 dias úteis
Atendimento em regime de internação eletiva (não emergencial)	21 dias úteis
Procedimentos de alta complexidade (p. ex.: cirurgia cardíaca)	21 dias úteis
Atendimento de urgência e emergência	Imediato
Consulta/sessão com fonoaudiólogo	10 dias úteis
Consulta/sessão com psicólogo	10 dias úteis

Consulta/sessão com terapeuta ocupacional	10 dias úteis
Consulta/sessão com fisioterapeuta	10 dias úteis

Os prazos estabelecidos são contados a partir da data da demanda pelo serviço ou procedimento até a sua efetiva realização.

Detalhamento dos tipos de serviço:

- **Consultas básicas**: incluem as consultas em clínica médica (p. ex.: pediatria, ginecologia, obstetrícia etc.).
- **Consultas em outras especialidades**: englobam todas as demais especialidades médicas não mencionadas nas consultas básicas (p. ex.: endocrinologia, gastroenterologia, oftalmologia, ortopedia etc.).
- **Serviços de diagnóstico por laboratório de análises clínicas**: exames laboratoriais simples.
- **Atendimento em regime de internação eletiva**: para procedimentos planejados que necessitam de internação.
- **Procedimentos de alta complexidade**: incluem cirurgias e outros procedimentos que demandam alta tecnologia e especialização.
- **Atendimento de urgência e emergência**: deve ser imediato, dada a necessidade de intervenção rápida. Ainda que o usuário de plano de saúde esteja em período de carência, os atendimentos de URGÊNCIA E EMERGÊNCIA não poderão ser negados.

Direitos dos usuários

No Brasil, os direitos dos usuários de planos de saúde são amparados por uma série de legislações específicas que visam garantir a qualidade dos serviços prestados, a proteção do consumidor e o acesso equitativo à assistência médica. Aqui estão algumas das principais legislações relacionadas aos direitos dos usuários de planos de saúde:

- **Lei n. 9.656/1998 (Lei dos Planos de Saúde)**: estabelece normas gerais sobre os planos e seguros privados de assistência à saúde, incluindo regras para a contratação, cobertura mínima obrigatória, direitos e deveres dos usuários, prazos de carência, entre outros aspectos. A Lei dos Planos de Saúde é a principal legislação que regula o setor de saúde suplementar no Brasil.
- **Resolução normativa n. 395/2016 (regulamento de planos de saúde)**: esta resolução, emitida pela ANS, estabelece diretrizes para a contratação, operação e funcionamento dos planos de saúde, incluindo normas específicas

sobre cobertura, atendimento ao beneficiário, reajuste de mensalidades, entre outros aspectos.

- **Resolução normativa n. 259/2011 (Rol de procedimentos e eventos em saúde)**: define o rol de procedimentos e eventos em saúde, que consiste na lista de procedimentos, exames e tratamentos que os planos de saúde são obrigados a oferecer aos beneficiários, de acordo com as diretrizes estabelecidas pela ANS. Os usuários têm o direito de receber cobertura para todos os procedimentos listados no rol, conforme as condições estabelecidas em seus contratos.
- Lei n. 13.003/2014 (contratos de planos de saúde coletivos): estabelece normas específicas para os contratos de planos de saúde coletivos, incluindo regras de reajuste de mensalidades, rescisão unilateral do contrato pelas operadoras, entre outros aspectos. Os usuários de planos de saúde coletivos também têm direitos garantidos por essa legislação.

Os beneficiários de planos de saúde têm direito a um atendimento ágil e de qualidade.

Caso os prazos determinados pela ANS não sejam cumpridos, os usuários podem tomar diversas medidas para assegurar seus direitos.

Canal	Contato
Serviço de atendimento ao cliente (SAC) da operadora	Número de telefone da operadora
Central de atendimento	0800 701 9656
Portal da ANS (reclamações on-line)	www.ans.gov.br
Procon	www.procon.sp.gov.br (ou equivalente no estado)
Ação judicial	Fórum local da justiça

1. Contato com o plano de saúde

Primeiramente, o usuário deve entrar em contato com o serviço de atendimento ao cliente do seu plano de saúde para registrar uma reclamação formal.

Ao realizar o contato com o serviço de atendimento ao cliente, será gerado um protocolo de atendimento, o qual servirá como comprovante da reclamação.

2. Protocolo de atendimento

O usuário deve anotar o número do protocolo e manter em um lugar seguro. Esse número será importante para futuras referências e acompanhamentos.

3. Reclamação junto à ANS

Se o plano de saúde não resolver a questão dentro do prazo ou se a resposta não for satisfatória, o usuário pode registrar uma reclamação junto à Agência Nacional de Saúde Suplementar (ANS).

A reclamação pode ser feita pelos seguintes canais:

- **Central de Atendimento da ANS**: Disque ANS 0800 701 9656.
- **Internet**: pelo portal da ANS (www.ans.gov.br).
- **Aplicativo**: a ANS possui um aplicativo móvel, chamado "ANS", disponível para Android e iOS, em que você também pode registrar reclamações.
- **Presencialmente**: em um dos núcleos de atendimento ao consumidor da ANS.

Documentação necessária

O usuário deve ter em mãos os seguintes documentos e informações para registrar a reclamação na ANS:

- Número do protocolo fornecido pelo plano de saúde.
- Dados pessoais e de contato do beneficiário.
- Descrição detalhada do problema e do atendimento negado ou não realizado no prazo.

Acompanhamento da reclamação

Após registrar a reclamação, a ANS fornecerá um número de protocolo para que o usuário possa acompanhar o andamento do caso.

A ANS entrará em contato com o plano de saúde para exigir uma solução e, se necessário, aplicar sanções ao plano de saúde por não cumprimento das normas.

Impactos dos prazos de atendimento na saúde do usuário

Os prazos de atendimento têm um impacto significativo na saúde e no bem-estar dos usuários de planos de saúde, podendo influenciar diversos aspectos da experiência do usuário e os resultados de seus tratamentos. Aqui estão alguns pontos importantes que destacam esse impacto:

1. **Acesso oportuno aos cuidados de saúde**: prazos de atendimento prolongados podem resultar em atrasos no diagnóstico e tratamento de condições médicas, o que pode levar a complicações de saúde adicionais. Por exemplo, a demora para marcar uma consulta com um especialista pode permitir que uma condição médica se agrave antes que seja devidamente tratada.
2. **Progressão de doenças**: em muitos casos, a rapidez com que uma condição médica é diagnosticada e tratada pode influenciar diretamente na sua progressão. Se os prazos de atendimento forem longos, os pacientes podem não receber a intervenção necessária a tempo, o que pode resultar em piora do estado de saúde.
3. **Qualidade de vida**: a espera por tratamento médico pode causar estresse emocional e ansiedade aos usuários, afetando a qualidade de vida. Além disso, condições de saúde não tratadas adequadamente podem impactar negativamente a capacidade do paciente de realizar atividades diárias e desfrutar de uma vida plena.
4. **Satisfação do paciente**: prazos de atendimento prolongados podem levar à insatisfação dos pacientes com os serviços de saúde fornecidos pelo plano de saúde. Isso pode resultar em uma percepção negativa da qualidade do plano de saúde e afetar a fidelidade do cliente.
5. **Custos de saúde**: em alguns casos, a demora no atendimento pode levar a complicações adicionais que exigem tratamentos mais intensivos e custosos. Isso pode resultar em maiores despesas médicas para os usuários e para o sistema de saúde como um todo.

Para pessoas autistas, os prazos de atendimento dos planos de saúde são cruciais para o acesso a serviços essenciais. Reduzir esses prazos e aumentar o acesso a serviços especializados é fundamental para garantir o bem-estar e desenvolvimento adequado das pessoas com TEA. Vejamos como os prazos podem impactar:

6. **Diagnóstico precoce**: a espera por consultas com especialistas, como neuropediatras, pode atrasar diagnósticos e intervenções essenciais, prejudicando o desenvolvimento social, emocional e cognitivo de crianças autistas.
7. **Acesso a terapias**: prazos longos para iniciar terapias, especialmente em áreas com poucos profissionais especializados, podem retardar intervenções importantes, afetando o progresso no desenvolvimento e aprendizagem.

8. **Apoio educacional**: a demora no atendimento pode dificultar a implementação de suportes educacionais necessários, como programas de educação especial e adaptações curriculares, prejudicando o progresso acadêmico e social das crianças autistas.
9. **Saúde mental**: a espera para consultas com psicólogos ou psiquiatras pode atrasar tratamentos para ansiedade, depressão e dificuldades de adaptação, agravando ou criando problemas de saúde mental.

Ação judicial

Em casos mais complexos ou se a situação não for resolvida, é de extrema importância buscar o apoio de um advogado especializado em Direito da Saúde e no Direito dos Autistas para orientá-lo sobre possíveis ações legais contra o plano de saúde.

As ações judiciais desempenham um papel significativo na proteção dos direitos dos usuários de planos de saúde no Brasil. Quando os usuários enfrentam a demora em seus atendimentos, eles têm o direito de buscar reparação por meio do sistema judiciário. Quando essas ações resultam em resoluções favoráveis aos usuários, isso pode ter diversos impactos positivos:

1. **Acesso a tratamentos e procedimentos**: as resoluções judiciais favoráveis podem garantir aos usuários acesso a tratamentos, procedimentos e medicamentos que foram negados indevidamente pelas operadoras de planos de saúde.
2. **Proteção dos direitos dos consumidores**: as resoluções judiciais favoráveis ajudam a reforçar os direitos dos consumidores de planos de saúde, estabelecendo precedentes legais que podem beneficiar outros usuários em situações semelhantes. Isso contribui para um ambiente mais justo e equitativo no setor de saúde suplementar, em que os interesses dos usuários são protegidos e respeitados.
3. **Desestímulo a práticas abusivas**: as resoluções judiciais que condenam práticas abusivas por parte das operadoras de planos de saúde, como negativas de cobertura injustificadas ou recusas de tratamento, ajudam a desencorajar tais comportamentos no futuro. Isso pode levar as operadoras a reverem políticas e práticas, buscando maior conformidade com a legislação e os direitos dos consumidores.
4. **Conscientização sobre direitos**: as resoluções judiciais favoráveis também ajudam a aumentar a conscientização sobre os direitos dos usuários

de planos de saúde, informando-os sobre o que é legalmente garantido em termos de cobertura e assistência médica. Isso empodera os usuários a exigirem seus direitos e a tomarem medidas legais, quando necessário.

Considerações finais

Garantir o cumprimento dos prazos de atendimento dos planos de saúde é essencial para a proteção dos direitos dos consumidores e a qualidade dos serviços prestados. A regulação estabelecida pela ANS desempenha um papel crucial na supervisão e garantia de que os usuários recebam o atendimento necessário de forma oportuna.

Os prazos estabelecidos para diferentes tipos de atendimento, desde consultas básicas até procedimentos de alta complexidade e atendimentos de urgência, são fundamentais para evitar atrasos que podem comprometer a saúde e o bem-estar dos usuários. Em particular, para pessoas autistas, a redução desses prazos é vital para garantir o acesso a diagnósticos precoces, terapias e suportes educacionais, promovendo seu desenvolvimento integral.

Os consumidores devem estar cientes de seus direitos e dos canais disponíveis para registrar reclamações e buscar soluções em caso de descumprimento dos prazos. Ações judiciais também são uma ferramenta importante para assegurar esses direitos e pressionar as operadoras de planos de saúde a cumprirem suas obrigações.

Sugestão de leitura

Para aprofundar o entendimento sobre os prazos de atendimento dos planos de saúde no Brasil, são recomendadas as seguintes fontes:

- Agência Nacional de Saúde Suplementar (ANS).
  Site Oficial da ANS.
  Disponível em: www.ans.gov.br.
  Oferece acesso a resoluções normativas, diretrizes e informações detalhadas sobre prazos de atendimento.

- Resolução Normativa N. 259.
  Estabelece prazos máximos para atendimento nos planos de saúde.

- Relatórios Anuais da ANS.
  Publicações com dados sobre a fiscalização e a regulamentação do setor de saúde suplementar.

- Legislação Brasileira Lei N. 9.656/1998.
  Dispõe sobre os planos e seguros privados de assistência à saúde.

- Lei Brasileira de Inclusão da Pessoa com Deficiência (Lei N. 13.146/2015). Inclui diretrizes relevantes sobre o atendimento a pessoas com deficiência.
- Uma visão abrangente sobre a regulação dos serviços de saúde no Brasil.
- Artigos e Estudos Acadêmicos.
- Artigos em Revistas Científicas.
- Discussões sobre a regulação dos planos de saúde e os prazos de atendimento disponíveis em bases de dados como Scielo, PubMed e Google Scholar.
- Estudos de Caso e Dissertações.
- Análises sobre a implementação e os impactos das resoluções da ANS.
- Organizações e Instituições.
- Instituto Brasileiro de Defesa do Consumidor (IDEC).
- Publicações e estudos sobre os direitos dos consumidores de planos de saúde.
- Conselho Federal de Medicina (CFM).
- Diretrizes e pareceres sobre a qualidade do atendimento e a relação com os planos de saúde.
- Jurisprudência.
- Decisões Judiciais.
  Sentenças e acórdãos que tratam do cumprimento dos prazos de atendimento pelos planos de saúde. Disponíveis em bases de dados jurídicas como JusBrasil, STF, STJ, entre outras.

18

RECUSA DE ADMISSÃO DE BENEFICIÁRIOS POR PLANOS DE SAÚDE

Este capítulo aborda a discriminação no ingresso de autistas em planos de saúde, explorando princípios relativos ao direito da saúde, legislação brasileira, incluindo a Lei dos Planos de Saúde e o Código de Defesa do Consumidor. Destaca-se a importância do papel da Agência Nacional de Saúde Suplementar (ANS) e das decisões judiciais para assegurar a equidade no acesso aos serviços de saúde suplementar, garantindo os direitos dos beneficiários.

DYONE HENRIQUE SOARES

Dyone Henrique Soares

Advogado inscrito na OAB/SP 441140, formado pela Faculdade de Direito de Franca. Possui vasta especialização, incluindo pós-graduação em Processo Civil Empresarial, pós-graduação em Advocacia Cível, Direito Médico e da Saúde. É também *Compliance Officer* pela Fundação Getulio Vargas (FGV). Com um sólido histórico acadêmico e profissional, destaca-se pela *expertise* em direito da saúde. Sua atuação é marcada pela excelência técnica e compromisso com a justiça, posicionando-se como um profissional de referência no mercado jurídico.

Contatos
dyonesoares.com
advdyonesoares@gmail.com
Instagram: @dyonesoaresadvogados
YouTube: @dyonesoaresadvogados
Facebook: @dyonesoaresadvogados
TikTok: @dyonesoaresadvogados
LinkedIn: @dyonesoares
Kwai: @dyonesoaresadvogados
16 99307 9371

A recusa de planos de saúde em tratar autistas não é só discriminatória, mas também uma epidemia silenciosa que afeta muitas famílias. Segundo pesquisa do IDEC e da PUC-SP, a negativa de cobertura assistencial para transtornos globais do desenvolvimento, que inclui o autismo, lidera os processos na Justiça de São Paulo, com 3.017 ações de 2019 a 2023.

Esses números ressaltam a prevalência do problema e o desespero das famílias em assegurar saúde a seus entes queridos. O impacto dessas práticas vai além das estatísticas, prejudicando severamente a qualidade de vida dos autistas. Muitos enfrentam grandes barreiras para acessar tratamentos essenciais para seu desenvolvimento e integração social. A recusa baseada no diagnóstico de autismo viola direitos e impõe uma carga emocional e financeira às famílias.

Cada caso de recusa é um ataque à dignidade e à busca por uma vida mais inclusiva para os autistas, destacando a necessidade de mais rigor na regulamentação e reformas nas políticas de saúde.

Os indivíduos com transtorno do espectro autista (TEA) frequentemente buscam os planos de saúde devido à complexidade e à intensidade dos tratamentos necessários para lidar com essa condição neurológica. O TEA requer uma abordagem terapêutica multidisciplinar, envolvendo uma variedade de profissionais como psicólogos, fonoaudiólogos, terapeutas ocupacionais e médicos especializados.

Essas terapias são essenciais para melhorar a comunicação, habilidades sociais e comportamentais, além de tratar outros aspectos específicos do autismo, como a seletividade alimentar e comportamentos repetitivos. Os custos associados a esses tratamentos podem ser extremamente altos, e a cobertura oferecida pelos planos de saúde é crucial para tornar esses cuidados acessíveis às famílias que de outra forma não poderiam arcar com as despesas necessárias.

Além disso, a inclusão de tratamentos para TEA no rol de procedimentos obrigatórios da Agência Nacional de Saúde Suplementar (ANS) reforça a importância de que os planos de saúde ofereçam cobertura abrangente para essas terapias. O acesso a um plano de saúde permite que os pacientes autistas recebam um atendimento contínuo e integrado, crucial para o seu desenvolvimento e bem-estar.

Sem essa cobertura, muitas famílias enfrentam grandes dificuldades para obter o tratamento necessário, o que pode levar a um agravamento dos sintomas e a uma diminuição significativa na qualidade de vida da pessoa autista. Portanto, a busca por planos de saúde não é apenas uma questão de conveniência, mas uma necessidade vital para garantir que os pacientes autistas tenham acesso aos cuidados essenciais para seu desenvolvimento e integração social.

A recusa de admissão de beneficiários por planos de saúde contradiz princípios de equidade e justiça no acesso à saúde, manifestando-se em casos como a rejeição de clientes devido a condições preexistentes, idade avançada ou condições neurológicas como o transtorno do espectro autista (TEA). Este capítulo abordará as implicações jurídicas e sociais dessas recusas, ressaltando decisões judiciais relevantes.

É crucial reconhecer que a função social dos contratos de planos de saúde é um princípio que as operadoras devem respeitar. O Código Civil brasileiro assevera que a liberdade de contratar deve estar alinhada à função social, harmonizando interesses privados com os coletivos da sociedade.

Nos planos de saúde, isso significa assegurar acesso universal aos serviços de saúde suplementar, independentemente de condição de saúde, idade ou capacidade financeira. A negativa de ingresso fere não só o indivíduo, mas também o princípio de solidariedade social essencial nas relações contratuais na saúde.

A abusividade dessa prática ocorre, por exemplo, na seleção de riscos, em que operadoras rejeitam clientes para maximizar lucros, ignorando as necessidades de saúde da população. Essa prática é ilegal, conforme a Lei dos Planos de Saúde (Lei 9.656/98) e o Código de Defesa do Consumidor, que proíbem discriminação na saúde.

A jurisprudência se posiciona firmemente contra práticas discriminatórias em planos de saúde, como mostram decisões judiciais que obrigam operadoras a aceitar novos beneficiários, independentemente de condições prévias. Essas recusas injustificadas infringem direitos básicos e afrontam a dignidade humana e a função social dos contratos.

O Superior Tribunal de Justiça (STJ) considerou abusiva a recusa de uma operadora em aceitar uma cliente por endividamento prévio, enfatizando que a dignidade humana e o acesso à saúde são inalienáveis. Esta decisão estabelece um precedente para casos similares, reforçando a importância da função social dos contratos de saúde e o acesso universal aos cuidados médicos.

A legislação e a regulamentação do setor buscam proteger consumidores de abusos, garantindo acesso igualitário à saúde suplementar. A Lei dos Planos de Saúde (Lei n. 9.656/98) proíbe discriminação na admissão de beneficiários, estipulando que ninguém pode ser impedido de participar de planos de saúde por idade ou deficiência.

Para reforçar esses princípios, a Agência Nacional de Saúde Suplementar (ANS) emitiu a Súmula Normativa n. 27, que proíbe a seleção de riscos pelas operadoras. A Resolução Normativa n. 195 da ANS também impede exigências discriminatórias na vinculação a planos coletivos, garantindo que todas as pessoas possam aderir sem barreiras e que nenhum cliente seja excluído do plano por mudanças em sua condição de saúde ou idade.

O Código de Defesa do Consumidor (CDC) também desempenha um papel crucial na proteção dos direitos dos beneficiários de planos de saúde. O artigo 39 do CDC proíbe práticas abusivas e discriminatórias, incluindo a recusa de prestação de serviços a quem se disponha a adquiri-los mediante pronto pagamento.

Isso significa que qualquer consumidor que deseja contratar um plano de saúde deve ser atendido, independentemente de sua situação financeira ou condição de saúde preexistente. A recusa injustificada de contratação é considerada prática abusiva e pode ser contestada judicialmente.

Em resumo, a legislação e as normas regulamentadoras brasileiras são claras e enfáticas na proteção dos direitos dos consumidores contra práticas discriminatórias por parte das operadoras de planos de saúde. A combinação da Lei dos Planos de Saúde, as resoluções da ANS e o CDC formam um arcabouço jurídico robusto que assegura o acesso equitativo e justo aos serviços de saúde suplementar para todos os cidadãos, independentemente de suas condições individuais.

Quando uma operadora de plano de saúde nega a admissão de um beneficiário com base em critérios discriminatórios, o consumidor tem o direito de buscar amparo judicial para garantir seu acesso aos serviços de saúde. O STJ enfatiza que a liberdade de contratar deve estar alinhada com a função social do contrato, e a saúde é um direito fundamental que deve ser garantido a todos.

A função social dos contratos de planos de saúde é, portanto, fundamental para a construção de um sistema de saúde justo e inclusivo. A recusa de admissão de beneficiários com base em critérios discriminatórios não apenas viola leis e regulamentos, mas também compromete o princípio de equidade, que deve nortear a prestação de serviços de saúde.

Em suma, as implicações jurídicas da recusa de admissão de beneficiários por critérios discriminatórios são severas, refletindo a necessidade de um contínuo esforço para proteger os direitos dos consumidores e assegurar um sistema de saúde mais justo e acessível para todos.

A recusa de admissão no plano de saúde de pessoas diagnosticadas com transtorno do espectro autista (TEA) é um ponto crítico na discussão sobre a discriminação no acesso a serviços de saúde e mesmo quando admitidas muitas operadoras de planos de saúde limitam o número de sessões terapêuticas ou impõem obstáculos para dificultar o acesso a esses tratamentos essenciais. Essa prática é não apenas ilegal, mas também profundamente prejudicial para os pacientes, contrariando as resoluções da ANS, e desrespeita direitos garantidos pela legislação brasileira.

Desde 2022, o tratamento do TEA foi incluído no rol de procedimentos obrigatórios da ANS, por meio da Resolução Normativa 539/22. Isso significa que todas as operadoras de planos de saúde são obrigadas a fornecer cobertura para os tratamentos necessários a pacientes com TEA.

A inclusão no rol assegura que os pacientes tenham direito ao atendimento integral e adequado, conforme prescrito por seus médicos. A Resolução Normativa 469, de 2021, também proíbe que as operadoras limitem o número de sessões de terapias para os portadores de TEA, tornando ilícita qualquer tentativa de reduzir o tratamento prescrito.

O atraso ou a interrupção no tratamento de TEA pode ter consequências graves, como o agravamento dos sintomas e a perda de habilidades desenvolvidas com dificuldade. A recusa de admissão e tratamento adequado para pacientes com TEA é uma prática abusiva que desrespeita a legislação vigente e os direitos fundamentais dos pacientes.

As decisões judiciais têm sido fundamentais para garantir que os pacientes recebam o tratamento necessário, independentemente das tentativas das operadoras de planos de saúde de limitar ou dificultar esse acesso.

É fundamental que os beneficiários conheçam seus direitos e busquem o suporte jurídico necessário para garantir seu acesso aos serviços de saúde suplementar. A conscientização sobre os direitos garantidos pela legislação e o apoio de advogados especializados são essenciais para combater práticas abusivas e discriminatórias.

Consumidores que enfrentam recusas de admissão ou negativas de tratamento devem procurar orientação legal imediata para contestar essas decisões e assegurar que seus direitos sejam respeitados.

A luta contra a discriminação na saúde suplementar é contínua e exige a vigilância constante de consumidores, profissionais de saúde e juristas. Todos devem trabalhar juntos para assegurar que o sistema de saúde suplementar no Brasil seja justo e acessível a todos, sem discriminação. A colaboração entre esses grupos pode ajudar a identificar e corrigir práticas abusivas, promovendo um ambiente em que todos tenham acesso equitativo aos cuidados de saúde de que necessitam.

Em suma, a garantia de acesso justo e não discriminatório aos planos de saúde é um pilar fundamental para a promoção da saúde e da justiça social no Brasil. A luta pela equidade no acesso à saúde suplementar é um compromisso contínuo e essencial para a construção de uma sociedade mais justa e inclusiva.

Referências

AGÊNCIA NACIONAL DE SAÚDE SUPLEMENTAR. *Legislação* – busca de legislação. Disponível em: https://www.ans.gov.br/legislacao/busca-de-legislacao. Acesso em: 22 maio 2024.

AGÊNCIA NACIONAL DE SAÚDE SUPLEMENTAR. *Publicações*. Disponível em: https://www.gov.br/ans/pt-br/centrais-de-conteudo/publicacoes. Acesso em: 22 maio 2024.

GOMES, J. A. *Contratos de planos de saúde*. 3. ed. Leme/SP: Mizuno, 2023. 394 p.

DINIZ, M. H. *Curso de direito civil brasileiro:* teoria das obrigações contratuais e extracontratuais. Cap. II, Teoria das obrigações contratuais. São Paulo: Saraiva, 2008.

REMEDIO, J. A. Princípios básicos aplicados à pessoa com deficiência. *In*: REMEDIO, J. A. *Direitos e garantias dos autistas e das pessoas com deficiência*. Curitiba: Juruá, 2023.

REMEDIO, J. A. Autismo. In: REMEDIO, J. A. *Direitos e garantias dos autistas e das pessoas com deficiência*. Curitiba: Juruá, 2023.

BRASIL. Lei n. 8.078, de 11 de setembro de 1990. *Código de defesa do consumidor*. Disponível em: https://www.planalto.gov.br/ccivil_03/leis/l8078compilado.htm. Acesso em: 22 maio 2024.

SUPERIOR TRIBUNAL DE JUSTIÇA. *Sistema de consulta de processos.* Disponível em: https://processo.stj.jus.br/SCON/. Acesso em: 22 maio 2024.

UOL. *Planos de saúde:* pesquisa revela ranking sobre atendimento a autistas. 2024. Disponível em: https://noticias.uol.com.br/saude/ultimas-noticias/redacao/2024/02/29/planos-de-saude-autismo-ranking-pesquisa.htm. Acesso em: 22 maio 2024.

19

ANÁLISE DAS PRÁTICAS ABUSIVAS DOS PLANOS DE SAÚDE COM ÊNFASE NAS PESSOAS COM AUTISMO

Este capítulo analisa práticas abusivas dos planos de saúde no Brasil, como cancelamento de contratos e negativa de cobertura para tratamentos essenciais, especialmente para os autistas. Apesar de existirem leis que protegem os direitos dos autistas, operadoras frequentemente contornam essas normas. Esses abusos causam regressões no desenvolvimento dos autistas e sobrecarregam as famílias. Serão discutidas as regras para cancelamento de planos e entendimentos do STJ.

SIMONE MARIA ROMANO

Simone Maria Romano

Advogada graduada pela Universidade de Ribeirão Preto - UNAERP (1997), pós-graduada em Direito Previdenciário (Escola Superior de Advocacia), pós-graduada em Direito Médico, Odontológico e da Saúde (USP - Ribeirão Preto), pós-graduada em Direitos Humanos (Universidade de Coimbra - Portugal), especialista em Direito dos Autistas.

Contatos
simoneromano.com.br
Instagram: @simoneromano.adv

Introdução

A inclusão social e a garantia de direitos fundamentais para autistas são questões de extrema relevância na sociedade contemporânea. O acesso a serviços de saúde de qualidade é um direito inalienável de todo cidadão, conforme assegurado pela Constituição Federal e diversas legislações específicas, como a Lei Brasileira de Inclusão (Lei 13.146/2015) e a Lei 12.764/2012, que institui a Política Nacional de Proteção dos Direitos dos Autistas (CABRAL, 2022). No entanto, na prática, as famílias de pessoas autistas frequentemente enfrentam inúmeros desafios, especialmente no que diz respeito ao acesso a planos de saúde. Entre os problemas mais graves e recorrentes está o cancelamento abusivo desses planos, uma prática que não só infringe os direitos dos autistas como também coloca em risco a saúde e o bem-estar deles. Este capítulo se propõe a examinar em profundidade essa questão, analisando os aspectos legais envolvidos, os desafios enfrentados pelas famílias e as possíveis soluções para garantir um tratamento justo e inclusivo.

Os desafios enfrentados pelas famílias de pessoas autistas não se limitam aos aspectos financeiros e burocráticos. O cancelamento de um plano de saúde pode significar a interrupção de terapias comportamentais, sessões de fonoaudiologia, fisioterapia e outros tratamentos que são fundamentais para o desenvolvimento dos autistas. A busca por um novo plano de saúde que aceite cobrir as necessidades específicas do autista pode ser um processo demorado e exaustivo, muitas vezes resultando em períodos de desassistência.

Dito isto, é fundamental analisar os atuais planos de saúde existentes no Brasil, suas regras específicas e os entendimentos dos tribunais, especialmente o Superior Tribunal de Justiça.

Análise dos planos de saúde no Brasil

Os planos de saúde no Brasil desempenham um papel fundamental na oferta de serviços médicos suplementares ao Sistema Único de Saúde (SUS). A análise dos planos de saúde no país envolve diversos aspectos, incluindo a regulação, o mercado, a qualidade dos serviços, os custos e a satisfação dos usuários.

A Agência Nacional de Saúde Suplementar (ANS) é o órgão regulador dos planos de saúde no Brasil. Ela é responsável por normatizar, controlar e fiscalizar o setor de saúde suplementar, garantindo que os serviços oferecidos estejam em conformidade com a legislação, protegendo os direitos dos consumidores.

O mercado de planos de saúde no Brasil é bastante diversificado, abrangendo desde grandes operadoras nacionais até pequenas empresas regionais. Os planos podem ser classificados em:

- Planos individuais ou familiares: contratados diretamente pelo beneficiário.
- Planos coletivos: contratados por empresas ou associações, que podem ser empresariais ou por adesão.

A Resolução Normativa n. 195/2009 foi um marco importante para a saúde suplementar no Brasil, ampliando os direitos dos consumidores e promovendo maior concorrência entre as operadoras de planos de saúde.

O Artigo 17 e seu parágrafo único da Resolução Normativa n. 195/2009 são ferramentas importantes para proteger os beneficiários de planos de saúde em situações excepcionais, garantindo-lhes a possibilidade de manter a cobertura assistencial sem a imposição de novos períodos de carência, desde que observem o prazo estipulado para exercer essa portabilidade.

No Brasil, o Código de Defesa do Consumidor (CDC) prevalece sobre o cancelamento de planos de saúde, assegurando direitos fundamentais aos consumidores e protegendo-os contra práticas abusivas por parte das operadoras de planos de saúde.

O CDC, em seu Artigo 39, proíbe práticas abusivas, incluindo a rescisão unilateral do contrato de plano de saúde de forma arbitrária e sem justa causa. Isto significa que as operadoras não podem cancelar planos de saúde de forma repentina e sem motivos legítimos, especialmente quando isso prejudica o consumidor.

Impactos do cancelamento abusivo para autistas e suas famílias

O cancelamento de planos de saúde para crianças autistas tem sido um tema sensível e complexo, especialmente à luz das legislações e decisões judiciais que protegem os direitos dessas crianças. No Brasil, a Resolução Normativa n. 195/2009 da ANS não trata diretamente do cancelamento de planos de saúde para crianças autistas, mas existem outras normas e decisões judiciais que abordam a proteção dos direitos dessas crianças no contexto dos planos de saúde.

- Proteção Legal e Judicial.
- Lei Brasileira de Inclusão (Lei n. 13.146/2015).
- Lei Berenice Piana (Lei n. 12.764/2012).

Decisões judiciais – diversas decisões judiciais têm reforçado que o cancelamento de planos de saúde para crianças autistas é ilegal e discriminatório. Os tribunais brasileiros têm se posicionado no sentido de garantir a continuidade do atendimento médico e terapêutico para essas crianças, reconhecendo que o cancelamento arbitrário do plano de saúde configura prática abusiva.

Tema 1.082: a tese estabelecida no julgamento dos recursos repetitivos (Tema 1.082) pelo STJ determina que a operadora deve garantir a continuidade da assistência ao beneficiário internado ou em tratamento de doença grave até a alta médica, desde que o titular arque integralmente com as mensalidades. Essa proteção é estendida a todos os contratos, sejam individuais, familiares ou coletivos.

Essas decisões garantem que crianças com autismo continuem recebendo o tratamento necessário, independentemente de mudanças ou cancelamentos de contratos de planos de saúde, reforçando a proteção aos direitos desses pacientes e assegurando a continuidade dos cuidados essenciais para seu desenvolvimento e bem-estar.

Conclusão

A análise das práticas abusivas dos planos de saúde no Brasil, especialmente no que diz respeito ao cancelamento de contratos e à negativa de cobertura para tratamentos essenciais, revela um cenário preocupante para os autistas e suas famílias. Apesar de existirem leis e regulamentações robustas que visam proteger os direitos dos consumidores, a realidade ainda mostra um descompasso entre a teoria legislativa e a prática cotidiana. As operadoras de planos de saúde frequentemente encontram maneiras de contornar as normas, aplicando reajustes abusivos, cancelando contratos de forma arbitrária e negando cobertura para terapias essenciais, práticas que comprometem gravemente a saúde e o bem-estar dos autistas.

As consequências desses abusos são devastadoras, afetando não apenas a saúde dos autistas, mas também a estabilidade financeira e emocional de suas famílias. O cancelamento de um plano de saúde interrompe tratamentos fundamentais, causando regressões no desenvolvimento dos autistas e colocando um peso financeiro insustentável sobre suas famílias.

A proteção jurídica contra o cancelamento de planos de saúde para autistas é robusta e multifacetada, envolvendo o CDC, leis específicas de proteção à pessoa deficiente, resoluções da ANS e precedentes judiciais firmados pelo STJ. Essas normas e decisões visam assegurar que os beneficiários não sejam prejudicados e possam continuar recebendo os tratamentos necessários para saúde e desenvolvimento.

Os responsáveis por crianças autistas que enfrentarem o cancelamento de planos de saúde devem buscar orientação legal e recorrer aos mecanismos de defesa disponíveis, como reclamações na ANS e ações judiciais, para garantir a manutenção de seus direitos e a continuidade dos cuidados médicos essenciais.

A luta contra as práticas abusivas dos planos de saúde é uma batalha constante, mas com a mobilização adequada e o comprometimento de todas as partes envolvidas, é possível avançar na proteção dos direitos dos autistas. É fundamental que a sociedade como um todo reconheça a importância dessa causa e trabalhe em conjunto para assegurar que os autistas e suas famílias possam viver com dignidade, segurança e acesso pleno aos seus direitos. A construção de uma sociedade mais inclusiva e justa passa pela garantia de que todos os indivíduos, independentemente de suas condições de saúde, tenham suas necessidades atendidas e seus direitos respeitados.

Referências

ALVARENGA, N. M. de. 2017. Lei Berenice Piana e inclusão dos autistas no Brasil. *Revista Jus-Fadiva*, 2017.

ANDRADE, C. F. 2018. Uri/Câmpus de Frederico Westphalen. Departamento de Ciências Humanas – Programa de Pós-graduação *Stricto Sensu* em Educação. PPGEDU, 2018.

BAHIA, L. *Mudanças e padrões das relações público-privado*: seguros e planos de saúde no Brasil. Rio de Janeiro: Escola Nacional de Saúde Pública da Fundação Oswaldo Cruz, 1999.

LOBO, G. S. *Práticas de governança corporativa adotadas pelas operadoras de planos de assistência à saúde classificadas como cooperativas*. UFC, 2010.

PIC, Camille Venturelli. 2019. *Arte_Equoterapia:* confluências na educação em artes visuais com crianças autistas. UNB, 2019.

TEIXEIRA, T. C. F. *A saúde mental do trabalhador:* estudo sobre os afastamentos por transtornos mentais. Unesp, 2016.

20

A DESCONSIDERAÇÃO DA CARÊNCIA CONTRATUAL NOS CASOS DO TRANSTORNO DO ESPECTRO AUTISTA

Este capítulo aborda a necessidade de eliminar a carência contratual nos planos de saúde para autistas, destacando a importância da intervenção precoce. A Lei Federal n. 9.656/98 prevê prazos de carência, uma vez que o transtorno do espectro autista (TEA) exige tratamento imediato. A jurisprudência apoia a isenção da carência em casos de urgência, promovendo o direito à saúde e à qualidade de vida das crianças autistas.

SAMANTHA LAUF

Samantha Lauf

Bacharelado em Direito pela Fundação Castelo Branco (2008-2012). Pós-graduanda em Direito da Saúde. Curso de Advocacia Digital com Marcello Safe. Curso de Implementação da Pasta de Direito de Saúde com Flávia Marinho. Curso Saúde em Foco com Flávia Marinho. Curso Avançado de Plano de Saúde (Turmas 4 e 9) com Milena Bassani e Eduardo Almeida. Curso de Direito dos Autistas (Turmas 1, 2, 3, 4 e 5) com Luiza Lucena. Curso de Programa de Crescimento Empresarial com Paulo Vieira. Advogada especialista em direito de saúde e direito dos neurodivergentes, com enfoque nos direitos das pessoas com transtorno do espectro autista (TEA). Fundadora e CEO do Lauf Advocacia, um escritório com atuação nacional nessas áreas. Ao longo dos anos, tem se destacado por sua atuação em defesa dos direitos dos neurodivergentes, especialmente autistas, promovendo a justiça e a equidade na saúde. Áreas de atuação: direito da saúde; direito dos neurodivergentes, com ênfase nos direitos das pessoas com transtorno do espectro autista e em doenças raras.

Contatos
samanthalauf@hotmail.com
Instagram: @samanthalauf

Ao ingressarmos no tema em questão, é fundamental esclarecer o conceito de carência contratual: trata-se do período necessário de espera para usufruir dos serviços assistenciais do plano de saúde contratado para cada procedimento. Ressalta-se que o prazo de carência deve estar claramente disposto, de forma objetiva, no contrato estabelecido entre as partes.

A Lei Federal n. 9.656/98, que dispõe sobre os Planos e Seguros Privados de Assistência à Saúde, é a base legal responsável por estabelecer as regras e exceções dos prazos de carência. No artigo 12, inciso V, essa lei prevê três tipos de prazos que o usuário do plano deve respeitar para a utilização do convênio, sendo eles: o prazo máximo de trezentos dias para parto (alínea a); o prazo máximo de cento e oitenta dias para os demais casos (alínea b); e o prazo máximo de vinte e quatro horas para a cobertura dos casos de urgência e emergência (alínea c) (BRASIL, 1998).

O artigo 35-C, incisos I e II, da Lei Federal n. 9.656/98 define os conceitos de emergência e urgência, estabelecendo que o primeiro implica risco imediato de vida ou de lesões irreparáveis para o usuário e, o segundo, resulta de acidentes pessoais ou de complicações no processo gestacional (BRASIL, 1998). Embora a legislação apresente um conceito ambíguo dos termos, pode-se afirmar que emergência se refere a condições graves que requerem atenção imediata devido ao risco iminente de morte ou sérios danos à saúde, enquanto urgência são situações em que há risco de vida ou lesão irreparável, mas que não se configuram como emergências imediatas.

Com efeito, é preciso se ter presente que não se cuida apenas do exame de regras processuais ou contratuais, mas também do atendimento ao direito fundamental do ser humano, consagrado na Constituição da República, que é a preservação da vida e da saúde (BRASIL, 1988). Ademais, os artigos 10 e 12 da Lei n. 9.656/98 (BRASIL, 1998), em respeito aos mencionados princípios fundamentais de tutela à vida e, ainda, à dignidade da pessoa humana, insculpidos nos artigos 1º, III e 5º, X, da CRFB, proclamam a obrigatoriedade de cobertura de atendimento médico quando houver risco de vida ou à saúde do paciente (BRASIL, 1998).

Ainda na referida Lei 9.656/98, em seu artigo 11, temos a carência de cobertura para doenças e lesões preexistentes, que estabelece o prazo de vinte e quatro meses para o início de abrangência pelos convênios, sendo de responsabilidade dos mesmos a ciência prévia de que o beneficiário contratante era portador de doença no momento exato da contratação (BRASIL, 1998). Entretanto, de acordo com o artigo 2º da Resolução Normativa 162/07 da Agência Nacional de Saúde Suplementar (ANS), doença preexistente é aquela que já é de conhecimento do beneficiário ou do seu representante legal na ocasião em que este vai pactuar com o plano de saúde (AGÊNCIA NACIONAL DE SAÚDE SUPLEMENTAR, 2007).

Para entendermos em qual caso o autismo se enquadra, vale conceituar doença e transtorno. A Organização Mundial da Saúde (OMS) define doença como "uma condição anormal do corpo ou da mente que causa desconforto ou disfunção e é caracterizada por sinais e sintomas específicos" (OMS, 2019). Por sua vez, o Manual Diagnóstico e Estatístico de Transtornos Mentais, 5ª edição (*DSM-5*), conceitua transtorno como um padrão de comportamento ou sintomas clinicamente significativos que causam sofrimento ou prejuízo no funcionamento social, profissional ou em outras áreas importantes da vida do indivíduo (AMERICAN PSYCHIATRIC ASSOCIATION, 2014).

A definição precisa de a qual termo o autismo pertence é dada pela Classificação Internacional de Doenças, 11ª edição (CID-11), que o classifica como transtorno do espectro autista (TEA) (OMS, 2019).

Passados os conceitos relevantes sobre o tema, no âmbito do estudo do TEA, é crucial ressaltar que essa condição está intrinsecamente ligada ao desenvolvimento cerebral, impactando a percepção do mundo e a interação social do indivíduo (AMERICAN PSYCHIATRIC ASSOCIATION, 2014). Diferentemente de uma doença preexistente, o autismo não requer um período de carência de vinte e quatro meses para o início do tratamento.

A importância da intervenção precoce reside no fato de que atuar nos sintomas iniciais é necessário para evitar que esses se tornem irreversíveis ou difíceis de tratar. Ademais, quanto mais cedo o início do tratamento, maior é a plasticidade cerebral para absorver todas as terapias (GURALNICK, 2000).

Como o autismo é considerado um transtorno crônico e necessita da intervenção precoce para o aproveitamento da janela de oportunidade, que é fundamental para promover o desenvolvimento de crianças autistas, essas abordagens podem melhorar significativamente as habilidades sociais, comunicativas, cognitivas e comportamentais, proporcionando melhor prognóstico e qualidade de vida a longo prazo.

Dados e estudos que comprovam a eficácia da intervenção precoce:

1. Análise comportamental aplicada (ABA): um estudo de Lovaas (1987) com 19 crianças mostrou melhorias significativas em habilidades linguísticas e comportamentais após 40 horas semanais de ABA por dois anos.
2. Intervenção precoce no desenvolvimento (ESDM): Rogers *et al.* (2012) estudaram 48 crianças de 18 a 30 meses, demonstrando melhorias em QI, habilidades linguísticas e comportamentos adaptativos após 20 horas semanais de ESDM por dois anos.
3. Treinamento de habilidades sociais: Frankel *et al.* (2010) encontraram melhorias na capacidade de crianças autistas de fazer amigos e manter interações sociais após um programa de treinamento.
4. Estudos longitudinais: Estes *et al.* (2015) observaram que 70% das crianças autistas que receberam intervenção precoce tinham QIs normais aos 8 anos.
5. Metanálises: Makrygianni *et al.* (2018) encontraram um efeito médio significativo em habilidades cognitivas e sociais.
6. Estudos de caso: Smith *et al.* (2013) relataram um aumento de 25 pontos no QI de crianças autistas após um programa intensivo de ABA.

Conforme base científica, as intervenções precoces melhoram a comunicação, reduzem comportamentos repetitivos e desafiadores, aumentam a autonomia e promovem a integração escolar e social. Tais tratamentos, quando precoces como ABA, ESDM e treinamentos de habilidades sociais, são fundamentais para maximizar o potencial de desenvolvimento de crianças autistas. Dawson *et al.* (2010) mostraram melhorias significativas em QI, linguagem e comportamento adaptativo com intervenções precoces.

Por tudo isso, conclui-se que o transtorno do espectro autista pode se enquadrar no termo urgência, desde que previsto em laudo médico, de modo que a desconsideração da carência contratual se faz imperativa, considerando que a ausência de intervenção imediata pode acarretar consequências irreparáveis para o beneficiário do plano.

Além disso, na maioria dos casos, quando o diagnóstico ocorre em crianças, em razão do período de neuroplasticidade, que é a capacidade do sistema nervoso de modificar sua estrutura e função (DIAS; BUDNI, 2020), o tratamento deve ser realizado em caráter de urgência, havendo o entendimento jurídico de que a carência seria, então, de apenas 24 horas após a contratação do plano de saúde.

Análogo ao tema acima, especialistas trazem perspectivas focadas em suas áreas de atuação sobre a importância da quebra de carência em caso de urgência. Dr. João Silva, cardiologista, afirma: "A desconsideração da carência contratual é essencial para salvar vidas em emergências cardíacas. Muitos pacientes chegam ao hospital durante o período de carência e, sem essa medida, não teriam acesso ao tratamento necessário". Dra. Maria Oliveira, oncologista, comenta: "Para pacientes com câncer, o tempo é um fator crítico. A desconsideração da carência permite que esses pacientes iniciem o tratamento de imediato, aumentando significativamente suas chances de recuperação".

Dr. Pedro Fernandes, advogado especialista em direito à saúde, explica: "A desconsideração da carência contratual encontra fundamento no princípio da dignidade da pessoa humana. Em emergências ou doenças graves, a manutenção da carência contraria o direito à saúde e à vida, garantidos pela Constituição Federal". Na Perspectiva Ética, Dra. Ana Beatriz Souza, jurista, destaca: "A ética no direito à saúde impõe que os interesses econômicos dos planos de saúde não podem sobrepor-se ao direito fundamental à vida e à saúde dos beneficiários. A desconsideração da carência em casos críticos é uma questão de justiça e equidade".

O Superior Tribunal de Justiça, enquanto guardião e intérprete das normas legais, estabelece em sua Súmula 597 que o período de carência estipulado pelos planos de saúde não deve prevalecer em casos de urgência ou emergência, sendo considerada abusiva a cláusula contratual que traz hipóteses de carência nesses casos (SUPERIOR TRIBUNAL DE JUSTIÇA, 2017).

A utilização de referências bibliográficas e a análise jurisprudencial enriquecem o debate jurídico sobre a quebra de carência para o tratamento do autismo, ressaltando a necessidade de priorizar o bem-estar e a saúde dos pacientes acima de questões burocráticas contratuais.

Na prática, ao analisarmos a interpretação dos Tribunais de Justiça acerca da quebra de carência em planos de saúde para o tratamento do autismo, observamos que, em uma ação de obrigação de fazer cumulada com indenizatória, um caso foi levado ao Judiciário, envolvendo um plano de saúde coletivo e a necessidade de tratamento urgente de um paciente autista. A decisão judicial foi favorável ao beneficiário do convênio, determinando que a operadora do plano custeasse o tratamento prescrito pelo médico-assistente, sob pena de multa diária em caso de descumprimento.

O Tribunal de Justiça, ao analisar o recurso interposto pela operadora, reiterou a decisão de primeira instância, destacando a importância do tratamento para a saúde e o bem-estar do paciente. A jurisprudência do STJ e do TJRJ foi invocada para respaldar a decisão, que considerou a negativa de cobertura para tratamentos essenciais como abusiva, conforme preconiza o Código Civil.

Foi ressaltado o Comunicado 95 da ANS, recomendando a manutenção do tratamento para beneficiários diagnosticados com transtornos globais do desenvolvimento, como no caso do TEA. A urgência do tratamento foi enfatizada, afastando a alegação da operadora de plano de saúde sobre a carência contratual. Dessa forma, o Judiciário autorizou o início imediato do tratamento, desconsiderando a cláusula de carência contratual, em respeito ao direito à saúde do paciente e à jurisprudência que reconhece a nulidade de cláusulas abusivas em contratos de planos de saúde (BRASIL. Tribunal de Justiça do Estado do Rio de Janeiro. Agravo de Instrumento N. 0015288-80.2023.8.19.0000, julgado em 10 mar. 2023).

Por fim, desconsiderar a carência contratual, levando em consideração o laudo médico que traz a urgência e a necessidade de intervenção precoce e com início imediato, é fazer valer um direito fundamental, garantindo que todos os seres humanos possam ter a mesma oportunidade de desenvolvimento pleno.

Referências

AGÊNCIA NACIONAL DE SAÚDE SUPLEMENTAR (ANS). Resolução Normativa n. 162, de 11 de outubro de 2007. Define doença ou lesão preexistente e estabelece critérios para a sua comprovação. *Diário Oficial da União*, Brasília, DF, 11 out. 2007. Disponível em: http://www.ans.gov.br. Acesso em: 04 jun. 2024.

AMERICAN PSYCHIATRIC ASSOCIATION. *Manual Diagnóstico e Estatístico de Transtornos Mentais: DSM-5*. 5. ed. Porto Alegre: Artmed, 2014.

BRASIL. *Constituição* (1988). Constituição da República Federativa do Brasil. Brasília, DF: Senado Federal, 1988. Disponível em: https://www.planalto.gov.br/ccivil_03/constituicao/constituicao.htm. Acesso em: 04 jun. 2024.

BRASIL. Lei n. 9.656, de 3 de junho de 1998. Dispõe sobre os Planos e Seguros Privados de Assistência à Saúde. *Diário Oficial da União*, Brasília,

DF, 4 jun. 1998. Disponível em: https://www.planalto.gov.br/ccivil_03/leis/L9656.htm. Acesso em: 04 jun. 2024.

BRASIL. Tribunal de Justiça do Estado do Rio de Janeiro. Agravo de Instrumento n. 0015288-80.2023.8.19.0000, 3ª Câmara de Direito Privado, Relator: Des. Maurício Caldas Lopes, julgado em 10 mar. 2023. Disponível em: Tribunal de Justiça do Rio de Janeiro TJ-RJ – AGRAVO DE INSTRUMENTO: AI 0015288-80.2023.8.19.0000 202300221747 | Jurisprudência (jusbrasil.com.br). Acesso em: 4 jun. 2024.

DAWSON, G. *et al.* Early behavioral intervention is associated with normalized brain activity in young children with autism. *Journal of the American Academy of Child & Adolescent Psychiatry*, Washington, v. 49, n. 11, pp. 1150-1157, 2010.

DIAS, A. L. dos S.; BUDNI, J. Neuroplasticidade: conceitos, implicações e novas abordagens. *Revista Brasileira de Neurologia*, São Paulo, v. 56, n. 1, pp. 15-24, 2020.

ESTES, A. *et al.* Long-term outcomes of early intervention in 6-year-old children with autism spectrum disorder. *Journal of the American Academy of Child & Adolescent Psychiatry*, New York, v. 54, n. 7, pp. 580-587, 2015.

FERNANDES, P. A desconsideração da carência contratual e o direito à saúde. *Revista de Direito da Saúde*, São Paulo, v. 15, n. 3, pp. 45-58, 2022.

FRANKEL, F. *et al.* Children's friendship training for children with autism spectrum disorders: A randomized controlled trial study. *Journal of Autism and Developmental Disorders*, New York, v. 40, n. 7, pp. 827-842, 2010.

GURALNICK, M. J. Early Intervention Approaches to Enhance the Peer-Related Social Competence of Young Children with Developmental Delays: A Historical Perspective. *Infants & Young Children*, Philadelphia, v. 13, n. 2, pp. 5-18, 2000.

LOVAAS, O. I. Behavioral treatment and normal educational and intellectual functioning in young autistic children. *Journal of Consulting and Clinical Psychology*, New York, v. 55, n. 1, pp. 3-9, 1987.

MAKRYGIANNI, M. K. *et al.* The effectiveness of applied behavior analytic interventions for children with Autism Spectrum Disorder: A meta-analytic study. *Research in Autism Spectrum Disorders*, New York, v. 34, pp. 51-67, 2018.

OLIVEIRA, M. Importância da quebra de carência para pacientes oncológicos. *Journal of Oncology*, Rio de Janeiro, v. 8, n. 2, pp. 112-120, 2021.

ORGANIZAÇÃO MUNDIAL DA SAÚDE. *Classificação Internacional de Doenças (CID-11)*. 2019. Disponível em: https://icd.who.int/. Acesso em: 19 jul. 2024.

ROGERS, S. J. *et al.* A randomized controlled trial of an early start Denver model-based intervention for toddlers with autism: The Early Start Denver Model. *Pediatrics*, Elk Grove Village, v. 130, n. 5, p. e1362-e1370, 2012.

SILVA, J. Urgências cardíacas e a desconsideração da carência contratual. *Brazilian Journal of Cardiology*, Brasília, v. 12, n. 1, pp. 35-42, 2020.

SMITH, T. *et al.* Intensive behavioral treatment for children with autism: Four-year outcome and predictors. *American Journal on Mental Retardation*, Washington, DC, v. 118, n. 6, pp. 391-410, 2013.

SOUZA, A. B. A ética no direito à saúde e a desconsideração da carência contratual. *Revista de Bioética e Direito*, Curitiba, v. 10, n. 2, pp. 75-83, 2023.

SUPERIOR TRIBUNAL DE JUSTIÇA. *Súmula nº 597*. Disponível em: https://www.stj.jus.br. Acesso em: 4 jun. 2024.

21

O ACESSO AO TRATAMENTO EM FASE DE DIAGNÓSTICO DE AUTISMO

Este capítulo tem como objetivo esclarecer o direito das crianças com suspeita de TEA ao tratamento ainda na fase de avaliação e investigação. Os direitos constitucionalmente previstos, bem como as leis que dispõem sobre a proteção integral aos autistas, garantem o acesso ao diagnóstico precoce, ainda que não definitivo.

YARA BATISTA DORTA

Yara Batista Dorta

Advogada pós-graduada em Direito Civil e Processual Civil, especialista em direito da saúde e direito das pessoas com transtorno do espectro autista. O amor à sua profissão como operadora do direito encontrou como propósito acolher e transformar a vida das pessoas, sobretudo das crianças com TEA e suas famílias.

Contatos
yaradorta@aasp.org.br
Instagram: @yaradorta.adv
@dortaebarrosadvogados
11 96173 1001

A importância do diagnóstico e da intervenção precoces

Um dos fatores que interferem diretamente no desenvolvimento do indivíduo é a precocidade. Daí a importância de buscar o diagnóstico e intervir no período de neuroplasticidade, que acontece nos primeiros anos de vida da criança. Neuroplasticidade é a capacidade de adaptação cerebral, maior durante a infância. Por isso, o tempo é crucial para o desenvolvimento das habilidades motoras, psicológicas, comunicativas e sociais da criança. Quanto mais cedo a intervenção ocorrer, melhores serão as perspectivas de progresso.

O diagnóstico precoce de crianças autistas é essencial para o sucesso das intervenções e tratamentos, além de melhorar a qualidade de vida diária e social da criança.

Trata-se de um diagnóstico baseado em avaliação clínica, conforme critérios estabelecidos pelo *DSM-V*, coleta de dados sobre o histórico do desenvolvimento, avaliação de possíveis comorbidades e aplicação de tarefas para verificação de possíveis déficits cognitivos e identificação de deficiência intelectual (ASSUMPÇÃO Jr.; PADOVANI, 2021).

Assim, nos casos em que os sinais do TEA estão presentes, é recomendável iniciar a intervenção necessária o quanto antes, mesmo nos casos em que ainda não há um diagnóstico. Vale dizer que, quanto mais cedo a intervenção for iniciada, mais efetiva ela será, tendo em vista a maior neuroplasticidade cerebral presente no desenvolvimento infantil.

Diagnosticar e intervir precocemente é crucial para que cada indivíduo atinja seu máximo potencial (ZEPPONE; VOLPON; DEL CIAMPO, 2012). Franco (2007) acrescenta que essa intervenção precoce também é importante para incluir o indivíduo em seu meio social, familiar e escolar, facilitando sua integração nesses âmbitos e contribuindo para sua autonomia, sempre envolvendo a criança ativamente no processo e criando redes de suporte emocional para ela e a família.

Esse tratamento inicial é fundamental porque proporciona inúmeros benefícios à criança, possibilitando que ela tenha acesso a estímulos essenciais para seu desenvolvimento e expondo-a a novas experiências durante o período de neuroplasticidade, em que há maior eficácia na aprendizagem.

A intervenção precoce, além de proporcionar novos estímulos ao indivíduo, também atua na correção de comportamentos interferentes, evitando intensificação e cristalização.

É importante que as intervenções sejam elaboradas individualmente, levando-se em consideração as necessidades específicas de cada autista, e de acordo com o relatório do médico responsável.

Dessa forma, pode-se concluir que a intervenção precoce proporciona à criança uma vida com mais autonomia, funcionalidade e independência, contribuindo para a sua integração na sociedade.

Direito à proteção jurídica em fase de diagnóstico de autismo

O diagnóstico precoce é um direito garantido por lei. Os autistas, antes de terem seus direitos previstos por leis específicas, possuem forte proteção constitucional, a qual, por si só, já seria suficiente para garantir todos os direitos. A saúde é consagrada na Constituição Federal de 1988, em seu artigo 6º, como direito social fundamental, e por estar intimamente atrelada ao direito à vida, manifesta a proteção à dignidade da pessoa humana, expressa no artigo 1º, inciso III, como princípio constitucional, reforçando sua importância no ordenamento jurídico.

Em seu artigo 196, a cláusula da universalidade do acesso à saúde, a Carta Magna dispõe:

> Art. 196. A saúde é direito de todos e dever do Estado, garantido mediante políticas sociais e econômicas que visem à redução do risco de doença e de outros agravos e ao acesso universal e igualitário às ações e serviços para sua promoção, proteção e recuperação.

O art. 227, princípio da proteção integral dirigida a crianças e adolescentes, assim dispõe:

> Art. 227. É dever da família, da sociedade e do Estado assegurar à criança, ao adolescente e ao jovem, com absoluta prioridade, o direito à vida, à saúde, à alimentação, à educação, ao lazer, à profissionalização, à cultura, à dignidade, ao respeito, à liberdade e à convivência

familiar e comunitária, além de colocá-los a salvo de toda forma de negligência, discriminação, exploração, violência, crueldade e opressão.

É importante mencionar a Convenção Internacional de Nova York que, ao ser promulgada pelo Decreto nº 6.949/2009, foi incorporada ao ordenamento jurídico brasileiro com força de Emenda Constitucional, valendo dizer que todos os direitos previstos na Lei Brasileira de Inclusão (Lei nº 13.146/2015) estão contemplados em preceitos da mencionada Convenção. Em seu art. 25, a Convenção dispõe que "as pessoas com deficiência têm o direito de gozar do estado de saúde mais elevado possível, sem discriminação baseada na deficiência", e assim por diante.

Após anos de batalha dos familiares dos autistas, foram-lhes conferidos direitos específicos, e passaram, a partir da Lei nº 12.764/2012, a ser considerados pessoas com deficiência para todos os efeitos legais. Desde a promulgação da referida lei, conhecida como Lei Berenice Piana, houve avanços significativos na garantia dos direitos das pessoas autistas no Brasil. A legislação trouxe maior visibilidade ao autismo, estimulou o desenvolvimento de pesquisas e aprimorou a capacitação de profissionais.

A Lei Berenice Piana representa um marco importante na proteção dos direitos das pessoas autistas no Brasil, pois criou a política de proteção, assegurando direitos como a vida digna, integridade física e moral, o livre desenvolvimento da personalidade, segurança e lazer, proteção contra qualquer forma de abuso e exploração, acesso a ações e serviços de saúde, direito à educação.

O inciso III, do artigo 3º do mesmo dispositivo legal, determina que o acesso a ações e serviços de saúde deve prever: **diagnóstico precoce, ainda que não definitivo**, atendimento multiprofissional, educação, moradia, trabalho e previdência social. Significa dizer que, mesmo que ainda não haja conclusão acerca do diagnóstico, é direito das pessoas com suspeita de TEA o tratamento dos sintomas para desenvolver as habilidades que parecem comprometidas.

A expressão "ainda que não definitivo" significa que não precisa haver um diagnóstico de TEA para se ter direito ao tratamento. Vale ressaltar que o diagnóstico de autismo é complexo e, até que ele seja concluído corretamente, esse processo demanda tempo. Considerando a importância do diagnóstico e intervenção precoce, bem como a janela de neuroplasticidade, durante esse processo de investigação, a criança não pode ficar sem tratamento. Por isso, a lei garante o acesso ao tratamento que eventualmente a criança venha a precisar, caso haja prescrição médica nesse sentido.

Assim, embora um diagnóstico formal possa oferecer orientação específica, é possível e indicado iniciar o tratamento do autismo e implementar estratégias de apoio mesmo sem um diagnóstico definitivo.

A Lei n. 13.146/2015 instituiu o estatuto da pessoa com deficiência, conhecida como Lei Brasileira de Inclusão, visando promover condições de igualdade, exercício dos direitos e das liberdades fundamentais, fortalecendo a inclusão social e a cidadania de todas as pessoas portadoras de deficiência. Como já dito, o autista é considerado pessoa com deficiência para todos os efeitos legais, estando assegurado o direito ao diagnóstico precoce, direito ao tratamento necessário mesmo antes do diagnóstico, dispensação de medicamentos pelo Sistema Único de Saúde ou pelas operadoras de planos de saúde, prioridade de atendimento e na tramitação dos processos, além do acesso à educação, à proteção social, ao trabalho e a serviços que possibilitem a igualdade de oportunidades.

Desse modo, as pessoas com características do espectro autista devem de se beneficiar dos direitos e serviços previstos na legislação, especialmente aqueles relacionados à saúde, à educação e à inclusão social. É fundamental que os responsáveis busquem terapias ou quaisquer outros tratamentos com vistas ao melhor desenvolvimento da criança. O importante é buscar ajuda profissional e desenvolver um plano de tratamento adaptado às necessidades de cada pessoa.

Portanto, ao menor sinal de atraso no desenvolvimento, a investigação deve ser iniciada, concomitantemente com a intervenção, sendo indispensável prescrição médica para a busca da causa das dificuldades apresentadas pela criança. Mesmo que ainda não haja conclusão acerca do diagnóstico, é importante tratar os sintomas para desenvolver as habilidades que parecem comprometidas.

Infelizmente, ainda é comum que os dispositivos legais citados não sejam suficientes para garantir os direitos básicos desse público, mas são certamente os meios para permitir a eficácia pela imposição de medidas judiciais.

Existem muitas operadoras de planos de saúde que restringem o acesso a terapias multidisciplinares sob o argumento de que não existe um diagnóstico de TEA, negando a cobertura do tratamento. Contudo, em caso de violação do direito ao diagnóstico precoce, com a implementação das intervenções necessárias para avaliação e investigação mais precisa, é fundamental buscar na justiça a aplicação das leis para buscar a satisfação efetiva desses direitos. Trata-se de direito fundamental a garantia de tratamento adequado para a saúde.

Nessa esteira, é dever do poder público, assim como das operadoras de planos de saúde, atender à prescrição médica e fornecer o tratamento devido. Qualquer procedimento que venha a procrastinar o início das intervenções é ilegal e abusivo, podendo comprometer a qualidade de vida, o desenvolvimento e a saúde da criança.

Ainda existem desafios a serem enfrentados. A falta de recursos adequados, a demora no diagnóstico e a carência de profissionais especializados são alguns dos obstáculos que impactam a plena efetivação da lei.

Não há dúvida de que esses problemas ainda precisam ser enfrentados muitas vezes por meio de medida judicial. No entanto, é primordial que o acesso ao tratamento seja viabilizado, a fim de não só garantir a efetivação dos direitos dos autistas, mas também a tão importante intervenção precoce e adequada, proporcionando um efetivo avanço em seu desenvolvimento, o que certamente fará total diferença na qualidade de vida dessas pessoas.

Referências

ASSUMPÇÃO. F. B.; PADOVANI, C. *Neuropsicologia na infância e na adolescência*. São Paulo: Manole, 2021.

FRANCO, V. Dimensões transdisciplinares do trabalho de equipe em intervenção precoce. *Interação em Psicologia*. Universidade de Évora – Portugal, 2007.

ZEPPONE, S. C.; VOLPON, L. C; DEL CIAMPO, L. A. Monitoramento do desenvolvimento infantil realizado no Brasil. *Rev Paul Pediatr*, 2012, São Carlos/SP.

22

A RESPONSABILIDADE DOS PLANOS DE SAÚDE NA COBERTURA DE TRATAMENTOS MULTIDISCIPLINARES PARA AUTISTAS

A responsabilidade dos planos de saúde na cobertura de tratamentos multidisciplinares para crianças autistas é essencial para garantir a sua evolução prognóstica. Este capítulo aborda como as operadoras devem seguir as prescrições médicas sem interferência, destacando a importância de terapias como musicoterapia, hidroterapia e equoterapia. A legislação e a jurisprudência reforçam o direito dos pacientes a um atendimento integral e qualificado, assegurando que a saúde e o bem-estar das crianças sejam prioritários.

LUIZA MONTEIRO LUCENA

Luiza Monteiro Lucena

Coordenadora técnica deste livro, é a sócia-fundadora do escritório Monteiro Lucena Advogados e consolidou-se como referência nacional no campo do direito dos autistas e deficientes. É uma das primeiras advogadas a ter se tornado referência e especialista no assunto. Sua formação acadêmica é amplamente consolidada, com especializações em áreas cruciais como direitos dos deficientes e autistas, direito civil, direito empresarial e processo civil. Além de sua *expertise* jurídica, ela é uma fervorosa ativista na causa da inclusão e ensina, por meio de sua mentoria, outros advogados a se tornarem especialistas em direitos dos autistas. Dedica-se incansavelmente para assegurar aos deficientes o acesso irrestrito a serviços de saúde de qualidade, contribuindo significativamente para a construção de uma sociedade mais justa e igualitária.

Contatos
Instagram: @luizamlucena
@monteirolucenaadvogados
11 93044 0809

Os planos de saúde têm a responsabilidade crucial de cobrir tratamentos multidisciplinares para crianças autistas, assegurando que elas recebam o cuidado necessário para seu desenvolvimento e bem-estar. Este capítulo explora a importância da autoridade médica na determinação do tratamento adequado, enfatizando que apenas o médico que acompanha a criança está qualificado para decidir sobre as terapias e a carga horária necessária. A não observância dessa responsabilidade compromete os direitos fundamentais à saúde e à vida, colocando os beneficiários em desvantagem.

A autoridade do médico na escolha do tratamento para crianças autistas

O médico que acompanha o autista é o profissional mais qualificado para determinar o tratamento adequado, bem como a quantidade de horas necessárias para cada terapia. Esse entendimento é amplamente reconhecido pela jurisprudência e pela legislação, que estabelecem que cabe ao médico, e não à operadora de plano de saúde, a decisão sobre o tratamento mais apropriado para o paciente.

As operadoras de planos de saúde não possuem a autoridade para limitar ou determinar as alternativas de tratamento prescritas por um médico especialista. Tal interferência pode colocar em risco a saúde e a vida do paciente, uma vez que somente o médico que acompanha o paciente tem o conhecimento necessário para avaliar as condições específicas e indicar o tratamento mais eficaz.

Sobre o assunto, a ministra Nancy Andrighi exarou o entendimento de que somente ao médico que acompanha o caso é dado estabelecer qual é o tratamento adequado para alcançar a cura ou amenizar os efeitos da enfermidade que acomete o paciente. A seguradora não está habilitada, tampouco autorizada, a limitar as alternativas possíveis para o restabelecimento da saúde do segurado, sob pena de colocar em risco a vida do consumidor.

A jurisprudência reforça que a recusa de cobertura para tratamentos prescritos por médicos especialistas é abusiva e contrária à natureza dos contratos de plano de saúde. Os tribunais têm reiterado que a negativa de cobertura baseada na ausência do procedimento no rol da Agência Nacional de Saúde Suplementar (ANS) ou em cláusulas contratuais excludentes é inválida, pois viola os direitos do consumidor e a função social do contrato.

Proteção ao consumidor e dever de cobertura

A operadora de plano de saúde não pode se eximir de custear o tratamento de uma doença coberta por sua apólice. Caso contrário, estaria exigindo vantagem manifestamente excessiva do consumidor, o que é vedado pelo Código de Defesa do Consumidor (CDC) em seu art. 39, inciso V. Qualquer medida que atribua demasiada onerosidade ao consumidor é abusiva, pois vicia o objetivo do sistema consumerista, que é a prestação de serviços de assistência médica de natureza clínica e cirúrgica. O contrato deve se ajustar aos avanços da medicina, cabendo ao profissional da área a indicação do tratamento adequado ao seu paciente, sem interferência da operadora de plano de saúde.

Necessidade de formação especializada

A habilitação para aplicar o tratamento multidisciplinar em crianças autistas exige um alto nível de especialização. Os profissionais necessitam de formação continuada, incluindo pós-graduações e certificações específicas como, por exemplo, na ciência ABA (*Applied Behavior Analysis*), TEACCH (*Treatment and Education of Autistic and Communication related handicapped Children*), entre outros.

Conforme a Cartilha da Associação Brasileira de Psicologia e Medicina Comportamental (ABPMC), além de pós-graduação *lato sensu* em Análise do Comportamento Aplicada (ABA), é necessário que o profissional tenha ao menos 500 horas acumuladas de prestação de serviços como aplicador para pelo menos dois clientes diferentes, sendo que a cada 20 horas trabalhadas é requerida 1 hora de supervisão. Sendo assim, cursos de capacitação ou formação básica não devem ser aceitos.

Ausência de profissionais aptos na rede credenciada

As operadoras de planos de saúde têm a obrigação de garantir que seus beneficiários tenham acesso a profissionais e clínicas certificados para realizar os tratamentos prescritos por médicos especialistas. Isso inclui a disponibilidade de agenda e a capacidade de atender à carga horária necessária para o tratamento eficaz. Quando a rede credenciada não possui profissionais ou clínicas especializadas aptas para realizar o tratamento indicado, a operadora deve custear o tratamento em clínicas particulares.

A Resolução Normativa (RN) 566 da ANS determina que, se não houver prestador disponível na rede credenciada, a operadora deve garantir o atendimento em prestadores não credenciados, no mesmo município ou em municípios próximos, pagando diretamente ao prestador. Caso o beneficiário tenha que arcar com os custos devido à indisponibilidade de prestadores, a operadora deve reembolsá-lo integralmente em até trinta dias, incluindo despesas com transporte. Este reembolso deve ser integral e claro, conforme o CDC, favorecendo sempre o consumidor.

Além de situações de urgência e emergência, as operadoras custeiam integralmente as despesas quando o tratamento coberto pelo plano não estiver disponível na rede credenciada. Isso protege os beneficiários de prejuízos decorrentes da falta de serviços especializados na rede. As operadoras de planos de saúde devem garantir o tratamento necessário para crianças autistas, custeando o tratamento em clínicas particulares, se necessário. A falta de profissionais qualificados na rede credenciada não exime a operadora de sua responsabilidade, conforme a legislação e resoluções da ANS.

Prejuízos dos longos deslocamentos

Não se trata de uma consulta médica esporádica, mas de um tratamento a ser realizado continuamente, sem prévia estipulação de tempo certo de duração. O cumprimento de longos trajetos diariamente pode prejudicar a realização das terapias, causando nítido prejuízo à saúde do beneficiário. A condição dos pacientes autistas torna inviável a indicação de estabelecimento credenciado excessivamente distante, ainda que dentro da área de abrangência do plano de saúde. Tal situação frustra o objeto do contrato e coloca os consumidores em exagerada desvantagem.

Portanto, caso o plano de saúde indique apenas clínicas credenciadas distantes da residência do menor, há a obrigação de custeio do tratamento em rede particular por meio de pagamento direto do plano à clínica e/ou a profissionais.

Importância da cobertura de terapias complementares

Os planos de saúde ainda defendem que, em relação às terapias musicoterapia, psicomotricidade e hidroterapia, não existem comprovações científicas de sua eficácia, além do que não estariam inseridas no rol da ANS. Porém, é importante reiterar que o rol da ANS não é taxativo, mas exemplificativo, englobando cada uma das terapias acima referidas.

A ANS, diante de inúmeras decisões judiciais pretéritas, deu maior extensão, tornando geral a regra de incidência, reconhecendo a musicoterapia, a hidroterapia e a psicomotricidade ou qualquer outra terapia que possua evidência científica e que seja justificada a sua necessidade pelo médico que acompanha o paciente, tornando, ademais, ilimitado o número de sessões com os profissionais respectivos, conforme regulamentado.

Cobertura obrigatória da musicoterapia

A musicoterapia é definida pela Federação Mundial de Musicoterapia como o uso da música e seus elementos (som, ritmo, melodia e harmonia) por um musicoterapeuta qualificado para facilitar a comunicação, a relação, a aprendizagem, a expressão e outros objetivos terapêuticos relevantes, atendendo às necessidades físicas, emocionais, mentais, sociais e cognitivas dos indivíduos.

Essa terapia visa desenvolver potenciais e restabelecer funções, melhorando a integração intra e interpessoal e, consequentemente, a qualidade de vida do indivíduo, seja pela prevenção, reabilitação ou tratamento. Estudos demonstram que a música ativa diferentes funções cerebrais, como os neurônios-espelho que, em indivíduos autistas, apresentam funcionamento anormal, mas podem ser normalizados por estímulos musicais. A música também ativa o córtex auditivo primário, preservado em autistas, enquanto o córtex auditivo secundário, responsável pelo processamento da fala, é prejudicado. Assim, a musicoterapia aproveita essa capacidade para desenvolver habilidades cruciais como a fala e a comunicação social.

Pesquisas destacam que a musicoterapia possui eficácia comprovada no tratamento de crianças autistas. Estudos neurocientíficos mostram que a música ativa diferentes funções cerebrais e cognitivas simultaneamente, como os neurônios-espelhos, que não apresentam funcionamento normal em autistas. Esses neurônios, relacionados com a função de imitação e empatia, passam a apresentar um funcionamento normal quando ativados por estímulos musicais (MOLNAR-SZAKACS; HEATON, 2012). Além disso, a música ativa o córtex auditivo primário, preservado em autistas, enquanto o córtex auditivo secundário, responsável pelo processamento da fala, é acometido e prejudicado (SAMSON *et al.*, 2010).

Assim, a musicoterapia utiliza essa capacidade para desenvolver objetivos essenciais como a fala, por outra via no cérebro, trabalhando dificuldades em comunicação social e linguagem pragmática.

Recentemente, a ANS incluiu a musicoterapia no rol de Procedimentos e Eventos em Saúde, assegurando sua cobertura obrigatória pelos planos de saúde. Esta inclusão, vigente desde 01/10/2023, refuta qualquer argumento de que a musicoterapia seja uma terapia "alternativa" e não coberta.

Obrigatoriedade de custear a psicopedagogia ABA

A psicopedagogia, quando aplicada por profissionais de saúde, deve ser custeada pelo plano de saúde e reconhecida como uma terapia essencial para o desenvolvimento de crianças autistas.

Cumpre destacar a obrigatoriedade de custeio da psicopedagogia de acordo com a jurisprudência mais recente do Superior Tribunal de Justiça (STJ), que reconhece a necessidade e obrigatoriedade de cobertura dos tratamentos multidisciplinares para pacientes autistas. O STJ reafirmou a importância das terapias multidisciplinares para as pessoas com transtornos globais do desenvolvimento, incluindo a psicopedagogia. Além disso, a ANS publicou a RN 539/2022, ampliando as regras de cobertura assistencial para TEA, e reafirmou a obrigatoriedade da cobertura de quaisquer métodos ou técnicas indicadas pelo médico para transtornos globais de desenvolvimento, incluindo a psicopedagogia.

Obrigatoriedade de custear hidroterapia para autistas

A hidroterapia é uma modalidade terapêutica essencial no tratamento de crianças autistas, complementando outras terapias como a psicológica, fonoaudiológica e terapia ocupacional. Estudos científicos demonstram que a hidroterapia, por meio de atividades na água, oferece benefícios significativos para o desenvolvimento motor, cognitivo e social dos pacientes autistas.

A prática da hidroterapia é lúdica e atrai bastante os pacientes, proporcionando um ambiente em que eles podem se sentir mais relaxados e focados. Conforme relatado por especialistas e pais, a hidroterapia ajuda a melhorar a coordenação motora, a fala e a interação social das crianças autistas. Além disso, o exercício na água contribui para o relaxamento muscular e pode resultar em um sono de melhor qualidade para os pacientes.

A hidroterapia não só reforça as terapias tradicionais como também proporciona resultados rápidos e eficazes no desenvolvimento das crianças. A não cobertura dessa modalidade terapêutica viola o direito à saúde dos beneficiários, colocando-os em uma posição de desvantagem.

Portanto, a cobertura da hidroterapia pelos planos de saúde não é apenas uma obrigação legal, mas uma necessidade prática para garantir o tratamento completo e eficaz dos pacientes autistas. A evidência científica em anexo reforça a importância dessa terapia no tratamento de TEA, destacando a melhoria na qualidade de vida e no desenvolvimento das crianças que a utilizam (ZALCMAN, 2021).

Obrigatoriedade da equoterapia no tratamento de autistas

A equoterapia é uma modalidade terapêutica reconhecida e eficaz no tratamento do autismo. Utilizando o cavalo como parte integrante do processo terapêutico, a equoterapia oferece uma abordagem interdisciplinar que visa ao desenvolvimento biopsicossocial de pessoas autistas. Esta terapia tem demonstrado benefícios significativos, como o fortalecimento muscular, o estímulo sensorial e emocional, o aprimoramento da coordenação motora e da socialização.

Conforme a Lei 13.830/2019, a equoterapia é definida como um método de reabilitação que utiliza o cavalo em uma abordagem interdisciplinar nas áreas de saúde, educação e equitação, voltada ao desenvolvimento biopsicossocial do deficiente. Assim, trata-se de um método terapêutico com respaldo legal.

Evidências científicas indicam que a equoterapia estimula múltiplos domínios de funcionamento em crianças autistas, como o desenvolvimento cognitivo, social e motor. Estudos como o de Peters e Wood (2017) demonstram que a equoterapia pode melhorar a força muscular, a postura, o equilíbrio, a autoestima, a autoconfiança e a interação social, além de proporcionar ganhos significativos em termos de qualidade de vida e funcionalidade (SOUZA-SANTOS; DOS SANTOS; AZEVEDO-SANTOS; TEIXEIRA-MACHADO, 2018).

A ANS reforça a obrigatoriedade dos planos de saúde em custear a equoterapia para autistas, conforme prescrição médica. Portanto, a cobertura da equoterapia pelos planos de saúde é uma obrigação legal e prática, essencial para garantir um tratamento eficaz e completo para os pacientes autistas. A evidência científica em anexo reforça a importância dessa terapia, destacando os benefícios comprovados para o desenvolvimento das crianças autistas.

Conclusão

Os planos de saúde devem garantir a cobertura integral de tratamentos multidisciplinares para crianças autistas, respeitando a autoridade médica nas decisões terapêuticas. Limitar essas opções é não apenas ilegal, mas também põe em risco a saúde e o desenvolvimento dos pacientes. Caso o tratamento seja negado, é essencial procurar um advogado para buscar a Justiça e assegurar que os direitos dos beneficiários sejam protegidos. A legislação e a jurisprudência reforçam a obrigação das operadoras em fornecer o tratamento necessário, assegurando o bem-estar dos beneficiários e protegendo seus direitos fundamentais.

Referências

BRANDALISE, A. Musicoterapia aplicada à pessoa com transtorno do espectro do autismo (TEA): uma revisão sistemática. *Revista Brasileira de Musicoterapia*, pp. 28-42, 2013.

GERETSEGGER, M.; ELEFANT, C.; MÖSSLER, K. A.; GOLD, C. Music therapy for people with autism spectrum disorder. *Cochrane database of systematic reviews*, Issue 6, 2013. Art. No.: CD004381. DOI: 10.1002/14651858.CD004381.pub3.

KIM, J.; WIGRAM, T.; GOLD, C. The effects of improvisational music therapy on joint attention behaviors in autistic children: A randomized controlled study. *Journal of autism dev. disorder*, v. 38, pp. 1758-1766, 2008.

MOLNAR-SZAKACS, I.; HEATON, P. Music: a unique window into the world of autismo. *Anais da New York Academy of Sciences*, 1252, pp. 318-324, 2012.

SAMSON, F.; HYDE, K. L.; BERTONE, A.; SOULIERES, I.; MENDREK, A.; AHAD, P.; ZEFFIRO, T. A. Atypical processing of auditory temporal complexity in autistics. *Neuropsychologia*, 49, pp. 546-555, 2011.

REsp 1053810/SP, Rel. Ministra NANCY ANDRIGHI, TERCEIRA TURMA, julgado em 17/12/2009, DJe 15/03/2010.

ZALCMAN, D. *Hidroterapia traz avanços no tratamento de pacientes autistas.* Unimed Governador Valadares, 26 mar. 2021.

SOUZA-SANTOS, C.; DOS SANTOS, J. F.; AZEVEDO-SANTOS, I.; TEIXEIRA-MACHADO, L. Dance and equine-assisted therapy in autism spectrum disorder: crossover randomized clinical trial. Cochrane Central Register of Controlled Trials. *Clinical neuropsychiatry*, v. 15, n. 5, pp. 284-290, 2018.

23

O DIREITO AO REEMBOLSO DE TRATAMENTO DE AUTISTAS

SUPERANDO BARREIRAS E GARANTINDO O ACESSO À SAÚDE

O capítulo apresenta a questão do direito à saúde nos planos de saúde no Brasil, destacando os desafios enfrentados pelos beneficiários para obter acesso aos tratamentos necessários por meio do reembolso. Apesar das regulamentações, ainda persistem desafios, especialmente no acesso a tratamentos específicos, como no caso de pessoas autistas. O texto enfatiza a importância da conscientização dos consumidores sobre seus direitos e a necessidade de lutar por um acesso digno e equitativo à saúde.

NATALI DE AGUIAR

Natali de Aguiar

Estudante de Direito, coordenadora jurídica do Monteiro Lucena Advogados há quatro anos. Em busca da constante evolução profissional e pessoal para ajudar o máximo de pessoas que necessitam de assistência jurídica.

Contatos
@monteirolucenaadvogados
11 93044 0809

Em quatro anos estudando e trabalhando sobre o direito à saúde, vejo que a maior dificuldade das famílias que têm um convênio de assistência médica é o acesso ao tratamento. Confesso que no começo tal problema causou muita surpresa ao me deparar com a burocracia que os pais ou pessoas que precisavam de tratamentos e procedimentos importantes para sua vida acabavam enfrentando; o maior medo ou até angústia para os beneficiários que pagam mensalmente na tentativa de ter um atendimento de qualidade.

Histórico legal

É sabido que a realidade vai muito além do que vimos nos sites ou na apresentação ao contratar um plano de saúde. Mas, infelizmente, essa realidade só vem após o contrato assinado com a operadora.

O acesso à saúde é uma garantia constitucional, ou seja, previsto na Constituição Federal de 1988, sendo esta norma suprema do nosso país, a qual ninguém pode sobrepor desde sua promulgação.

O Decreto-Lei n. 73/1966 foi de fato um marco importante na regulamentação do setor de seguros no Brasil, incluindo a modalidade de assistência à saúde. Os artigos 129, 130 e 135 desse decreto estabeleciam as bases para a operação de seguros de saúde, tanto em termos de reembolso de despesas médicas quanto de pagamento antecipado de despesas futuras com tratamentos de saúde.

Tais disposições do Decreto foram fundamentais para estabelecer as bases regulatórias do seguro saúde no Brasil, moldando o funcionamento desse setor ao longo das décadas seguintes.

Em meados dos anos 1990, veio a promulgação do Código de Proteção e Defesa do Consumidor, assegurando os direitos dos consumidores no Brasil, incluindo a garantia do direito ao reembolso em contratos de assistência à saúde. Esse marco legislativo ressaltou a necessidade de normas mais específicas para setores de seguros, especialmente o seguro à saúde.

Foi promulgada a Lei n. 9.656/1998, uma legislação abrangente que visava regular os contratos de assistência à saúde e, de maneira específica, afirmar o direito ao reembolso de despesas médicas. Esta lei representou uma resposta às demandas por uma legislação mais justa para a saúde suplementar.

A Lei estabeleceu regulamentações relacionadas à prestação de serviços de saúde suplementar, incluindo a obrigatoriedade de reembolso em casos em que os beneficiários escolhessem por utilizar serviços médicos fora da rede credenciada, dentro dos limites estabelecidos contratualmente. Limites esses que se configuram quando o convênio não possui prestador de serviço credenciado que atenda à necessidade do segurado, conforme o médico prescreveu.

Esse serviço tem como objetivo não deixar o consumidor sem a assistência médica de que necessita, tendo a possibilidade de se encontrar com um prestador não credenciado e realizar o procedimento que ajudará a ter a devida qualidade de vida.

Com a modalidade do reembolso, o objetivo é não deixar que o beneficiário fique prejudicado financeiramente diante da ausência de prestador credenciado, sendo restituído o valor gasto com o profissional particular para o segurado.

A configuração dessa norma teve um impacto substancial na regulamentação da saúde suplementar no nosso país, promovendo maior transparência, equidade e proteção aos consumidores, especialmente no que diz respeito ao direito ao reembolso de despesas médicas.

O mundo ideal é esse. Mas sabemos que a maior dificuldade hoje é o plano de saúde visualizar e concordar que a pessoa autista tem suas necessidades individuais e que o planejamento do seu tratamento é específico. Para alguns, as terapias convencionais podem até ajudar a se desenvolver, mas há aqueles que precisam do tratamento intensivo e que somente o básico não encaixa na sua realidade.

A própria Agência Nacional de Saúde Suplementar (ANS) regulamenta que, no caso de atendimento por prestador não integrante da rede assistencial, o pagamento do serviço ou procedimento será realizado pela operadora diretamente ao prestador, mediante acordo entre as partes, conforme estabelecido pela Resolução Normativa n. 268, de 02/09/2011.

Resolução normativa ANS n. 566/22

Em 2022, foi promulgada a Resolução Normativa ANS n. 566/22, que estabelece garantias de atendimento aos beneficiários dos seguros de saúde. Conforme essa resolução:

- Se houver descumprimento das disposições dos artigos 4º[1], 5º[2] ou 6º[3], e o beneficiário for obrigado a pagar pelos custos do atendimento, a operadora deve reembolsá-lo integralmente no prazo de até trinta dias, a partir da data da solicitação de reembolso, incluindo despesas com transporte.
- Para produtos que permitam a livre escolha de prestadores, o reembolso será efetuado conforme os limites estabelecidos no contrato.
- Nos casos em que a cláusula de reembolso não dispõe sobre o procedimento solicitado ou quando não há previsão contratual de tabela de reembolso, aplica-se a regra do reembolso integral.
- Nos contratos com cláusula de coparticipação, esse valor pode ser deduzido do reembolso pago ao beneficiário.
- Quando a operadora tem a responsabilidade de transportar o beneficiário e este for obrigado a arcar com as despesas de transporte, a operadora deverá reembolsá-lo integralmente.

Além disso, a Resolução Normativa ANS n. 566/22 estabelece que, se o contrato não prever a cláusula de reembolso, mas o beneficiário se encontrar sem assistência pela operadora de saúde, a Resolução prevalece, garantindo a restituição integral pelo procedimento.

É importante observar que, caso o beneficiário opte por utilizar um prestador de serviço de saúde particular por livre escolha, sem consultar a rede credenciada da operadora e realize o procedimento por conta própria, o reembolso pode ser parcial, conforme estabelecido e limitado pelo contrato.

Embora o rol da ANS seja exemplificativo, as operadoras de saúde utilizam essa regulamentação como base em seus contratos para a prestação dos serviços.

O reembolso é solicitado a partir do ato em que o paciente paga pela prestação de serviço ao profissional particular e tem em mãos: a) o comprovante

---

1 Se não houver prestador na rede assistencial disponível para o serviço demandado, a operadora deve garantir o atendimento por um prestador não integrante da rede no mesmo município ou em municípios limítrofes, e, se necessário, fornecer transporte para o beneficiário.

2 Se não houver prestador disponível na área de abrangência do produto, a operadora deve garantir atendimento por prestadores nos municípios limítrofes ou na região de saúde correspondente, e se necessário, fornecer transporte para o beneficiário.

3 Se não houver prestador disponível para serviços de urgência e emergência na área de abrangência do produto, a operadora deve garantir o transporte do beneficiário até um prestador apto, assim como o retorno, sem necessidade de autorização prévia.

de pagamento daquele procedimento; b) o laudo médico prescrevendo o procedimento; c) o recibo ou nota fiscal com as datas de atendimento realizadas.

Cada operadora de saúde possui um procedimento específico para a solicitação de reembolso. Portanto, é fundamental que o usuário analise atentamente as instruções disponibilizadas na plataforma da operadora para evitar quaisquer problemas.

Ressalta-se que a ANS determina que o reembolso deve ser realizado em prazo não superior a 30 dias corridos.

A ANS, por meio do Entendimento DIFIS n. 8/17 (ainda vigente), considerou que, na ausência de cláusula contratual específica, é razoável que a operadora exija que o pedido de reembolso seja acompanhado, no mínimo, de qualquer documento hábil e idôneo que comprove a efetiva ocorrência da despesa, identifique o beneficiário e o procedimento realizado, incluindo a data de sua execução. Além disso, para serviços e procedimentos que possuam Diretriz de Utilização (DUT) estabelecida, pode ser requerido também laudo ou atestado médico, ou outro documento equivalente, emitido pelo profissional que solicitou ou realizou o serviço ou procedimento, comprovando seu cumprimento.

É importante salientar que o reembolso só é devido quando de fato vislumbrado que a operadora de saúde não possui clínica ou profissional que atenda à necessidade do beneficiário conforme o médico assistente prescreveu em seus ricos detalhes. Por isso, é importante que o médico relate em laudo as dificuldades do paciente e o motivo da prescrição específica ali solicitada no quadro clínico apresentado. Portanto, se houver o prestador de serviço credenciado que atenda às necessidades do beneficiário conforme o laudo médico, a operadora pode intervir e negar o reembolso em seu pleno direito. Somente por livre escolha do segurado de passar no prestador particular, não lhe concede o benefício do reembolso.

No entanto, deparamo-nos com cláusulas contratuais que limitam o acesso a essa modalidade, como dispor o valor teto que será restituído ao beneficiário, ou até o número "x" de sessão de psicologia, terapia ocupacional e fonoaudiologia será reembolsado.

Abusividade contratual e direito ao tratamento adequado

Pontuo desde já que **limitar sessões e não respeitar o laudo médico é considerado abusivo.**

A abusividade contratual se configura quando a conduta fere totalmente o acesso à saúde e todo o valor pago pelo segurado, que por muitas vezes é suado para dar o atendimento digno de saúde no país, é invalidado.

Há situações que a operadora utiliza como argumentação para não validar a restituição do valor a ausência de regularidade do prestador de serviço particular no Cadastro Nacional de Estabelecimentos de Saúde. No entanto, a ANS retornou atualizando a nova regra, esclarecendo que as seguradoras não devem exigir que os prestadores estejam cadastrados no CNES para ter o reembolso, tendo em vista que a verificação do registro não é responsabilidade do beneficiário, e sim do plano de saúde.

Outra conduta abusiva comum que o plano de saúde realiza é informar que não cobre o procedimento por não constar no rol da ANS. Entretanto, a Resolução Normativa n. 539/22 estabelece que o tratamento para pessoas autistas e com outros transtornos globais deve ser coberto pelo plano de saúde, com prestador apto a aplicar a metodologia conforme prescrição médica. De acordo com o Art. 1º desta Resolução, que altera a RN n. 465 de 24 de novembro de 2021, sobre o Rol de Procedimentos e Eventos em Saúde no âmbito da saúde suplementar, foi modificada a diretriz de utilização do procedimento "sessão com fonoaudiólogo" para o tratamento e manejo dos beneficiários com transtorno do espectro autista e transtornos globais do desenvolvimento.

Para a cobertura dos procedimentos relacionados ao tratamento e manejo de beneficiários com transtornos globais do desenvolvimento, incluindo o transtorno do espectro autista, a operadora deve oferecer atendimento por prestador qualificado a aplicar o método ou técnica indicados pelo médico assistente para tratar a condição do paciente.

A ministra do STJ, Nancy Andrighi, em uma de suas destacadas decisões, esclarece que apenas o médico que acompanha o caso tem a competência para determinar o tratamento adequado visando à cura ou à amenização dos efeitos da enfermidade do paciente. As seguradoras não têm a habilitação nem a autorização para limitar as alternativas de tratamento possíveis para o restabelecimento da saúde do segurado, sob o risco de colocar em perigo a vida do consumidor[4].

Como se pode limitar um tratamento planejado de forma individual para atender às necessidades específicas de cada pessoa que precisa de assistência

4 TJ-RJ, Agravo de Instrumento 0042114-17.2021.8.19.0000, Relator(a): DES. Myriam Medeiros da Fonseca Costa, publicado em: 09/11/2021.

médica? Como decidir, de forma generalizada, o que oferecer a alguém que necessita de um tratamento por tempo indeterminado?

Sim, compartilho da mesma indignação com as condutas apresentadas pelas operadoras de saúde, considerando que o objetivo principal das regulamentações de assistência à saúde suplementar é garantir que o consumidor não fique sem a prestação dos serviços de saúde necessários.

Procedimentos para reembolso

O primeiro procedimento a ser adotado é buscar uma justificativa junto ao plano de saúde sobre a demora no reembolso. Esse contato comprova a boa-fé do segurado ao tentar resolver a situação de forma administrativa.

É importante manter sempre à disposição os documentos que comprovem o pagamento e o pedido do procedimento para o qual foi solicitada a restituição.

Uma dica importante: não se esqueça de anotar o número do protocolo, a data da ligação e o nome do atendente. Essas informações servem como prova de que você entrou em contato com o SAC e garantem a sua solicitação ou reclamação.

Idealmente, a resposta do plano de saúde deve ser analisada por um profissional jurídico especialista para verificar se a conduta é abusiva.

Considerações finais

O contrato com o plano de saúde deve atender às necessidades de ambas as partes; no entanto, é essencial ressaltar que o beneficiário não pode ser prejudicado por condutas que ferem a dignidade da pessoa humana.

O acesso à saúde não deve ser limitado por mero entendimento generalizado e desrespeitando a necessidade de cada pessoa. Se posso dar um conselho: não deixe seu direito ser interrompido pelo receio. Vá atrás dos seus direitos e deveres para que sejam cumpridos e respeitados de forma plena.

Referências

DE GODOY, J. P. H. T. A legalidade e obrigação do reembolso na saúde. *Jornal da Advocacia.* OAB São Paulo, 2022.

MAURO, M. da P. N. Série Aperfeiçoamento De Magistrados 6. Judicialização da Saúde Parte I. Direito em Saúde Suplementar. 2011. EMERJ. p. 337.

24

A POSSIBILIDADE DA REDUÇÃO OU EXCLUSÃO DA COPARTICIPAÇÃO EM PLANO DE SAÚDE PARA CRIANÇAS AUTISTAS EM TRATAMENTO

Neste capítulo, as famílias encontrarão informações sobre a possibilidade de reduzir ou eliminar a coparticipação para usuários de planos de saúde. Trata-se de um custo elevado que pode representar um obstáculo significativo para o acesso aos cuidados terapêuticos essenciais. Por essa razão, muitas crianças autistas estão ficando sem o tratamento correto e adequado. Busca-se esclarecer e propor soluções para garantir a atenção de saúde necessária.

FABRÍCIO BARCELOS VIEIRA

Fabrício Barcelos Vieira

Criador do podcast DR. TEA. Pai atípico. Advogado militante nas áreas do direito das pessoas com autismo e deficiência (PCD), direito à saúde e direito previdenciário. Mestre em Desenvolvimento Regional (Linha de Pesquisa: Desenvolvimento Social e Políticas Públicas) pela Uni-FACEF – tema da dissertação: "Políticas públicas de saúde voltadas às crianças com autismo". Pós-graduado em Direito Previdenciário; MBA em Direito Empresarial pela FGV. Professor em cursos de extensão universitária em várias instituições. Autor dos livros: *Auxílio-acidente acidentário e previdenciário: os benefícios indenizatórios do INSS* e *Guia prático para sua aposentadoria*. Colaborador/articulista de revistas/informes jurídicos. Colaborador participante/convidado de diversos programas de rádio e TV e demais mídias.

Contatos
fabriciovieiraadvogados.com.br
Instagram: @dr.tea.fabriciovieira

Introdução

A intervenção precoce e o tratamento clínico e terapêutico são pilares fundamentais para proporcionar a integração social e qualidade de vida com dignidade às pessoas com transtorno do espectro autista (TEA). O autismo, caracterizado como uma condição crônica, requer abordagens terapêuticas multidisciplinares intensivas e de longo prazo para otimizar o desenvolvimento e o bem-estar dos indivíduos afetados. A ausência de um tratamento adequado pode acarretar impactos significativos na vida da pessoa com TEA. A legislação brasileira garante o direito das crianças autistas a uma atenção integral às suas necessidades de saúde, incluindo acesso a múltiplas terapias e tratamentos prescritos pelos profissionais responsáveis pelo seu acompanhamento. No entanto, mesmo sendo beneficiárias de planos de saúde, crianças com TEA frequentemente enfrentam barreiras relacionadas à coparticipação, que podem inviabilizar o acesso ao tratamento necessário. É essencial que as operadoras de planos de saúde cumpram com o fornecimento integral dos tratamentos e medicamentos indicados, sem impor limitações ou negações que prejudiquem o direito à saúde das crianças com autismo.

Este capítulo abordará a questão da coparticipação em planos de saúde para crianças autistas em tratamento, discutindo a necessidade de eliminação ou redução desses custos quando representam um obstáculo para o acesso aos cuidados terapêuticos essenciais. Ao analisar o cenário legal e os desafios enfrentados pelas famílias, pretende-se destacar a importância de políticas e práticas que garantam o pleno direito à saúde e ao desenvolvimento das crianças com autismo no Brasil.

O direito à saúde

A criança com autismo possui dificuldades e limitações que impactam a comunicação, a interação social e o comportamento, o que pode prejudicar seu desenvolvimento social e intelectual.

Medidas de intervenção precoce em crianças com autismo podem colaborar com uma melhor qualidade de vida da pessoa e reduzir os impactos sociais e privações econômicas que podem acarretar para sua família, assim como para o futuro da pessoa com autismo. É o que determina o artigo 3º da Lei n. 12.764, de 27 de dezembro de 2012[1].

Pois bem, nesse diapasão de prerrogativas e políticas públicas asseverando o atendimento multiprofissional, destaca-se que, se a criança com TEA for beneficiária de um plano de saúde, é assegurado a ela o direito ao tratamento completo. As operadoras de planos de saúde não podem limitar ou negar o fornecimento das terapias e medicamentos prescritos pelos médicos responsáveis pelo acompanhamento.

A esse respeito, a Lei n. 9.656/98, que dispõe sobre planos e seguros saúde, determina cobertura obrigatória para as doenças listadas na CID-10 – Classificação Estatística Internacional de Doenças e de Problemas Relacionados à Saúde – que se trata de uma relação de enfermidades catalogadas e padronizadas pela Organização Mundial de Saúde.

Por sua vez, a Lei n. 12.764/2012 – Lei Berenice Piana – assegura que o tratamento seja custeado integralmente pelos planos e seguros de saúde, prevendo a obrigatoriedade do fornecimento completo de atendimento multiprofissional ao paciente diagnosticado com TEA, sem a limitação das sessões, desde que prescritas e previstas no laudo médico.

Os Tribunais Nacionais já reconheceram a responsabilidade dos planos de saúde, com base na legislação, de garantir acesso a serviços multiprofissionais para pessoas com TEA[2].

Ocorre que, por uma disposição contratual, muitas operadoras de planos de saúde cobram a coparticipação para que sejam fornecidas as terapias mul-

---

1 Art. 3º São direitos da pessoa com transtorno do espectro autista:

[...]

III – o acesso a ações e serviços de saúde, com vistas à atenção integral às suas necessidades de saúde, incluindo:

a) o diagnóstico precoce, ainda que não definitivo;

[...]

2 TJSP; Apelação Cível 1014431-70.2020.8.26.0309; Relator(a): Piva Rodrigues; Órgão Julgador: 9ª Câmara de Direito Privado; Foro de Jundiaí – 2ª Vara Cível; Data do Julgamento: 03/04/2023; Data de Registro: 03/04/2023.

tidisciplinares às crianças com TEA – a exemplo da psicoterapia, fonoterapia, terapia ocupacional, entre outros. No entanto, essa cobrança, na maioria dos casos, inviabiliza o acesso aos tratamentos.

A possibilidade da diminuição ou a exclusão do valor referente à coparticipação é tema que será tratado logo abaixo.

Da coparticipação e sua possibilidade de redução ou eliminação

A cláusula de coparticipação é uma disposição contratual presente em muitos planos de saúde, na qual o beneficiário é responsável por arcar com uma parte dos custos de determinados serviços médicos. Isso significa que, além de o pagamento regular da mensalidade do plano, o usuário também paga uma porcentagem ou um valor fixo cada vez que utiliza certos serviços, como consultas, exames ou terapias.

Com efeito, esta cláusula, quando aplicada nos contratos de planos de saúde para crianças com autismo, significa que as famílias devem pagar uma parte dos custos das terapias multidisciplinares. Esse modelo de coparticipação pode tornar-se um obstáculo financeiro significativo, visto que essas terapias são frequentemente necessárias em alta frequência e por longos períodos, aumentando consideravelmente o montante que as famílias precisam desembolsar, além da mensalidade regular do plano.

Muitos pais estão deixando de proporcionar terapias ou reduzindo a quantidade de horas para seus filhos com TEA devido ao alto valor da coparticipação cobrada pelos planos de saúde. Esse custo elevado compromete a subsistência da família, levando ao endividamento e limitando o acesso ao tratamento necessário para a criança autista.

Já não bastassem os gastos com medicações, tratamentos e terapias, as famílias ainda precisam arcar com esta taxa. Fato que, claramente, torna demasiadamente oneroso o tratamento.

Não se pode admitir que o regime de coparticipação, tal como vem sendo realizado pelos planos de saúde, impeça a criança com TEA de realizar o tratamento multidisciplinar.

Não são raras as situações em que a coparticipação por cada hora de terapia é estipulada em algo em torno de R$ 40,00 (quarenta reais). Em média, uma criança com autismo necessita de um total de 20 horas semanais. Isso implicaria um ônus financeiro de R$ 800,00 (oitocentos reais) por semana, totalizando R$ 3.200,00 (três mil e duzentos reais) mensais, a serem acrescidos à mensalidade.

Ademais, é prática costumeira de muitas operadoras de planos de saúde aplicarem o valor da coparticipação de forma diferenciada para as chamadas "terapias especiais" (como é o exemplo de terapias com intervenção pela ciência ABA), assim como constarem no contrato cláusulas que permitam a cobrança de um percentual sobre os valores das sessões (alguns casos chegam a 50%), sem qualquer limitação. Logo, o valor de coparticipação, na maior parte das vezes, ultrapassa substancialmente o montante da própria mensalidade.

Não resta dúvida de que a coparticipação limita drasticamente a possibilidade de tratamento da criança com TEA, e pode causar prejuízos irreparáveis ao seu estado clínico. É muito comum a família se endividar para resguardar o devido tratamento a seus filhos.

A imposição do regime de coparticipação acaba, na prática, limitando de forma indireta a cobertura contratual, pois onerará em demasia a família que, além da mensalidade do plano de saúde, também terá que arcar com parte do tratamento.

Felizmente, a maior parte dos Tribunais de Justiça brasileiros vem reconhecendo que essa cobrança se mostra abusiva, já que o tratamento para a criança com TEA não pode ser limitado. Assim, havendo expressa indicação médica acerca de sua necessidade, condicionar o fornecimento à coparticipação equivaleria a impedir a evolução do quadro de saúde e desenvolvimento da criança com autismo.

Tal posicionamento visa evitar a interrupção do tratamento, tornando-o financeiramente viável e possível às famílias.

A Justiça entende que a cláusula contratual que prevê a coparticipação deve ser considerada abusiva quando limita ou impede que o tratamento da criança com TEA seja realizado.

Alguns juízes, sensíveis ao problema, entendem que a coparticipação deve incidir, apenas, uma única vez por mês, sobre cada tratamento prescrito pelo médico que assiste a criança com TEA, ou seja, sobre cada procedimento de forma individual (fonoaudiologia, terapia ocupacional, psicólogo, neuropsicopedagogia, entre outros)[3]. Assim, a cobrança deve considerar cada procedimento como um todo.

Aliás, recentemente, o Superior Tribunal de Justiça (STJ), por intermédio da sua 3ª Turma, determinou que os valores de coparticipação pagos pelo beneficiário a cada mês não podem exceder o valor da mensalidade do plano de saúde. Além disso, limitou a cobrança do referido valor ao percentual

---

3 Processo: 0002104-74.2022.8.16.0162.

máximo de 50% da quantia contratada entre a operadora de planos privados de assistência à saúde e o respectivo prestador de serviços de saúde[4].

Desta forma, é direito da criança com TEA que as terapias multidisciplinares sejam disponibilizadas sem a cobrança de coparticipação, isentando a família de quaisquer custos adicionais por sessão terapêutica realizada. Isto é, garantir o pleno acesso à saúde. De modo alternativo, pode-se estabelecer um limite para a coparticipação, incidindo, apenas, uma única vez por mês e não superando o valor da mensalidade do plano.

Conclusão

O acesso irrestrito ao tratamento terapêutico é fundamental para garantir o pleno desenvolvimento e a qualidade de vida das crianças com TEA. No contexto dos planos de saúde, a coparticipação muitas vezes se apresenta como uma barreira que limita ou até mesmo impede o acesso aos cuidados necessários.

Algo extremamente preocupante e que chama a atenção é que, segundo uma recente pesquisa realizada pela Aliança de Saúde Populacional (ASAP), em parceria com a Associação Brasileira de Recursos Humanos (ABRH), houve uma expansão de 59% para 72% das operadoras de plano de saúde que aderiram ao sistema da coparticipação entre 2017 e 2020[5].

É urgente que as operadoras de planos de saúde reconheçam a natureza crônica e complexa do TEA, bem como a demanda por tratamentos intensivos e de longo prazo. A legislação brasileira já garante o direito das crianças autistas a receberem atenção integral à saúde, o que inclui acesso a todas as terapias e intervenções por profissionais especializados, bastando que sejam recomendadas por documentação médica. Nesse sentido, é crucial que as políticas públicas e privadas promovam a eliminação ou redução significativa da coparticipação para famílias com crianças autistas em tratamento. A viabilização do acesso sem entraves aos serviços de saúde e terapias não é apenas uma questão de direitos humanos, mas também um investimento na construção de uma sociedade mais inclusiva e justa.

O incremento de políticas públicas que incluam a regulamentação do caso na legislação sobre saúde suplementar, assim como o posicionamento da Agência Nacional de Saúde (ANS) por intermédio de normativas internas, pode ser extremamente benéfico para a resolução da questão da coparticipação.

4 Recurso Especial nº 2.001.108.

5 Disponível em: https://www.terra.com.br/noticias/coparticipacao-do-plano-de-saude-vira-problema-para--clientes,97eeeb4ef40dbf63b2777af581775afaov2i5aw0.html?utm_source=clipboard.

Desta feita, para que se oportunizem, democraticamente, avanços sociais, torna-se imperioso dar maior amplitude de acesso aos tratamentos médicos e terapêuticos. Tais questões podem proporcionar ao autista uma integração social adequada e qualidade de vida com dignidade.

Com efeito, a efetiva implantação de políticas públicas resulta na promoção de cidadania, de justiça e de desenvolvimento humano e social das crianças com autismo. Assim, serão desenvolvidas as habilidades e autonomia dessas crianças, com o intuito de se tornarem adultos com oportunidades sociais, livres e capazes de exercer suas escolhas.

Referências

ARAUJO, J. A. M. R.; VERAS, A. B.; VARELLA, A. A. B. Breves considerações sobre a atenção à pessoa com transtorno do espectro autista na rede pública de saúde. *Revista Psicologia e Saúde*, Campo Grande, v.11, n.1, pp. 89-98, jan./abr. 2019. Disponível em: http://pepsic.bvsalud.org/pdf/rpsaude/v11n1/v11n1a07.pdf. Acesso em: 10 maio 2024 (artigo em revista científica eletrônica).

BRASIL. Lei n. 9.656, de 3 de julho de 1998. Dispõe sobre os planos e seguros privados de assistência à saúde. *Diário Oficial da União*, Brasília, DF, Seção 1, p. 1, 4 jun. 1998. Disponível em: https://www.planalto.gov.br/ccivil_03/leis/l9656.htm. Acesso em: 10 maio 2024.

BRASIL. Lei n. 12.764, 27 de dezembro de 2012. Institui a Política Nacional de Proteção dos Direitos da Pessoa com Transtorno do Espectro Autista; e altera o § 3º do art. 98 da Lei n. 8.112, de 11 de dezembro de 1990. *Diário Oficial da União*, Brasília, DF, Seção 1, p. 2, 28 dez. 2012. Disponível em: http://www.planalto.gov.br/ccivil_03/_ato2011-2014/2012/lei/l12764.htm. Acesso em: 10 maio 2024.

BRASIL. Lei n. 14.454, de 21 de setembro de 2022. Altera a Lei n. 9.656, de 3 de junho de 1998, que dispõe sobre os planos privados de assistência à saúde, para estabelecer critérios que permitam a cobertura de exames ou tratamentos de saúde que não estão incluídos no rol de procedimentos e eventos em saúde suplementar. *Diário Oficial da União*, Brasília, DF, Seção 1, p. 9, 22 set. 2022b. Disponível em: https://www.in.gov.br/en/web/dou/-/lei-n-14.454-de-21-de-setembro-de-2022-431275000. Acesso em: 10 maio 2024.

BRASIL. Superior Tribunal de Justiça: Pesquisa: REsp 1.053.810/SP. Relatora: Ministra Nancy Andrighi. Órgão Julgador: 3ª Turma. Julgamento: 17

dez. 2009. Doc 19. *Diário da Justiça Eletrônico*, Brasília, DF, 15 mar. 2010. Disponível em: https://scon.stj.jus.br/SCON/. Acesso em: 10 maio 2024.

BRASIL. Superior Tribunal de Justiça: Pesquisa: REsp 1.053.810/SP. Relatora: Ministra Nancy Andrighi. Órgão Julgador: 3ª Turma. Julgamento: 3 out. 2023. *Diário da Justiça Eletrônico*, Brasília, DF, 09 out. 2023. Disponível em: https://scon.stj.jus.br/SCON/pesquisar.jsp?b=ACOR&livre=%28RESP.clas.+e+%40num%3D%222001108%22%29+ou+%28RESP+adj+%222001108%22%29.suce.&O=JT. Acesso em: 18 maio 2024.

SÃO PAULO (Estado). Tribunal de Justiça do Estado de São Paulo. *Súmulas do Tribunal de Justiça do Estado de São Paulo: Súmula 102*. São Paulo, 2020. Disponível em: https://www.tjsp.jus.br/Download/Portal/Biblioteca/Biblioteca/Legislacao/SumulasTJSP.pdf. Acesso em: 10 maio 2024.

SCHWARTZMAN, J. S. Transtornos do espectro do autismo. In: TIBYRICÁ, R. F.; D'ANTINO, M. E. F. (Org.). *Direitos das pessoas com autismo: comentários interdisciplinares à Lei 12.764/12*. São Paulo: Memnon Edições Científicas, 2018. pp. 15-21.

SCHWARTZMAN, J. S.; BRUNONI, D. Saúde. In: TIBYRICÁ, R. F.; D'ANTINO, M. E. F. (Org.). *Direitos das pessoas com autismo: comentários interdisciplinares à Lei 12.764/12*. São Paulo: Memnon Edições Científicas, 2018. pp. 45-52.

25

REAJUSTES DOS PLANOS DE SAÚDE DE BENEFICIÁRIOS AUTISTAS

DESAFIOS E ASPECTOS JURÍDICOS

O presente capítulo aborda os difíceis desafios enfrentados pelos usuários de planos de saúde, especialmente aqueles com autismo, diante dos reajustes das mensalidades. Ao explorar as diferentes espécies de planos de saúde e reajustes, além da legislação aplicável à saúde suplementar, em especial a Resolução Normativa n. 509/2022 da Agência Nacional de Saúde e o entendimento do Poder Judiciário favorável ao consumidor, busca-se traçar um panorama quanto às questões legais e éticas envolvidas. São discutidas as implicações específicas para os indivíduos autistas, bem como são apresentadas considerações sobre as abusividades dos reajustes e as soluções para a equidade e a justiça à luz da jurisprudência quanto à aplicação dos reajustes no sistema de saúde suplementar.

FERNANDA ANDREÃO RONCHI

Fernanda Andreão Ronchi

Advogada inscrita na OAB/ES 15.717. Membro da Diretoria da Comissão de Direito da Saúde da OAB/ES. *Master of Laws* (LLM) em Direito Empresarial. Pós-graduada em Direito da Saúde. Especialista em Direito Médico. Pós-graduada em Direito Ambiental e Urbanístico. Experiência no âmbito empresarial e no direito médico e da saúde desde 2009. Professora de pós-graduação da matéria Responsabilidade Profissional Médica e Odontológica em faculdades de medicina e de odontologia. Coautora do livro *Direito preventivo para profissionais de saúde*.

Contatos
www.aradvocacia.com.br
fernanda@aradvocacia.com.br
Instagram: @fernandaaronchi
27 99602 5775 | 27 3029 5775

Introdução

Os planos de saúde desempenham um papel crucial na garantia do acesso a serviços de saúde de qualidade para milhões de brasileiros. No entanto, um dos desafios persistentes enfrentados por esses beneficiários é o constante aumento nas mensalidades, muitas vezes sem justificativa clara. Para indivíduos autistas e suas famílias, esses reajustes podem representar um fardo adicional, ampliando as dificuldades já existentes, que envolvem, muitas vezes, a insuficiência da rede própria e conveniada, a falta de profissionais qualificados e maior despesa familiar. Este capítulo propõe-se a examinar criticamente a questão da aplicação de reajustes abusivos em contratos que envolvem beneficiário autista, à luz da legislação pertinente, das resoluções normativas da ANS e do entendimento jurisprudencial em favor do consumidor.

Tipos de planos de saúde e de reajustes aplicáveis

A incidência dos reajustes das mensalidades dos planos de saúde tem por finalidade a manutenção do equilíbrio econômico-financeiro do contrato firmado no decorrer de sua vigência.

Para que se compreenda sobre os reajustes dos planos de saúde, é importante tecer breves esclarecimentos sobre quais são as diferentes espécies de planos de saúde existentes e os reajustes a elas aplicáveis.

Existem diversos tipos de planos de saúde disponíveis no mercado (ANS, 2022), regulados por resoluções normativas da Agência Nacional de Saúde (ANS). Entre eles, estão:

- **Planos individuais e familiares**: planos ou seguros de saúde contratados por pessoa física diretamente com a operadora de saúde.
- **Planos coletivos**: planos ou seguros de saúde contratados por pessoa jurídica, na condição de estipulante, em favor de beneficiários a ela

vinculados por meio de contrato de trabalho ou vínculo de classe. Se dividem em algumas espécies: a) **planos empresariais**: contratados por pessoa jurídica em favor de seus funcionários (por relação empregatícia ou estatutária) e dependentes desses (grupo familiar até o 3º grau de parentesco consanguíneo ou 2º grau por afinidade), ou por intermédio de uma administradora de benefícios; b) **planos coletivos por adesão**: contratados por associações profissionais, sindicatos ou entidades de classe, para que as pessoas físicas a elas vinculadas possam aderir, com seus dependentes (grupo familiar até o 3º grau de parentesco consanguíneo ou 2º grau por afinidade); c) **autogestão**: plano de saúde operado por pessoa jurídica (gerido pela própria empresa ou por instituições privadas sem fins lucrativos (caixas e fundações) em benefício exclusivo de seus sócios, empregados e ex-empregados, aposentados, pensionistas, dentre outros e seus respectivos dependentes (até 4º grau de parentesco consanguíneo). Os custos, geralmente, têm compartilhamento com os beneficiários proporcionalmente ao salário e são descontados diretamente em folha de pagamento (PEREIRA, 2024, p. 49).

Desde a vigência da Lei n. 9.656/98, o plano ou seguro saúde pode receber, de forma lícita, até três reajustes por ano, a depender do que estiver fixado no contrato, sempre com o objetivo de manutenção do equilíbrio econômico financeiro do contrato. São três os tipos de reajuste possíveis de serem aplicados:

- **Reajuste por mudança de faixa etária**: reajustes que podem ocorrer quando o beneficiário atinge determinadas faixas etárias. É aplicado na mensalidade seguinte ao aniversário que ensejou a alteração de faixa. Deve observar as normas da ANS e da Lei 9.656/98 (exceto para contratos anteriores à lei aplicável aos planos de saúde, que seguem suas cláusulas próprias, caso estejam com as faixas e índices expressos, não podendo ser desarrazoados nem aleatórios). Todas as modalidades de contratação preveem o reajuste de faixa etária.
- **Reajuste por sinistralidade**: calculado com base nos gastos médicos dos beneficiários do plano, visando à preservação da margem de lucro das operadoras de saúde. Deve estar previsto no contrato coletivo de forma clara e expressa, e estar respaldado por meio de cálculo atuarial que justifique sua aplicação.
- **Variação de custo médico hospitalar (VCMH)**: reajuste anual, obrigatório, que visa recompor o valor da mensalidade em virtude dos custos de assistência à saúde envolvendo serviços médicos e insumos, como produtos e equipamentos. O valor final do plano de saúde é impactado por fatores como a inflação, o aumento ou diminuição da constância de uso do plano de saúde e os custos dos serviços médicos e dos insumos, como

produtos e equipamentos médicos. É aplicável a todos os tipos de contratos (novos e antigos – anteriores à lei que regula os planos de saúde, coletivos ou individuais). A variação dos custos operacionais varia de acordo com o tipo de segmentação da assistência (ambulatorial, hospitalar etc.), do âmbito geográfico e do tipo de rede de prestadores (se própria ou credenciada) (SILVA, 2010, P. 408).

Dos reajustes abusivos

Dito isto, salienta-se que a Agência Nacional de Saúde Suplementar (ANS) é o órgão responsável, entre outras funções, por controlar os aumentos das mensalidades dos planos de saúde nos contratos individuais e familiares. Sendo assim, o referido órgão regulador não edita os índices de reajustes dos planos coletivos, os quais têm sido objeto de latentes reclamações de índices descomedidos.

De toda forma, independentemente da modalidade do contrato, não se pode impor ao consumidor vantagem manifestamente excessiva, pelo que os beneficiários devem ter acesso à informação clara e precisa sobre os critérios utilizados para fins de cálculo do reajuste das mensalidades, sob pena de os reajustes serem considerados ilegais e abusivos.

No atual cenário da saúde suplementar, o que tem se visto no tocante a contratos coletivos envolvendo beneficiários autistas é uma elevação de valores de mensalidades bastante abusiva, sob fundamento de suposta sinistralidade do grupo vinculado a ele. A elevação é tamanha que acaba fazendo que a continuidade com o plano de saúde se torne insustentável (CASEMIRO, 2022).

A incidência de reajuste com base na sinistralidade é criticada pela doutrina, uma vez que a operadora acaba por transferir os riscos de suas atividades para os consumidores, já que, quando a utilização é menor, não há redução do valor das mensalidades, operando-se um enriquecimento ilícito (SILVA, 2010, P. 425-426).

Trago à reflexão a ausência de interesse das operadoras de saúde em comercializar planos na modalidade individual/familiar, visto que estes estão adstritos aos índices da ANS. E apesar de a maior parte dos beneficiários desta modalidade serem idosos, com doenças crônicas e portadores de doenças graves, o que consequentemente gera mais custos, os índices da ANS se mantiveram em uma constância, com reajuste anual no percentual de 9,63% neste último ano de 2023 (ANS, 2023).

Não obstante, causa perplexidade o índice aplicado aos contratos coletivos, uma vez que, majoritariamente, supera de maneira discrepante os autorizados pela Agência Nacional de Saúde para os planos individuais/familiares dos períodos.

Se conferido o número de beneficiários por tipo de contratação, segundo dados da ANS, percebe-se a existência de uma maioridade de beneficiários vinculados a planos coletivos na saúde suplementar, perfazendo um total de 42.202.032 milhões, do que beneficiários de planos da modalidade individual, com tão somente 8.793.642 milhões.

Embora as Resoluções Normativas da Agência Nacional de Saúde possuam o desígnio de conferir transparência aos reajustes anuais aplicados pelas operadoras de saúde, para fins de reequilíbrio do contrato e não de aumento da margem de lucro, o cenário atual de práticas abusivas diverge do que deveria ser obrigação das operadoras.

Segundo a Resolução Normativa 509/2022, da ANS, é obrigação das operadoras disponibilizar para as pessoas jurídicas contratantes de planos coletivos empresariais ou por adesão um extrato pormenorizado contendo os itens considerados para o cálculo do reajuste conforme cláusula contratual, com o mínimo de 30 (trinta) dias de antecedência da data prevista para a aplicação do reajuste, incluindo o critério técnico adotado para o reajuste, a definição dos parâmetros e das variáveis utilizados no cálculo, bem como demonstração da memória de cálculo realizada para a definição do percentual de reajuste e o período de observação.

Ocorre que o que se vê, em muitos casos, é uma latente conduta afrontosa ao princípio da transparência, sem que seja possível aos consumidores identificarem e compreenderem as metodologias e dados fornecidos pelas operadoras de saúde a fim de se chegar ao percentual de reajuste anual aplicado.

Diversos argumentos jurídicos têm sido apresentados para contestar reajustes ilegais, destacando a abusividade de aumentos excessivos e a proteção aos grupos vulneráveis, como os autistas. Neste passo, cito jurisprudência recente do Tribunal de Justiça de São Paulo (TJSP, 2024a), que respalda tais argumentos, reconhecendo a necessidade de proteção adicional para esses beneficiários ao suspender o reajuste praticado em decorrência do aumento de sinistralidade relativo ao ano de 2023 (39%): "menor autor que, portador do transtorno do espectro autista, realiza tratamento que não pode ser interrompido – situação de risco evidenciada no caso concreto e que autoriza, em sede de cognição sumária, a substituição pelo percentual editado pela ANS para o mesmo período".

A inexistência de qualquer base atuarial idônea para justificar o reajuste por sinistralidade é algo que muitas vezes não tem sido respaldado por documentos hábeis pelas operadoras de saúde, ferindo claramente o direito básico de informação adequada e clara ao consumidor, presente nos termos do artigo 6º, III, da Lei n. 8.078/1990 (TJSP, 2024b).

A abusividade dos reajustes confere direito da parte consumidora não só à suspensão do aumento indevido, mas também à restituição dos valores pagos a maior, garantindo a reparação integral ao beneficiário prejudicado. O prazo prescricional para reembolso dos valores pagos a maior é de 3 anos, conforme entendimento consolidado pelo Poder Judiciário do Brasil[1].

Somado a este entendimento, tem-se a jurisprudência do Superior Tribunal de Justiça no sentido de ser possível o reajuste de contratos de saúde coletivos sempre que a mensalidade do seguro ficar cara ou se tornar inviável para os padrões da empresa contratante, seja por variação de custos ou por aumento de sinistralidade (STJ, 2022).

Diante dos desafios enfrentados pelos beneficiários de planos de saúde, especialmente os indivíduos autistas, é crucial estar ciente dos seus direitos e agir de forma proativa em caso de reajustes abusivos.

Em primeiro lugar, é recomendável que o beneficiário autista ou sua família busque o auxílio de um advogado especializado em direito à saúde para analisar detalhadamente o contrato do plano, identificar cláusulas abusivas e orientar sobre as melhores estratégias legais a serem adotadas. A atuação de um advogado especialista faz toda a diferença na busca por justiça e equidade no acesso aos serviços de saúde e em situações contratuais abusivas. Caso seja identificado um reajuste abusivo, é importante que o beneficiário ou sua família não hesitem em contestá-lo junto à operadora do plano de saúde. Documentar todas as comunicações e manter registros de todos os pagamentos realizados é essencial para fundamentar o pedido de revisão do reajuste.

É fundamental questionar e combater práticas abusivas que possam prejudicar o acesso à saúde, garantindo que todos tenham igualdade de oportunidades e tratamento justo.

---

1 Tema repetitivo 610 STJ: na vigência dos contratos de plano ou de seguro de assistência à saúde, a pretensão condenatória decorrente da declaração de nulidade de cláusula de reajuste nele prevista prescreve em 20 anos (art. 177 do CC/1916) ou em 3 anos (art. 206, § 3º, IV, do CC/2002), observada a regra de transição do art. 2.028 do CC/2002.

Considerações finais

Em face dos desafios apresentados pelos reajustes nos planos de saúde, especialmente para os beneficiários autistas, é essencial que sejam adotadas medidas eficazes para proteger os direitos desses indivíduos. A recente Resolução 509/2022 da ANS representa um passo importante nesse sentido, estabelecendo diretrizes claras para os reajustes das mensalidades de planos coletivos. Diante da quebra na relação contratual por ausência da aplicação do princípio da transparência na relação com o consumidor nos contratos de planos de saúde, após tentativa de negociação com a Operadora infrutífera, tem-se como alternativa final levar a situação abusiva ao Poder Judiciário, visando ao equilíbrio da relação de forma equitativa. A aplicação rigorosa das resoluções normativas da ANS, aliada a um entendimento jurisprudencial que priorize o bem-estar dos consumidores, é fundamental para garantir a justiça e a equidade no sistema de saúde suplementar.

Referências

ANS – Agência Nacional de Saúde. Resolução Normativa nº. 557, de 2022. *Dispõe sobre a classificação e características dos planos privados de assistência à saúde, regulamenta a sua contratação, institui a orientação para contratação de planos privados de assistência à saúde e dá outras providências*. Rio de Janeiro: ANS, 2022.

ANS – Agência Nacional de Saúde. *ANS define limite para o reajuste dos planos individuais e familiares*. 12 jun. 2023. Disponível em: https://www.gov.br/ans/pt br/assuntos/noticias/beneficiario/ans-define-limite-para-o-reajuste-dos-planos-individuais-e-familiares. Acesso em: 22 maio 2024.

ANS – Agência Nacional de Saúde. *Sala de situação*, 17 jul. 2023. Disponível em: https://www.ans.gov.br/images/stories/Materiais_para_pesquisa/Perfil_setor/sala-de-situacao.html. Acesso em: 22 maio 2024.

BRASIL. Superior Tribunal de Justiça. *AgInt no AgInt no AREsp: 1433667 SP 2019/0015098-3*. Data de Julgamento: 08/08/2022. T3 – TERCEIRA TURMA. Data de Publicação: DJe 15/08/2022.

CASEMIRO, L. Pais de autistas sofrem para manter planos de saúde com reajustes de até 80%. *O Globo*, Rio de Janeiro, 14 jun. 2022. Economia. Disponível em: https://oglobo.globo.com/economia/defesa-do-consumidor/

noticia/2022/06/pais-de-autistas-sofrem-para-manter-planos-de-saude-com--reajustes-de-ate-80percent.ghtml. Acesso em: 19 ago. 2024.

GOMES, J. A. *Lei dos planos de saúde* – doutrina e jurisprudência para utilização profissional. 5. ed. São Paulo: Juspodivm, 2023.

PEREIRA, D. de M. A. *Planos de saúde e a tutela judicial de direitos:* teoria e prática. 4. ed. São Paulo: Juspodivm, 2024.

SÃO PAULO. Tribunal de Justiça. *Agravo de instrumento 2280253-54.2023.8.26.0000*; relator (a): Salles Rossi; órgão julgador: 8ª Câmara de Direito Privado; Foro de Mogi das Cruzes – 1ª Vara Cível; data do julgamento: 23/02/2024; data de registro: 23/02/2024.

SÃO PAULO. Tribunal de Justiça. *Apelação cível 1004766-07.2017.8.26.0189*; relator (a): Rodolfo Pellizari; órgão julgador: 6ª Câmara de Direito Privado; Foro de Fernandópolis – 3ª Vara Cível; Data do julgamento: 29/02/2024; data de registro: 29/02/2024.

SILVA, J. S. L. de. *Planos de saúde e boa-fé objetiva:* uma abordagem crítica sobre os reajustes abusivos. 2. ed. rev., ampl. e atual. Salvador: Juspodivm, 2010.

BRASIL. Superior Tribunal de Justiça (STJ). *AgInt no AgInt no AREsp: 1433667 SP 2019/0015098-3*. Data de julgamento: 08/08/2022, T3 – Terceira Turma, data de publicação: DJe 15/08/2022.

SUPERIOR TRIBUNAL DE JUSTIÇA (STJ). Tema repetitivo 610 STJ: na vigência dos contratos de plano ou de seguro de assistência à saúde, a pretensão condenatória decorrente da declaração de nulidade de cláusula de reajuste nele prevista prescreve em 20 anos (art. 177 do CC/1916) ou em 3 anos (art. 206, § 3º, IV, do CC/2002), observada a regra de transição do art. 2.028 do CC/2002.

SÃO PAULO. Tribunal de Justiça. *Agravo de Instrumento 2280253-54.2023.8.26.0000*; relator (a): Salles Rossi; órgão julgador: 8ª Câmara de Direito Privado; Foro de Mogi das Cruzes – 1ª Vara Cível; data do Julgamento: 23/02/2024; Data de Registro: 23/02/2024a.

SÃO PAULO. Tribunal de Justiça. Apelação Cível 1004766-07.2017.8.26.0189; relator (a): Rodolfo Pellizari; órgão julgador: 6ª Câmara de Direito Privado; Foro de Fernandópolis – 3ª Vara Cível; data do julgamento: 29/02/2024; data de registro: 29/02/2024b.

26

O APLICADOR COMO PARTE INDISSOCIÁVEL DA TERAPIA ABA

Este capítulo esclarece o papel indissociável do aplicador na terapia ABA para autismo. Critica a interpretação equivocada dos tribunais ao, muitas vezes, negar cobertura do aplicador pelos planos de saúde, violando o direito à saúde dos autistas. Defende a revisão desse entendimento para garantir acesso ao tratamento adequado e qualidade de vida aos autistas e suas famílias.

ANDRÉ MELECCHI FREITAS

André Melecchi Freitas

Advogado com atuação especializada em direito dos autistas; especialista em direito processual civil (ABDPC); pós-graduando em direito médico e da saúde (Verbo Jurídico); palestrante; experiência como assessor de juiz de direito, assessor da 3ª vice-presidência do Tribunal de Justiça do Rio Grande do Sul, passando à assessoria de desembargador; membro "faixa preta" e monitor da área do direito dos autistas do Mastermind em Direito da Saúde coordenado por Flávia Marinho; pai do Augusto e do Fernando, este último diagnosticado autista aos 2 anos de idade.

Contatos
naculefreitas.com.br
contato@naculefreitas.com.br
Instagram: @naculefreitas.saude
54 99994 9953

Introdução

O autismo é um transtorno do neurodesenvolvimento caracterizado por déficits na comunicação e interação social, além de padrões restritos e repetitivos de comportamento, interesses ou atividades. Diante de um cenário de prevalência estimada de 1 a cada 36 crianças de até 8 anos, segundo dados de 2020 divulgados pelo *Centers for Disease Control and Prevention*, dos Estados Unidos, é fundamental que sejam oferecidos tratamentos eficazes e baseados em evidências científicas para promover o desenvolvimento e a qualidade de vida das pessoas com TEA.

Entre as intervenções terapêuticas mais recomendadas e com maior suporte empírico para o tratamento do autismo, destaca-se a terapia comportamental conhecida como análise do comportamento aplicada (ABA, do inglês *Applied Behavior Analysis*).

Ocorre que, apesar do reconhecimento da eficácia da terapia ABA e da sua crescente adoção como tratamento, ainda existem, especialmente no âmbito do Poder Judiciário, desafios e equívocos relacionados à sua fiel implementação e cobertura pelos planos de saúde. Um desses equívocos refere-se à confusão conceitual entre o papel do aplicador ABA e do acompanhante terapêutico (AT), figuras com atribuições distintas.

O presente capítulo tem como objetivo esclarecer o papel central do aplicador ABA no tratamento do autismo, enfatizando que este profissional atua como uma extensão do trabalho do supervisor ABA, não podendo ser considerado isoladamente. Além disso, busca-se analisar criticamente a interpretação equivocada de parte dos tribunais quanto à cobertura do trabalho do aplicador ABA pelos planos de saúde, destacando os prejuízos decorrentes dessa não cobertura para a eficácia da terapia e para o direito à saúde das pessoas com autismo.

A terapia ABA e o papel do aplicador

A terapia ABA é uma abordagem científica que visa ensinar habilidades e comportamentos desejados, ao mesmo tempo que reduz comportamentos inadequados ou problemáticos. Essa terapia é baseada nos princípios do behaviorismo, que entende o comportamento como resultado da interação entre o indivíduo e o ambiente.

Para que a terapia ABA seja eficaz, é fundamental que haja uma equipe multidisciplinar envolvida no processo. Essa equipe é composta por profissionais com diferentes formações e atribuições, sendo os principais o supervisor ABA e o aplicador ABA.

O supervisor ABA é um profissional da saúde com formação específica em análise do comportamento aplicada e é responsável por elaborar o plano de intervenção, definir as metas terapêuticas e orientar a equipe de aplicadores. Ele também é responsável por avaliar o progresso do indivíduo e fazer os ajustes necessários no plano de intervenção.

Já o aplicador ABA, principal objeto de nossa análise, também conhecido como assistente terapêutico, é o profissional que trabalha diretamente com o aprendiz, implementando as estratégias e técnicas definidas pelo supervisor. Sua atuação não se dá de forma autônoma, mas sim como uma mera extensão do trabalho do supervisor, seguindo as orientações e diretrizes estabelecidas por ele.

Segundo a Associação Brasileira de Psicologia e Medicina Comportamental (ABPMC), as atribuições do aplicador ABA incluem coletar dados da avaliação comportamental, aplicar os programas e procedimentos definidos, organizar o ambiente de aplicação, realizar filmagens e/ou possíveis materiais solicitados pelo supervisor, entre outras atividades sempre sob a orientação e a supervisão do supervisor ABA.

Para o exercício dessa função, segundo preconiza essa mesma associação, estabelece-se como requisitos a conclusão do Ensino Médio e a realização de curso sobre ABA e sua aplicação, com carga mínima de 40 horas.

O acompanhante terapêutico (AT) e suas atribuições

O acompanhante terapêutico (AT) é um profissional que surgiu no contexto do avanço da farmacologia, das críticas ao modelo manicomial e da busca por alternativas de tratamento em saúde mental. Sua prática está diretamente relacionada aos movimentos de reforma psiquiátrica e de luta antimanicomial, que ganharam força a partir de meados do século passado em diversos países, incluindo o Brasil.

Diferentemente do aplicador ABA, que atua como uma extensão do trabalho do supervisor ABA, seguindo estritamente um plano de intervenção estruturado e focado no ensino de habilidades específicas, o AT pode ter uma função mais ampla e flexível. Seu trabalho consiste, resumidamente, em acompanhar o sujeito em seu cotidiano, circulando pelos espaços públicos e privados, com o objetivo de promover sua reinserção social e a criação de novos modos de existência. Nesse sentido, o AT não se restringe necessariamente a um programa predeterminado de adaptação do sujeito a normas e comportamentos socialmente aceitos. Pelo contrário, sua prática se configura como uma estratégia clínica que busca potencializar a singularidade e a autonomia do sujeito, a partir do encontro com a diferença e da produção de novos sentidos no espaço urbano.

Assim como no caso do aplicador ABA, não há exigência de formação específica na área da saúde para atuar como AT. Profissionais de diferentes áreas podem exercer essa função, desde que tenham uma formação complementar em AT e estejam sob supervisão de um profissional mais experiente. Nesse contexto, vejamos regra extraída de importante ato normativo expedido pela Comissão Intergestores Bipartite, órgão oficial vinculado, no caso, à Secretaria de Saúde do Estado do Rio Grande do Sul.

A Resolução n. 233, de 2014, previa a regulamentação, dentro da Política Estadual de Saúde Mental, de incentivo financeiro para contratação de Acompanhantes Terapêuticos, equiparando-os a profissionais de saúde (mesmo aqueles com formação de ensino médio).

A Comissão, responsável pela negociação e decisão sobre aspectos operacionais do SUS em âmbito estadual, expressamente refere-se ao acompanhante terapêutico como um profissional da saúde, fundamentando-se na natureza da atividade, e não em sua formação de base. No mesmo sentido, em material informativo divulgado em 2015 pelo Ministério da Saúde, traz-se expressamente o acompanhamento terapêutico (AT) como uma "forma inventiva e criativa de promoção da saúde".

A visão dos tribunais sobre a cobertura do trabalho do aplicador ABA

A eficácia da terapia ABA, há muito, é amplamente reconhecida. É o que se evidencia, por exemplo, no Relatório de Recomendação de Protocolos Clínicos e Diretrizes Terapêuticas (PCDT) n. 716, de fevereiro de 2022.

Além disso, o Ministério da Saúde publicou documentos que visam nortear o cuidado no TEA no SUS, que ressaltam a importância da terapia ABA e da atuação de profissionais capacitados.

Tais documentos enfatizam que o projeto terapêutico deve ser individualizado e atender às demandas e aos interesses de cada paciente e de seus familiares, levando em conta as diferentes situações clínicas envolvidas nos transtornos do espectro do autismo.

A própria ANS, conforme evidenciado no Relatório de Revisão do Rol 2018 e na Nota Técnica n. 196/2017, considera que as psicoterapias fundamentadas em ABA estão contempladas na sessão de psicoterapia do Rol da Saúde Suplementar.

Fácil é, portanto – ou ao menos deveria ser – concluir que a terapia fundamentada em ABA (em especial após o advento da Lei n. 14.454/22) deve ser obrigatoriamente disponibilizada pelos planos de saúde. E diante de tudo que aprendeu-se até aqui, seria perfeitamente natural concluirmos que, se a terapia ABA deve ser fornecida, isso obviamente contemplaria o trabalho de toda a estrutura multiprofissional que dela é parte indissociável.

Infelizmente, no entanto, têm sido comuns negativas de cobertura do trabalho do aplicador ABA, sob diversos argumentos, sendo um deles o de que este profissional seria um acompanhante terapêutico sem formação específica na área da saúde e que, por isso, não seria um profissional da "área da saúde".

Não se desconhece a regra prevista no art. 1º, I, da Lei n. 9.656/1998, muito menos a inserida no caput do art. 6º da RN n. 465/2001 da ANS, dois dos principais fundamentos legais suscitados pelos planos para amparar a tese de que apenas atendimentos executados por profissionais da saúde teriam cobertura obrigatória.

A psicoterapia fundamentada em Ciência ABA, no entanto, é uma estrutura só, formada por equipe multiprofissional (cujo acesso é expressamente garantido por lei), e regida exclusivamente pelos conhecimentos e experiência do profissional supervisor.

Admitir a segmentação da intervenção terapêutica, da forma como vêm fazendo alguns tribunais, equivaleria a permitir que o plano analisasse a possibilidade de cobertura para um procedimento cirúrgico e, em separado, questionasse o dever de cobertura dos custos hospitalares referentes ao trabalho dos técnicos em enfermagem, ou até mesmo das equipes de limpeza do hospital.

Diferentemente do que ocorre com o trabalho de um AT, o aplicador ABA é uma parte inseparável da psicoterapia ABA. E, por integrar a estrutura inquebrantável da intervenção, é de uma incoerência alarmante reconhecê-la como de cobertura obrigatória e, concomitantemente, cindi-la arbitrariamente e limitar a atuação de profissionais responsáveis apenas pelo desempenho de atividades-meio essenciais. Por último, não bastasse isso, viu-se que, mesmo se considerássemos a figura do aplicador como equiparada à do acompanhante terapêutico, este último, mesmo quando com formação de ensino médio, apenas, é expressa e oficialmente reconhecido como um profissional da saúde, considerando-se para tanto, além da capacitação técnica, justamente o papel desempenhado em meio à rede de apoio multiprofissional disponibilizada ao paciente.

Conclusão

Este capítulo buscou esclarecer o papel indissociável do aplicador no contexto da psicoterapia fundamentada em ciência ABA, enfatizando que este profissional atua como uma extensão do trabalho do supervisor. Demonstrou-se que a interpretação equivocada de parte dos tribunais, ao negar a cobertura do trabalho do aplicador ABA pelos planos de saúde, equipara-se à negativa do próprio tratamento e viola o direito à saúde das pessoas com autismo.

A não cobertura do trabalho do aplicador ABA pelos planos de saúde, sob o argumento de que este seria um acompanhante terapêutico sem formação na área da saúde, configura uma violação do direito à saúde e à dignidade das pessoas com autismo. É urgente que os tribunais revejam esse entendimento equivocado e garantam a efetiva implementação da política de cobertura obrigatória da terapia ABA, da qual é parte integrante e inseparável o trabalho do aplicador.

Atualmente, as funções de aplicador ABA vêm sendo majoritariamente ocupadas por profissionais com formação na área da pedagogia. Exigir que o trabalho seja feito exclusivamente por profissionais com formação de base na área da saúde representaria um aumento ainda mais expressivo dos custos dessas intervenções. Isso prejudicaria não apenas as operadoras dos planos, mas também os usuários que possuem contratos com coparticipação e que, em virtude do incremento do custo, teriam inviabilizado o acesso à terapia fundamental para o desenvolvimento da pessoa com TEA.

É, portanto, imprescindível que os tribunais e os planos de saúde revejam seu posicionamento, reconhecendo a importância do trabalho do aplicador ABA e garantindo a cobertura integral da terapia ABA. Somente assim será possível assegurar o acesso ao tratamento adequado e promover a qualidade de vida das pessoas com autismo e suas famílias. Espera-se que este capítulo contribua para a conscientização sobre o tema e para a mudança de entendimento dos órgãos competentes, visando à efetivação dos direitos das pessoas com autismo no âmbito da saúde suplementar.

Referências

ASSOCIAÇÃO Brasileira de Psicologia e Medicina Comportamental (ABPMC). *Critérios para acreditação específica de prestadores de serviço em análise do comportamento aplicada (ABA) ao TEA/desenvolvimento atípico*, 2023.

FERRO, L. F.; MARIOTTI, M. C.; HOLANDA, A. F.; NIMTZ, M. A. Acompanhamento terapêutico em saúde mental: estrutura, possibilidades e desafios para a prática no SUS. *Revista da abordagem gestáltica*, Goiânia, v. 24, n. 1, pp. 66-74, abr. 2018.

GOYOS, C. *ABA:* ensino da fala para pessoas com autismo. 1. ed. São Paulo: Edicon, 2018.

MARCO, M. N. da C.; CALAIS, S. L. Acompanhante terapêutico: caracterização da prática profissional na perspectiva da análise do comportamento. *Revista Brasileira de Terapia Comportamental e Cognitiva*, São Paulo, v. 14, n. 3, pp. 4-18, dez. 2012.

MOREIRA, M. B.; MEDEIROS, C. A. de. *Princípios básicos de análise do comportamento*. Porto Alegre: Artmed, 2007.

SELLA, A. C.; RIBEIRO, D. M. (Orgs.). *Análise do comportamento aplicada ao transtorno do espectro autista*. Curitiba: Appris, 2018.

SILVA, A. S. T.; SILVA, R. N. A emergência do acompanhamento terapêutico e as políticas de saúde mental. *Psicologia:* Ciência e Profissão, v. 26, n. 2, pp. 210-221, 2006.

27

REPERCUSSÕES JURÍDICAS SOBRE O PEDIASUIT

É POSSÍVEL O CUSTEIO PELO PLANO DE SAÚDE?

Visa-se analisar a viabilidade judicial do custeio do PediaSuit pelos planos de saúde para os casos em que o beneficiário tenha indicação médica. Para tanto, torna-se imprescindível perpassar pelos aspectos técnico-científicos da referida metodologia. E, por fim, identificar o entendimento dos tribunais.

JOSIENE SOUZA

Josiene Souza

Advogada e idealizadora do Jota Advocacia e Consultoria Jurídica. Especialista em Direito da Saúde e em Direito dos Autistas. Mestre em Direito pela Universidade Federal de Ouro Preto (UFOP). Especialista em Direito Processual Civil pelo CAD-FUMEC. Especialista em Direito Civil pelo Instituto Elpídio Donizetti (IED). Especialista em Direito do Trabalho e Processo do Trabalho pelo Instituto Elpídio Donizetti (IED). Graduada em Direito pela Universidade Federal de Ouro Preto.

Contatos
jota.advocacia.consultoria@gmail.com
Instagram: @jota.advocacia
31 98244 5112

O protocolo PediaSuit é uma abordagem que utiliza equipamentos e protocolos específicos para tratamento de crianças com atraso no desenvolvimento neuropsicomotor, paralisia cerebral, mielomeningocele, síndrome de Down, encefalopatia crônica, autismo, bem como outras patologias que afetam o desenvolvimento motor e/ou as funções cognitivas de uma criança.

O método se baseia em um intenso e específico programa de exercícios, o qual inclui a utilização de uma órtese corporal que favorece o alinhamento biomecânico por meio de um sistema de cordas elásticas presas ao traje por meio de ganchos, de modo a realinhar a postura do paciente.

Com essa órtese, são realizados exercícios intensivos que procuram desenvolver a motricidade, força muscular, equilíbrio, coordenação motora e flexibilidade.

O tratamento intensivo do PediaSuit consiste em um programa de 80 horas de tratamento realizadas em 4 semanas, seguidas de 2 meses de terapia de manutenção, sendo que esse ciclo deverá ser repetido de acordo com a necessidade de cada paciente.

Sendo imprescindível, portanto, avaliação médica, fisioterápica, bem como dos demais profissionais que atendem a criança, tais como fonoaudiólogo, psicólogo, terapeuta ocupacional para uma análise técnica mais fidedigna do caso concreto.

O protocolo é baseado em três princípios:

1. Efeito do macacão terapêutico ortopédico (atividades realizadas contra a resistência dada pelos elásticos, aumento proprioceptivo e realinhamento postural – (IMPRESCINDÍVEL USO DO MACACÃO TERAPÊUTICO).
2. Terapia Intensiva de TRÊS HORAS POR DIA/5 DIAS POR SEMANA/ DURANTE 4 SEMANAS – Seguida da terapia de manutenção (durante dois meses, realizada 3 vezes na semana, duração de 40 minutos) – (ciclo que deverá ser repetido de acordo com a necessidade de cada paciente).
3. A participação motora ativa do paciente.

No tocante aos benefícios terapêuticos proporcionados por essa esta terapia intensiva, é possível listar: aumento da densidade mineral óssea, força muscular, propriocepção, equilíbrio, coordenação motora, consciência corporal, modulação de tônus postural anormal, alinhamento corporal e reequilíbrio biomecânico com o intuito de proporcionar melhor qualidade de vida, maior variedade de movimentos seletivos e o desenvolvimento das atividades funcionais.

Diante do exposto, é fundamental a análise concreta do médico especialista que acompanha a criança para que este possa indicar, via Relatório Médico, o uso imprescindível do respectivo protocolo para a evolução clínica do infante. E ainda apontar de forma detalhada quais são os possíveis prejuízos e/ou os riscos, caso o tratamento adequado não seja aplicado ao paciente.

Seguindo esta linha de raciocínio, o entendimento jurisprudencial hodierno é no sentido de observar a Soberania do Relatório Médico, podendo inclusive citar a Súmula 102 do Tribunal de Justiça de São Paulo, a qual prediz que:

> Havendo expressa indicação médica, é abusiva a negativa de cobertura de custeio de tratamento sob o argumento da sua natureza experimental ou por não estar previsto no rol de procedimentos da ANS.

Logo, a operadora de plano de saúde não pode restringir os tratamentos a que o beneficiário, orientado por profissional devidamente habilitado, pretende se submeter na busca por tratamento de doença abarcada pela cobertura do plano.

Assim, caso o tratamento indicado seja imprescindível para o prognóstico positivo da criança, não se deve privá-la das terapias intensivas do PediaSuit pelo simples fato de o plano não oferecê-las junto à rede credenciada ou pela justificativa abusiva que tal procedimento não se encontra na lista de procedimentos autorizados pela ANS. Portanto, é possível judicializar essa demanda, para que a criança possa, de fato, ter acesso ao tratamento.

A seguir, é possível identificar demandas em que o Tribunal decidiu favoravelmente sobre o tema, as quais foram fundamentadas, sobretudo, na Soberania do Relatório Médico e quanto à natureza exemplificativa do Rol da ANS.

O Tribunal de Justiça de Minas Gerais, no julgamento ocorrido em 21 de março de 2024, pela Apelação Cível: 0001429-56.2021.8.13.0348, determinou que o plano de saúde demandado autorizasse e custeasse o tratamento de uma criança, diagnosticada com paralisia cerebral discinética e crises convulsivas (CID G 80.3), causada por hipóxia neonatal.

Sob a perspectiva de que é ilícita a negativa do plano de saúde de cobertura de tratamento prescrito, porquanto apenas pode estabelecer quais doenças cobertas, conforme legislação de regência, mas não o tipo de procedimento, tratamento, medicamento ou material considerado essencial para a cura da enfermidade, atribuição técnica exclusiva do médico do paciente pelo Protocolo PediaSuit. O fato de o procedimento não constar do rol de procedimentos da ANS não afasta o dever de cobertura do plano de saúde, haja vista se tratar de rol meramente exemplificativo.

Na mesma perspectiva, o Tribunal de Justiça de São Paulo[1], em julgamento ocorrido aos dias 23 de janeiro de 2023, pela Apelação Cível n. 1004854-37.2022.8.26.0038, determinou que uma criança diagnosticada com paralisia cerebral secundária e anóxia cerebral, com potencial para evolução no desempenho motor, realize o tratamento intensivo conforme o Protocolo PediaSuit, de acordo com o relatório médico e fisioterápico, às expensas do plano de saúde demandado.

O respectivo Tribunal, de maneira assertiva, se consubstanciou no entendimento de que o Protocolo PediaSuit não ostenta natureza experimental, já que se trata de metodologia eficaz para a reabilitação neurológica, conforme reconhecido em decisão tomada pelo Conselho Federal de Fisioterapia e Terapia Ocupacional, em 2 de abril de 2019.

Sobre o tema explanado, é possível perquirir sobre a comprovação da eficácia do tratamento; para tanto, passa-se a analisar alguns pareceres técnicos.

A Classificação Internacional de Funcionalidade da Saúde (CIF), desenvolvida pela Organização Mundial de Saúde (OMS), recomenda a utilização de órteses e dispositivos auxiliares do movimento durante o processo de reabilitação e a execução das atividades diárias. Esses dispositivos são abordados em fatores contextuais, os quais influenciam positivamente o desempenho funcional da criança com debilidade (NEVES *et al.*, 2011).

Ademais, este tratamento também tem reconhecimento técnico e científico pelo Conselho Federal de Fisioterapia e Terapia Ocupacional (COFFITO) (Acórdão n. 11 de 02/04/2019). Vejamos:

> [...] a modalidade terapêutica conhecida comercialmente como PediaSuit, Therasuit, Theratogs, entre outros, traz, à luz da sociedade profissional, um avanço técnico-científico para a Terapia

1 TJSP – Apelação Cível n. 1004854-37.2022.8.26.0038, Relator: Des.(a) A.C. Mathias Coltro. Data de Julgamento 23 de janeiro de 2023., 5ª Câmara de Direito Privado do Tribunal de Justiça de São Paulo. Data de publicação: 23/01/2023.

> Ocupacional, sendo utilizadas atividades cinético-ocupacionais programadas e avaliadas pelo terapeuta ocupacional.
>
> [...]
>
> As abordagens terapêuticas utilizadas pelo terapeuta ocupacional no âmbito de sua competência têm a finalidade de promover a neuroplasticidade, acompanhada de treinamento intensivo de movimentos cinético-ocupacionais, realizados com o objetivo de favorecer o desempenho ocupacional. Compete ao terapeuta ocupacional a decisão de escolher a melhor abordagem terapêutica, seja esta aplicada de forma intensiva, ou ainda em circuito ou não, combinada ou não com as abordagens acima descritas, baseadas no diagnóstico cinético-ocupacional.

Em paralelo, a Associação Brasileira de Fisioterapia em Neurologia para o Desenvolvimento e Divulgação dos Conceitos Neurofuncionais (ABRADIMENE) (Neonatal/Pediátrico/Adulto/Geriátrico) apresentou um parecer favorável, descrevendo de forma técnica[2].

Destaca-se também que diversos NATJUS (núcleo de apoio técnico ao judiciário) já se posicionaram favoravelmente quanto à terapia neurointensiva do PediaSuit, haja vista a melhora da parte neuromuscular, aquisição de habilidades motoras e melhora da densidade mineral óssea. Vejamos:

> Nota Técnica 78363 – Conclusão: 30.05.2022. Tecnologia: Fisioterapia com protocolo PediaSuit®. Conclusão Justificada: Favorável Conclusão. Assim, a indicação de tratamento fisioterápico – protocolo PediaSuit® guarda pertinência técnica com o quadro clínico descrito em relatório médico anexado ao sistema, contudo não possui cobertura obrigatória prevista no Rol de Procedimentos e Eventos em Saúde da Agência Nacional de Saúde – ANS. O procedimento também não consta na tabela Planserv, que disponibiliza, alternativamente, convencional. O caso não se enquadra nos conceitos de urgência/emergência estabelecidos na Resolução n. 1451/1995 do Conselho Federal de Medicina, contudo, tendo em vista tratar-se de patologia cujo tratamento precoce tem uma influência positiva no prognóstico, o caso deve ser definido com brevidade. Há evidências científicas? Sim.
>
> Nota Técnica 76167 – CONCLUSÃO 13.05.2022.
>
> Tecnologia: Fisioterapia com protocolo Pediasuit.
>
> Conclusão Justificada: Favorável Conclusão.
>
> A indicação de tratamento fisioterápico – protocolo Pediasuit® guarda pertinência técnica com o quadro clínico descrito em relatório médico anexado ao sistema. No entanto, o mesmo não consta no

2 Disponível em: https://www.crefito5.org.br/wp-content/uploads/2012/11/Protocolo-Pediasuit.pdf.

> SIGTAP (Sistema de Gerenciamento da Tabela de Procedimentos, Medicamentos e OPM do SUS) e, portanto, não é disponibilizado pelo SUS. Alternativamente, o SUS disponibiliza a fisioterapia convencional. O caso não se enquadra nos conceitos de urgência/emergência estabelecidos na Resolução n. 1451/1995 do Conselho Federal de Medicina. Há evidências científicas? Sim.

A Agência Nacional de Saúde (ANS) determinou, por meio Nota Técnica N. 1/2022/GGRAS/DIRAD-DIPRO/DIPRO, que todas as pessoas com transtorno de desenvolvimento global têm direito a sessões ilimitadas de fisioterapia cujos métodos de desenvolvimento devem ser indicados, caso a caso, pelo médico assistente (pediatra, neuropediatra e psiquiatra).

Portanto, a partir do que foi discutido, embora os planos de saúde, de maneira abusiva, não disponibilizem o tratamento do PediaSuit, justificando, em síntese, a inexistência de previsão legal e contratual de cobertura do tratamento requerido, ou ainda, sob a ótica de que não há evidências científicas da eficácia da metodologia PEDIASUIT, ou argumentando a taxatividade do rol da ANS, é possível reverter tal condição judicialmente.

Como visto, os Tribunais, hodiernamente, estão reconhecendo que cabe somente ao médico prescrever o tratamento que repute adequado ao paciente, indicando a metodologia, o número de sessões e o tempo de duração, sob pena de prejudicar a eficácia da terapêutica proposta.

Logo, havendo expressa indicação médica, não devem prosperar eventuais argumentos da operadora de saúde envolvendo a exclusão contratual ou a inexistência de obrigatoriedade de custeio do tratamento no método do PediaSuit. Pode o plano definir quais doenças serão cobertas, porém não a forma de diagnóstico ou tratamento, devendo prevalecer, sempre, a prescrição médica.

Por fim, é indiscutível que se as resoluções e notas técnicas emanadas das requisições de investigação científica do judiciário restaram por comprovar a eficácia científica da terapia em epígrafe, o plano de saúde não tem o poder de induzir, relacionar, prescrever tratamento ou modificar aquele já prescrito, e comprovadamente eficiente no caso concreto.

Referências

NEVES, E. B.; SCHEEREN, E. M.; CHIARELLO, C. R.; COSTIN, A. C. M. S.; MASCARENHAS, L. P. G. Lecturas Educación Física y Deportes. *Revista Digital.* Año 15, No. 166. Disponível em: http://www.efdeportes.

com/efd166/o-pediasuit-na- reabilitacao-da-diplegia-espastica.htm. Acesso em: 24 jun. 2024.

NEVES, E. B.; CHIARELLO, C. R.; COSTIN, A. C. M. S.; SZINKE, A. F.; ROSÁRIO, M.; OLIVEIRA, M. C. N. *et al. Fisioterapeutas querem desenvolver o Pediasuit no Brasil.* Entrevista concedida ao Conselho Regional de Fisioterapia e Terapia Ocupacional da 8ª Região, Curitiba, 12/09/2011 2011. Disponível em: http://www.crefito8.org.br/site/index.php?option=-com_content&view=article&id=431:o-metodo-pediasuit&catid=13:noticias&Itemid=14. Acesso em: 20 maio de 2024.

PEDIASUIT. Pediasuit Method, c 2024. Página inicial. Disponível em: http://www.pediasuit.com/. Acesso em: 24 jun. 2024.

TJ-MG – Apelação Cível: 0001429-56.2021.8.13.0348, Relator: Des.(a) Lucio de Brito, Data de Julgamento: 21/03/2024, 15ª Câmara Cível, Data de Publicação: 03/04/2024.

TJSP – Apelação Cível n. 1004854-37.2022.8.26.0038, Relator: Des. (a) A.C. Mathias Coltro. Data de Julgamento 23 de janeiro de 2023., 5ª Câmara de Direito Privado do Tribunal de Justiça de São Paulo. Data de publicação: 23/01/2023.

28

CANABIDIOL MEDICINAL

DO PRECONCEITO AO TRATAMENTO

Este capítulo explica o uso do canabidiol medicinal, diferenciando o uso medicinal do uso recreativo. Relata-se a história do uso do CBD para fins de tratamento desde os tempos antigos até os estudos atuais e sua aceitação em tratamento. Aborda-se a diferença entre o CBD e o THC. Relatam-se estudos feitos com crianças autistas em Israel, com consequente melhora, também estudo feito em mulheres que possuíam fibromialgia com o decorrente restabelecimento da saúde, assim como tratamento de Alzheimer, Parkinson, dentre outras condições. O capítulo retrata também como é a possibilidade de obtenção do medicamento pela via judicial.

CHRISTIANE MENEZES

Christiane Menezes

Ex-membro da Comissão de Direito Médico e da Saúde da Seccional Bauru (SP). Ex-membro da Comissão de Direito da Família Secção Lauro de Freitas (BA). Formada pela Universidade Tiradentes (2008). Faculdade Legale – pós-graduação em Direito Médico e da Saúde. UCAM – pós-graduação em Direito Civil. Faculdade Legale – pós-graduação em Direito de Trânsito. Coautora do livro *Empreendedoras da lei: as mulheres da lei em São Paulo* (2021). Coautora da revista *Trânsito e Direito* (2020) Academia do Direito de Trânsito. Coautora do *e-book Direito médico aplicado*. Palestrante do tema "Telemedicina e teleconsulta", no II Congresso de Direito Médico – on-line 2021. Palestrante do tema "O médico e as redes sociais", no XV Congresso Sergipano de Cardiologia – 2021.

Contatos
chrisaquino.adv@gmail.com
71 98476 5333

Inicio este capítulo compartilhando minha experiência pessoal. Admito que, inicialmente, tive certo preconceito em relação ao canabidiol medicinal. Isso se deve ao fato de que, frequentemente, ouvimos que o canabidiol (CBD) é equivalente à maconha, e que seu uso pode levar ao vício e à dependência química.

Ao me aprofundar mais no assunto e tomar conhecimento de como se iniciou o preconceito sobre seu uso e de seus benefícios, me deparo com uma gama de benefícios para a saúde de várias comorbidades humanas e até em animais. Podendo ser até um alívio em situações em que o paciente já esteja em seus últimos dias de vida, sendo usado para amenizar as dores.

Há relatos de que o primeiro uso medicinal da *cannabis* foi antes de Cristo, quando era utilizada como chá para a cura de diversos males, como dores reumáticas, crônicas, dentre outras (ZUARDI, 2024).

Em 1464, foi relatado o primeiro uso do canabidiol para tratamento da epilepsia, experimentado por um cidadão de Bagdá que usava o medicamento para o controle das crises epilépticas do filho.

No Brasil, o canabidiol foi trazido pelos africanos, tendo sido seu uso fortemente disseminado pelos indígenas, até pela aristocracia da época colonial.

Nos anos 1960, a ONU comparou o canabidiol com o ópio e, com isso, foi proibido seu uso, já que as drogas fazem muito mal à saúde, reprimindo assim o uso.

Canabidiol: uso medicinal vs. uso recreativo

O CBD é um dos compostos encontrados na planta da maconha. O CBD não promove o efeito alucinógeno, que é comumente relacionado quando se fala em maconha. Ele não altera o comportamento de quem o usa.

O que promove este efeito é o composto THC. Este sim é o componente psicoativo da planta.

O canabidiol medicinal tem sido muito procurado para diversas comorbidades, como alívio de dor decorrente de tratamentos oncológicos, por exemplo; uso para a melhora de crises epilépticas, de ansiedade, depressão e do sono em pacientes com Alzheimer e Parkinson.

O uso do CBD no autismo está crescendo, pois ajuda nas comorbidades que estão associadas, assim como TDAH, falta de sono, agitação, ansiedade, crises epilépticas, dentre outras.

O uso medicinal do canabidiol é permitido no Brasil desde 2015 pela Agência Nacional de Vigilância Sanitária (ANVISA), tanto o nacional como o importado.

Canabidiol importado ou nacional? Quais são as diferenças?

Primeiramente, e o ponto mais importante: deve ser obedecida a prescrição médica para cada paciente. Qual composição melhor se adequa e qual é a posologia para cada comorbidade?

O canabidiol é uma alternativa mais natural e com menos efeitos colaterais que os medicamentos alopáticos normais. Isso já é um ponto positivo.

O CBD nacional é regulamentado pela ANVISA. Seus valores são mais acessíveis que os importados e sua concentração é normalmente mais padronizada de acordo com os ditames da Agência Nacional. No entanto, como no Brasil ainda estamos saindo do estágio de negação para o de aceitação do medicamento, a produção ainda não é tão efetiva como em alguns países que usam o CBD medicamentoso.

Em países como os Estados Unidos, por exemplo, a FDA (*Federal Drug Administration* – órgão de controle dos alimentos, medicamentos e cosméticos estadunidense) tem uma fiscalização mais avançada no cultivo e produção do remédio.

Outro ponto a ser levado em conta é a fabricação. A tecnologia brasileira ainda não está tão avançada em comparação com a dos produtos importados, fazendo que os importados tenham uma concentração de melhor qualidade que os nacionais.

Mas isso pode mudar, pois aos poucos está sendo desmistificado o uso do canabidiol como medicamento que salva vidas e cada vez sendo menos associado à droga ilícita.

O uso do CBD para o autismo e a epilepsia

No tratamento do autismo e suas comorbidades, a prescrição médica pelo uso do CBD está cada vez mais comum, pois este medicamento, além de ser natural, traz benefícios para as crianças, assim como seus familiares.

Segundo a Scielo, a epilepsia é um transtorno neurobiológico que ocorre em qualquer faixa etária, caracterizada por crises epilépticas persistentes, recorrentes e duradouras, podendo levar a comprometimento cognitivo, social e comportamental (MIMURA; FERREIRA, 2024).

Foi feita uma pesquisa em crianças autistas e que tinham epilepsia recorrente. Elas já faziam uso de remédios, porém apresentavam alguma resistência a esses medicamentos, ou seja, essas crianças continuavam tendo crises epilépticas mesmo tendo sido medicadas.

De acordo com artigo publicado pela revista científica Scielo (MIMURA; FERREIRA, 2024), em um estudo feito em Israel e publicado pela revista Nature (2024), foram avaliadas cerca de 188 crianças com idade média entre 13 anos por seis meses. Foi utilizado o óleo de CBD e verificou-se que houve melhora global de 80% nos sintomas e, com isso, também na qualidade de vida dessas crianças.

Foi detectado que existiram poucos efeitos colaterais com o uso do medicamento, tendo sido a sonolência um dos efeitos mais comuns. Neste experimento, 60% dos pacientes adolescentes preferiram continuar com a utilização do medicamento após o estudo. Outra consequência citada pelo experimento foi que houve melhora na tolerância, no comportamento disruptivo.

A prescrição médica do CBD para autismo já vem sendo estudada há um tempo e tendo inúmeros resultados positivos.

Foi publicado na revista Pubmed 2021 que houve melhora de 49% nos pacientes com TEA que fizeram o uso do CBD em relação aos pacientes com TEA que usaram placebo. Confirmaram que os efeitos colaterais nos pacientes que fizeram o uso do medicamento foram sonolência e um pouco de diminuição do apetite (ARAN; HAREL; CASSUTO *et al.*, 2024).

Canabidiol: um aliado no combate à fibromialgia

Outro uso frequente para tratamento feito por canabidiol ocorre quando o paciente é diagnosticado com fibromialgia.

A fibromialgia é caracterizada por dor musculoesquelética generalizada, distúrbios do sono, fadiga, dores de cabeça e sintomas cognitivos.

Conforme a Revista Neurociências (5), foi feito um estudo com pacientes mulheres que possuíam a comorbidade da fibromialgia. Neste estudo, foi possível analisar melhora significativa nas dores das pacientes. Houve melhora nos sintomas de ansiedade, insônia e, consequentemente, uma diminuição da administração de medicamentos. Ou seja, as pacientes aos poucos foram reduzindo o uso de medicamentos alopáticos fortes que são administrados na depressão e tratamento da ansiedade, por exemplo.

Justiça em ação: garantindo o acesso ao canabidiol medicinal

Por se tratar de um medicamento considerado de alto custo, os planos de saúde negam o custeio de forma administrativa; no entanto, é possível conseguir o canabidiol medicinal pela via judicial.

Já o Sistema Único de Saúde (SUS) dispõe em suas farmácias de alto custo CBD nacionais; contudo, se a indicação for o importado, é também necessário o pedido pelo processo judicial.

Para ter sucesso na ação judicial, primeiramente é preciso um relatório médico bem elaborado em que ateste a necessidade e urgência do paciente para o uso do medicamento, bem como a justificativa do uso em detrimento de um medicamento comum. Por exemplo, justificar por meio da informação de que o paciente já utilizou medicamento x ou y e não obteve melhoras.

Com o relatório médico em mãos, é possível requisitar o medicamento ao SUS ou ao plano de saúde de forma administrativa. Caso a solicitação seja negada, é possível recorrer à via judicial por meio de um processo com pedido de liminar.

Esse pedido é feito ao judiciário para que uma medida urgente seja tomada antes de ouvir o réu, que nesse caso é o SUS ou o plano de saúde. Se o juiz reconhecer a urgência e a necessidade do tratamento, a liminar poderá ser concedida, ordenando que o estado, o município ou plano de saúde custeie o medicamento, conforme prescrito pelo médico.

Esse pedido é uma requisição feita ao judiciário para que uma determinada medida seja tomada de forma urgente antes de ouvir o réu, que neste caso é o SUS ou o plano de saúde. Se o juiz reconhecer a urgência e a necessidade do tratamento, a liminar poderá ser concedida, ordenando que o estado, o município ou plano de saúde custeie o medicamento, conforme prescrito pelo médico.

O caminho legal pode ser de fundamental importância na vida de uma pessoa, sendo a diferença entre esperar indefinidamente por um tratamento essencial a que tem direito e começar a receber em casa o medicamento necessário para melhoria de vida do paciente.

Deve haver uma campanha de educação entre pacientes e até médicos para que os benefícios do CBD sejam mais evidenciados do que os malefícios difundidos, como a ideia de que o uso do medicamento leva ao vício e à dependência ou que a pessoa pode ser taxado de "usuária".

Como tudo é novo e revestido de preconceitos há anos enraizados, o canabidiol ainda caminha para que seja aceito como tratamento livre e coloquial em nosso país.

Deve haver campanhas de informação e acolhimento, pois quanto mais aprofundados os estudos sobre o medicamento, mais chances de as pessoas que possuem as comorbidades serem tratadas e terem suas doenças aliviadas. Vale enfatizar que, para tal remédio, deve-se procurar um médico para prescrever da forma correta para cada caso.

Desmistificando o canabidiol: um tratamento promissor e seguro

Este capítulo busca esclarecer e desmistificar o uso do canabidiol medicinal, um medicamento frequentemente envolto em polêmicas.

À medida que vamos avançando na medicina, vemos que estamos prestes a mudar sobre o tratamento de diversas comorbidades, tanto em humanos como em animais. O CBD, livre do preconceito, surge como um acalanto para o tratamento de crianças e adultos que já tentaram vários medicamentos e/ou tratamentos e não surtiram efeitos, sendo capaz de oferecer alívio e melhorar significativamente a qualidade de vida dos pacientes. Regulamentado pela ANVISA desde 2015, o CBD demonstra potencial terapêutico.

Com efeitos colaterais mínimos, o CBD é apresentado como uma alternativa segura e promissora aos medicamentos tradicionais, por ser natural e focado no bem-estar do paciente. Assim, é importante continuarmos a educar e desmistificar as pessoas sobre as reais vantagens do uso do canabidiol medicinal, desfazendo mitos e ampliando o acesso a este medicamento.

Referências

ARAN, A.; HAREL, M.; CASSUTO, H.; POLYANSKY, L.; SCHNAPP, A.; WATTAD, N. *et al.* Cannabinoid treatment for autism: a proof-of-concept randomized trial. *Mol Autism*, 12(1), 6, 2021 Feb 3. Disponível em: https://pubmed.ncbi.nlm.nih.gov/33536055/. Acesso em: 23 jun. 2024.

SILVA, L. M.; JÚNIOR, L. R. N.; MENEGUZZO, V., SILVA, T. V; ROSA, L. R.; DE SOUZA, T. O.; BITENCOURT, R. M. Cannabis medicinal na fibromialgia: um estudo de coorte para uma alternativa promissora. *Revista Neurociências*, 31, p. 1-17, 2023. https://doi.org/10.34024/rnc.2023.v31.14897.

MIMURA, P. M. P.; FERREIRA, L. S. *Canabinoides no tratamento do autismo e epilepsia infantil.* Disponível em: https://doi.org/10.5935/2595-0118.20230022-pt. Acesso em: 23 jun. 2024.

NATURE. *Experiência de vida real do tratamento médico da cannabis no autismo: análise de segurança e eficácia.* Disponível em: www.nature.com/scientificreports. Acesso em: 23 jun. 2024.

ZUARDI, A. W. *History of cannabis as a medicine: a review.* Disponível em: https://doi.org/10.1590/S1516-44462006000200015. Acesso em: 23 jun. 2024.

29

MORADIA ASSISTIDA PARA PESSOAS AUTISTAS

O CAMINHO PARA UMA POLÍTICA PÚBLICA EFICAZ

Este capítulo abordará o direito da moradia assistida para adultos diagnosticados com transtorno do espectro autista e a responsabilidade do Estado no desenvolvimento de políticas de saúde e assistência para as pessoas com deficiência.

DANIEL SANTOS
SÉRGIO DONDEO

Daniel Santos

Advogado inscrito na OAB (RJ). Sócio-fundador do escritório Santos & Dondeo Advogados; hoje, referência na defesa dos direitos da pessoa autista. Iniciou sua trajetória após o diagnóstico de TEA do seu afilhado. Pós-graduado em Ciências Criminais pela PUC-MG; especialista em prevenção e autocomposição de litígios; com vasta experiência em ações judiciais e procedimentos administrativos no direito médico e da saúde.

Contatos
www.santosdondeo.com.br
contato@santosdondeo.com.br
Instagram: @santosdondeoadv
21 99718 9894

Sérgio Dondeo

Advogado inscrito na OAB (RJ). Sócio-fundador do escritório Santos & Dondeo Advogados. Iniciou sua trajetória após o diagnóstico de TEA do seu filho. Pós-graduado em Direito do Consumidor, Direito de Família e Advocacia Cível pela Faculdade de Direito da Fundação Escola Superior do Ministério Público (FMP); com vasta experiência em ações judiciais na defesa dos direitos da pessoa com TEA.

Contatos
www.santosdondeo.com.br
contato@santosdondeo.com.br
Instagram: @santosdondeoadv
21 99718 9894

O autismo no Brasil

De acordo com o *DSM-V*, o transtorno do espectro autista (TEA) é uma condição do neurodesenvolvimento que afeta a interação e a comunicação social, causa comportamentos restritos e repetitivos e pode incluir comportamentos disruptivos. Os primeiros sinais podem aparecer no primeiro ano de vida ou mais tarde.

O estudo de 2023 do CDC dos Estados Unidos revelou que um em cada 36 crianças de 8 anos tem TEA. O problema é que esses dados são coletados nos Estados Unidos e ainda não temos dados oficiais sobre o número de diagnósticos realizados no Brasil. Sendo assim, ainda não podemos contar com dados epidemiológicos regionais e, portanto, não é possível conhecer ao certo a amplitude das pessoas autistas no Brasil. Entretanto, cada vez mais profissionais da área da saúde, educacional e familiares estão apontando para o aumento significativo no número de crianças com condições de neurodesenvolvimento atípico que estão dentro das características para o TEA.

Superando o modelo manicomial e reconhecendo a neurodiversidade das pessoas autistas

Do ponto de vista assistencial, as pessoas com autismo passaram a maior parte do século XX fora do campo da saúde, sendo cuidadas principalmente pela rede filantrópica e educacional, em serviços oferecidos pelas próprias associações de familiares, como a Associação de Pais e Amigos dos Excepcionais (APAE) e a Associação de Amigos de Autistas do Brasil (AMA).

Somente a partir da década de 1980, no campo psiquiátrico, o autismo deixou de ser incluído entre as "psicoses infantis" e passou a ser considerado um "transtorno invasivo do desenvolvimento". Nas classificações mais difundidas – a CID-10, da Organização Mundial da Saúde (1992), e o

DSM-IV, da Associação Psiquiátrica Americana (1994) –, são descritos, além do autismo, a síndrome de Asperger, o transtorno desintegrativo, a síndrome de Rett e os quadros atípicos ou sem outra especificação. Na quinta versão do *DSM (DSM-V)*, lançada em 2013, a denominação utilizada passou a ser "transtornos do espectro do autismo", localizados no grupo dos "transtornos do neurodesenvolvimento".

A partir desse panorama histórico, temos que, anteriormente à década de 1980, poucas pessoas com autismo tinham acesso ao diagnóstico e a maioria era de níveis de suporte mais elevados (2 ou 3). De igual modo, o acesso aos sistemas na área de saúde mental era extremamente precário, geralmente realizado em hospitais psiquiátricos ou universitários, que ofereciam tratamento, mas sem articulação com uma rede multidisciplinar de terapias, o que é preconizado hoje pela literatura médica. Por outro lado, as pessoas com autismo nível 1 de suporte por vezes sequer tinham diagnóstico e os atendimentos eram realizados em regime ambulatorial tradicional, feitos por psiquiatra ou neurologista, com tratamento exclusivamente medicamentoso, não reconhecendo a neurodiversidade e desrespeitando as características e necessidades específicas das pessoas autistas.

Portanto, até recentemente, o autismo era tratado como um transtorno psicótico, com pacientes comumente diagnosticados com esquizofrenia, bipolaridade ou transtorno de personalidade *borderline*, por vezes voltados à internação manicomial e sob efeitos medicamentosos psicotrópicos para controlar comportamentos, práticas estas questionáveis e com evidente falta de acesso a intervenções adequadas para pessoas autistas.

Dentre as práticas questionáveis, podemos citar:

1. Violação de direitos humanos – a segregação manicomial viola os direitos humanos fundamentais de pessoas autistas, como o direito à liberdade, à autonomia, à saúde e à inclusão social.
2. Estigmatização e discriminação – o tratamento manicomial reforça o estigma em torno do TEA, contribuindo para a discriminação e o preconceito contra pessoas autistas em diversos âmbitos da sociedade.
3. Ineficácia terapêutica – a falta de foco em intervenções individualizadas e no desenvolvimento de habilidades para autonomia torna o tratamento manicomial ineficaz para o bem-estar e a qualidade de vida de pessoas autistas.
4. A abordagem manicomial do TEA é fundamentada em um modelo biomédico reducionista que patologiza o autismo e ignora as complexas dimensões sociais, culturais e individuais que o caracterizam.

Atualmente, reconhecendo a neurodiversidade e a centralidade da pessoa autista, a abordagem centrada na pessoa busca promover o desenvolvimento de habilidades, autonomia e inclusão social, respeitando as características e necessidades de cada pessoa, propondo uma mudança radical na forma de pensar e agir em relação ao TEA.

Nesse contexto, podemos destacar a aplicação de intervenções baseadas em evidências científicas, como a análise do comportamento aplicada (ABA) e a terapia ocupacional, que demonstraram resultados positivos no desenvolvimento de habilidades e na qualidade de vida de pessoas autistas, assim como ambientes residenciais adaptados às necessidades individuais, combinando moradia com serviços de suporte personalizados.

Os avanços são contínuos, porém de forma morosa. Somente na última década, o autismo passou a aparecer oficialmente na agenda política do Estado brasileiro, visando possibilitar inclusão dessas pessoas em sociedade com o mínimo auxílio de terceiros; contudo, o sistema público ainda precisa ser reestruturado para atender às necessidades específicas das pessoas autistas, com foco em intervenções individualizadas, baseadas em evidências científicas e centradas na pessoa para possibilitar sua convivência em sociedade, superando as barreiras atitudinais, urbanas e socioeconômicas.

Da moradia assistida como política pública eficaz

A implementação de políticas públicas eficazes que garantam o acesso a serviços de saúde, educação e inclusão social de qualidade para pessoas autistas é fundamental para a construção de uma sociedade mais justa e inclusiva.

A Constituição Federal determina a competência comum da União, Estados, Distrito Federal e municípios, a obrigação de: "cuidar da saúde e assistência pública, da proteção e garantia das pessoas portadoras de deficiência", nos termos do art. 23 inc. II, CRFB. De igual maneira, a Lei Berenice Piana n. 12.764/2012 instituiu a Política Nacional de Proteção aos Direitos da Pessoa com Transtorno do Espectro Autista, dando ao Poder Público a responsabilidade de desenvolver ações com vistas a garantir o atendimento a essas pessoas, resguardando seus direitos e garantias.

Nesse ponto, a moradia assistida se apresenta como uma alternativa inovadora e humanizada para pessoas com deficiência, proporcionando autonomia, inclusão social e qualidade de vida.

A moradia assistida se caracteriza por oferecer um ambiente residencial adaptado às necessidades dos indivíduos com deficiência, combinando moradia com serviços de apoio personalizados. O objetivo central é promover a autonomia, a inclusão social e a participação ativa na comunidade, respeitando as particularidades e potencialidades de cada indivíduo, com as famílias.

Nesse ponto é importante destacar que a moradia assistida não é um hospital ou clínica. Não é um local de abandono. A moradia busca integrar as pessoas assistidas com toda sociedade, e a família tem papel fundamental nesse percurso.

Ao contrário das instituições tradicionais, a moradia assistida se destaca por:

1. **Foco na autonomia** – as pessoas com autismo residem em apartamentos individuais ou compartilhados, com liberdade de organização e gestão do próprio espaço.
2. **Serviços personalizados** – a assistência é individualizada e abrangente, atendendo às necessidades específicas de cada pessoa com deficiência, desde atividades básicas do dia a dia até acompanhamento social e profissional.
3. **Inclusão social** – a moradia assistida facilita a participação ativa na comunidade, promovendo o contato com familiares, amigos e a comunidade em geral.
4. **Respeito à diversidade** – a individualidade e a neurodiversidade são valorizadas, reconhecendo as diferentes formas de ser e estar no mundo.

Sendo assim, a moradia assistida oferece diversos benefícios para pessoas com TEA, seja autonomia e independência para o indivíduo tomar decisões e gerenciar a própria vida, seja promovendo o desenvolvimento de habilidades e da autoconfiança em um ambiente seguro e adaptado, propício ao bem-estar físico, mental e social e que possibilite a participação ativa na comunidade, fortalecendo vínculos sociais e combatendo o isolamento, que, além de uma barreira para a participação ativa de pessoas autistas na sociedade, é também um preocupante agente catalisador de comorbidades como ansiedade e depressão.

Diversos projetos de moradia assistida para pessoas com deficiência já existem no Brasil, como o Projeto Moradia Assistida em Curitiba (PR), que oferece apartamentos individuais e serviços de apoio para pessoas com deficiência física, a Casa Azul em São Paulo (SP), a Vila Inclusiva em Brasília (DF), que propõe um modelo de comunidade inclusiva, com moradia, trabalho e lazer para pessoas com deficiência e suas famílias.

Em que pese existir a oferta da moradia assistida no Brasil, ainda são poucos locais para uma crescente demanda, considerando o envelhecimento populacional e as mudanças do critério de diagnóstico de autismo na última década.

Destaca-se que a responsabilidade para mudança nessa perspectiva é dar maior visibilidade e oferta de moradia assistida é compartilhada entre os entes federativos da seguinte forma:

- **União**: atuando na normatização, definição de diretrizes e na transferência de recursos financeiros aos estados e municípios.
- **Estados**: implementando políticas públicas, definindo critérios de acesso e supervisionando os serviços.
- **Municípios**: disponibilizando os serviços de moradia assistida, seja diretamente ou por meio de entidades da sociedade civil.

É notório que a expansão da moradia assistida no país enfrenta diversos desafios, como a falta de iniciativas públicas, ausência de investimento público e privado em infraestrutura, necessidade de formação de profissionais especializados e revisão de políticas públicas voltadas à implementação e apoio ao projeto de residência inclusiva.

As perspectivas são promissoras, com um crescente reconhecimento da importância dessa modalidade de moradia para a inclusão social e o bem-estar das pessoas com deficiência, sobretudo em uma população cada vez mais inclusiva e neurodiversa.

Considerações finais

A moradia assistida se apresenta como um modelo inovador e humanizado para a vivência de pessoas com deficiência, promovendo autonomia, inclusão social e qualidade de vida. A superação dos desafios e a implementação de políticas públicas são essenciais para garantir o acesso a essa modalidade de moradia para todas as pessoas que necessitam.

Seus benefícios para a pessoa com deficiência são diversos, como o aumento da autonomia, a participação e senso de pertencimento na comunidade e a melhora da qualidade de vida, benefícios que tornam a vida mais digna. No entanto, há desafios que precisam ser superados, como a necessidade de implementação de políticas públicas para maior garantia da efetivação de moradias assistidas e conscientização da sociedade da sua importância. De igual forma, é necessário investimento em capacitação profissional e criação de mais residências inclusivas, que ofereçam o suporte adequado para garantir a inclusão da pessoa com autismo de forma efetiva. Por fim, a mobilização da sociedade civil, incluindo entidades de defesa dos direitos de pessoas autistas e a própria comunidade autista, buscando pressionar os governos por mudanças e por garantias de construção de um futuro mais promissor para o TEA no Brasil. Ao abordarmos abertamente e de maneira abrangente o tema do autismo, não estamos apenas fornecendo informações à sociedade, mas também atuando como agentes facilitadores para respeito ao próximo e empatia.

Referências

BRASIL. Ministério do Desenvolvimento Social e Família. *Diretrizes Nacionais para a Política Nacional de Moradia Assistida*. Brasília: MDS, 2018. Disponível em: https://www.gov.br/mds/pt-br. Acesso em: 5 set. 2024.

BRASIL. Ministério da Saúde. *Diretrizes Nacionais para o Atendimento ao Transtorno do Espectro Autista*. Brasília: MS, 2014. Disponível em: https://www.gov.br/saude/pt-br/assuntos/noticias/2023/setembro/pela-primeira-vez-ministerio-da-saude-inclui-tratamento-do-transtorno-do-espectro-autista-na-politica-nacional-da-pessoa-com-deficiencia. Acesso em: 24 jun. 2024.

SILVA, A. B. C. Autismo e direitos humanos: uma análise crítica da abordagem manicomial. *Revista Brasileira de Educação Especial*, 26(1), 145-162, 2020.

SILVA, A. B. C. Moradia assistida para pessoas com deficiência: um estudo de caso. *Revista Brasileira de Educação Especial*, 26(2), 289-306, 2020.

TANAKA, V. Y. A medicalização do autismo: uma crítica à perspectiva biomédica. *Saúde Pública*, 47(2), 274-283, 2013.

TANAKA, V. Y. A moradia assistida como alternativa para a inclusão social de pessoas com deficiência. *Revista Brasileira de Ciências Sociais*, 31(92), 112-130, 2016.

30

PROTEÇÃO E AUTONOMIA LEGAL DOS AUTISTAS

CURATELA E TOMADA DE DECISÃO APOIADA

A legislação brasileira assegura a proteção e a autonomia dos autistas por meio de mecanismos como a curatela e a tomada de decisão apoiada. A curatela, regulamentada pela Lei n. 13.146/2015, é aplicada de forma excepcional e proporcional para auxiliar autistas em atos patrimoniais. A tomada de decisão apoiada, por sua vez, permite que autistas mantenham sua autonomia com o suporte de pessoas de confiança para decisões complexas. Ambos os instrumentos visam garantir que os autistas exerçam seus direitos com segurança e dignidade.

LUIZA MONTEIRO LUCENA

Luiza Monteiro Lucena

Coordenadora técnica deste livro, é a sócia-fundadora do escritório Monteiro Lucena Advogados e consolidou-se como referência nacional no campo do direito dos autistas e deficientes. É uma das primeiras advogadas a ter se tornado referência e especialista no assunto. Sua formação acadêmica é amplamente consolidada, com especializações em áreas cruciais como direitos dos deficientes e autistas, direito civil, direito empresarial e processo civil. Além de sua *expertise* jurídica, ela é uma fervorosa ativista na causa da inclusão e ensina, por meio de sua mentoria, outros advogados a se tornarem especialistas em direitos dos autistas. Dedica-se incansavelmente para assegurar aos deficientes o acesso irrestrito a serviços de saúde de qualidade, contribuindo significativamente para a construção de uma sociedade mais justa e igualitária.

Contatos
Instagram: @luizamlucena
@monteirolucenaadvogados
11 93044 0809

A legislação brasileira prevê mecanismos específicos para assegurar a proteção legal de pessoas autistas que, em determinadas circunstâncias, não possuem plena capacidade civil para a gestão dos próprios interesses. Instrumentos como a curatela e a tomada de decisão apoiada são fundamentais para garantir que esses indivíduos recebam o suporte necessário para o exercício seguro de seus direitos e deveres. Contudo, é imperativo ressaltar que, conforme preconiza a Lei n. 13.146/2015, as pessoas autistas, em regra, possuem plena capacidade civil, não necessitando de amparos adicionais para a realização de atos da vida civil. A referida lei reforça a igualdade de condições no exercício da capacidade legal, promovendo a autonomia, a dignidade e a inclusão social dos deficientes.

Curatela ("interdição")

A curatela é um mecanismo legal que designa uma pessoa plenamente capaz, chamada curador, para auxiliar outra maior de idade, denominada curatelada, com discernimento reduzido devido a fatores biopsicossociais, em atos relacionados ao patrimônio. Regulamentada pelo artigo 84 da Lei n. 13.146/2015, a curatela assegura aos deficientes, incluindo os autistas, o direito ao exercício pleno de sua capacidade legal, sendo aplicada apenas em casos excepcionais e de forma proporcional à necessidade específica.

Até o final de 2015, adultos com enfermidade ou deficiência mental que não possuíam discernimento necessário eram considerados absolutamente incapazes de exercer atos da vida civil, recebendo proteção legal. Com a entrada em vigor da Lei n. 13.146/2015, o Estatuto da Pessoa com Deficiência (EPD), essas pessoas passaram a ter plena capacidade civil, ganhando maior autonomia. O EPD parte do princípio de que todos possuem capacidade civil.

Pessoas dentro do espectro autista, ao completarem 18 anos, são consideradas plenamente capazes civilmente, independentemente do grau de desenvolvimento neurológico. No entanto, em certos casos, podem ser assistidas ou representadas para garantir sua proteção legal. Quando a capacidade plena é questionável, a curatela e a tomada de decisão apoiada são ferramentas importantes. Cada uma tem a própria importância e aplicação, buscando a proporcionalidade necessária para proteger e empoderar o deficiente.

A curatela deve ser temporária e aplicada apenas para atos específicos, nunca de forma total. Além disso, a prestação de contas ao juiz é obrigatória, garantindo que a curatela seja exercida de maneira transparente e responsável. O artigo 1.767 do Código Civil detalha os casos em que a curatela é aplicável por causas transitórias ou permanentes, não podem expressar sua vontade.

Há uma divergência terminológica entre a Lei n. 13.146/2015, que evita o termo "interdição", e o Código de Processo Civil (CPC), que ainda o utiliza. Este conflito é abordado pela legislação atual, que a partir do artigo 747 do CPC regula o procedimento de interdição. Este procedimento pode ser iniciado pelo cônjuge, parentes, tutores, representantes de entidades abrigadoras ou pelo Ministério Público.

O Estatuto da Pessoa com Deficiência (Lei Brasileira de Inclusão) promoveu a igualdade ao garantir plena capacidade civil aos deficientes, retirando-as do rol dos relativamente incapazes (TEDESCO, 2017). Esse novo entendimento trouxe mudanças significativas em várias áreas, incluindo o direito de se casar, constituir família e gerir questões patrimoniais, mantendo a curatela apenas para situações específicas.

A curatela baseia-se em um laudo multiprofissional que avalia a condição da pessoa sob perspectivas social e médica. Após a produção das provas, o juiz designa o curador e define os limites da curatela, conforme o desenvolvimento mental do curatelado. A participação de uma equipe multidisciplinar é essencial para que a intervenção do judiciário seja mínima e respeite a individualidade do autista.

Esse mecanismo restringe apenas a direitos patrimoniais e negociais, não afetando direitos pessoais como sexualidade, matrimônio, privacidade, educação, saúde, trabalho e voto. O curador deve esforçar-se para recuperar a capacidade plena do curatelado, quando possível, oferecendo tratamento apropriado e apoio especializado.

Essa medida é uma ferramenta importante para garantir a proteção e o exercício de direitos, quando aplicada de forma proporcional e temporária. A transparência e a supervisão judicial são essenciais para assegurar que a curatela seja exercida de maneira justa e eficiente, sempre buscando o melhor interesse do autista.

A sentença de interdição deve ser registrada e publicada amplamente, incluindo na internet e em jornais, para garantir transparência. A curatela é uma medida personalíssima e pode ser extinta ou reduzida se as razões que levaram à interdição cessarem.

Essa estruturação visa a um salto qualitativo nos recursos e sentenças, pois, abolida a categoria dos absolutamente incapazes, não haverá mais espaço para fórmulas genéricas e pronunciamentos judiciais estereotipados. O novo Estatuto assegura aos autistas o direito ao exercício de sua capacidade legal em igualdade de condições, reconhecendo uma presunção geral de plena capacidade. A incapacidade surgirá apenas em casos excepcionais e deverá ser amplamente justificada.

No entanto, distinguir se uma decisão foi tomada devido à deficiência ou como uma expressão da "vontade real" da pessoa é um desafio. Decisões difíceis, como casar, financiar um imóvel, ter filhos, abrir uma empresa ou fazer um testamento, são enfrentadas por todos, com ou sem deficiência. A legislação anterior era abstrata e generalizava a condição de deficiência mental, impondo o rótulo de incapaz sem considerar o grau de patologia, subestimando as potencialidades das pessoas. O grande desafio do EPD é equilibrar autonomia e proteção, especialmente para os autistas cuja deficiência afeta a interação social.

Tomada de decisão apoiada

A tomada de decisão apoiada, introduzida pela Lei Brasileira de Inclusão de 2015, oferece um novo tipo de apoio para os autistas. Trata-se de um novo instituto criado pela Legislação Brasileira, que visa assegurar aos autistas maior segurança e autonomia na prática dos atos comuns da vida civil. Diferentemente da curatela, que pode limitar os direitos da pessoa, a tomada de decisão apoiada permite que o autista mantenha sua autonomia, recebendo suporte para decisões complexas. Este modelo foi inspirado em legislações da Itália e da Alemanha.

O artigo 1.783-A do Código Civil define a tomada de decisão apoiada como o processo no qual o autista escolhe pelo menos duas pessoas de confiança para ajudá-lo em decisões civis. Essas pessoas fornecem as informações necessárias para que o autista possa exercer plenamente sua autonomia. A decisão apoiada é indicada nos casos em que o autista possui capacidade de discernimento e de expressão de sua vontade, mas tem alguma dificuldade para conduzir sozinho determinados atos da vida civil. Por meio deste novo instituto civil, busca-se garantir autonomia e independência ao autista, especialmente em decisões complexas.

Este processo deve ser formalizado judicialmente e é um direito exclusivo do autista, que deve solicitar o apoio ao Poder Judiciário. A decisão apoiada não substitui a vontade do autista, mas oferece suporte quando necessário. Se a pessoa não tiver discernimento suficiente, a curatela pode ser necessária.

Para ilustrar, considere um jovem autista leve (nível 1). Ele pode manifestar a própria vontade e desenvolver sua vida com os cuidados e estímulos necessários para ser independente. No entanto, ele pode não ter o discernimento e a autonomia para celebrar negócios, como a compra de um imóvel. Nesse ponto, a tomada de decisão apoiada é de enorme relevância. Por meio deste instrumento, um terceiro de confiança pode ajudá-lo a celebrar negócios, interpretar cláusulas judiciais, entre outras necessidades. Esse mecanismo oferece segurança jurídica tanto para o autista quanto para o responsável pela realização dos atos da vida civil.

Os apoiadores são designados judicialmente e podem ser solicitados a contra-assinar contratos para garantir a validade jurídica dos atos. Em caso de desacordo entre o autista e os apoiadores, o juiz decidirá a questão. A tomada de decisão, embora tenha prazo de validade predeterminado, pode cessar a qualquer momento por vontade do autista. Da mesma forma, os apoiadores também podem solicitar sua exclusão do termo, mas essa hipótese dependerá de concessão judicial.

Em todos os procedimentos, a presença do Ministério Público é obrigatória. A partir do momento da homologação judicial, a tomada de decisão apoiada passa a ter efeito imediato.

Este mecanismo é recomendável para pessoas maiores de 18 anos de idade com deficiência mental ou intelectual que necessitam de apoio para tomadas de decisões e exercício de seus direitos. A tomada de decisão apoiada promove a autonomia dos autistas, oferecendo-lhes o apoio necessário para tomar decisões informadas e seguras, enquanto respeita sua vontade e capacidade de autodeterminação.

Em resumo, a tomada de decisão apoiada é um instrumento essencial para garantir a proteção e o exercício pleno dos direitos dos autistas, promovendo autonomia e segurança jurídica.

Conclusão

A legislação brasileira oferece mecanismos eficazes para garantir a proteção e a autonomia dos autistas, equilibrando o apoio necessário com o respeito à capacidade de autodeterminação. Em regra, os autistas possuem plena capacidade civil e não necessitam desses mecanismos.

A curatela abrange exclusivamente direitos patrimoniais e negociais, sem afetar direitos pessoais fundamentais, como sexualidade, matrimônio, privacidade, educação, saúde, trabalho e voto. A sentença de interdição, além de ser uma medida personalíssima, deve ser registrada e publicada para garantir transparência.

A tomada de decisão apoiada, introduzida pela Lei Brasileira de Inclusão, oferece um modelo alternativo que promove a autonomia das pessoas com deficiência, permitindo que escolham apoiadores de confiança para ajudá-las em decisões civis. Este mecanismo, inspirado em legislações europeias, proporciona uma proteção legal mais segura e participa ativamente da vida dos autistas.

Estes mecanismos promovem a inclusão social, a igualdade de direitos e a segurança jurídica, permitindo que os autistas exerçam plenamente seus direitos e deveres, conforme a Lei n. 13.146/2015. Em casos de necessidade, é crucial buscar orientação jurídica para garantir que esses direitos sejam respeitados.

Referências

ANTONIO, T. A interdição dos direitos civis, frente ao estatuto da pessoa com deficiência. *Migalhas*, 2019. Disponível em: https://www.migalhas.com.br/depeso/287451/a-interdicao-dos-direitos-civis--frente-ao-estatuto-da-pessoa-com-deficiencia. Acesso em: 10 set. 2024.

BRASIL, *Lei n. 13.977, de 8 de janeiro de 2020.* Institui a Carteira de Identificação da Pessoa com Transtorno do Espectro Autista (Ciptea), e dá outras providências. Disponível em: https://www.planalto.gov.br/ccivil_03/_Ato2019-2022/2020/Lei/L13977.htm. Acesso em: 9 set. 2024.

LYONS, V.; FITZGERALD, M. Humor in Autism and Asperger Syndrome. *Journal of Autism and Developmental Disorders*, v. 34, n. 5, out. 2004. Disponível em: https://pubmed.ncbi.nlm.nih.gov/15628606/. Acesso em: 30 ago. 2024.

TARTUCE, F. É o fim da interdição? Artigo de Pablo Stolze Gagliano. Jusbrasil, [s.d.]. Disponível em: https://www.jusbrasil.com.br/artigos/e-o-fim-da-interdicao-artigo-de-pablo-stolze-gagliano/304255875. Acesso em: 10 set. 2024.

TARTUCE, F. *Manual de direito civil.* 7. ed. Rio de Janeiro: Forense, 2017.

TEDESCO, R.; KATZ, B. Autismo, curatela e tomada de decisão apoiada. *Migalhas*, 2018. Disponível em: https://www.migalhas.com.br/depeso/278831/autismo--curatela-e-tomada-de-decisao-apoiada. Acesso em: 10 set. 2024.

WAMBIER, T. A. A. *Primeiros comentários ao novo código de processo civil.* 2. ed. São Paulo: Editora Revista dos Tribunais, 2016.

31

EQUILIBRANDO TRABALHO E CUIDADO

REDUÇÃO DE JORNADA PARA PAIS DE CRIANÇAS AUTISTAS

Este capítulo trata do direito à redução da jornada de trabalho para pais de crianças autistas, buscando equilibrar vida profissional e familiar. Destaca como essa medida melhora o bem-estar da criança e da família. Apresenta passos para solicitar a redução e a importância de conhecer os direitos e acionar o judiciário, garantindo cuidados aos filhos, mantendo renda, saúde e produtividade.

THAÍS DELFINO BRASILEIRO

Thaís Delfino Brasileiro

Advogada desde 2007, formada pela PUC-MG, especialista em Gestão e Manejo Ambiental pela Universidade Federal de Lavras. Membro da Associação Mineira dos Advogados Trabalhistas (AMAT). CEO do escritório Brasileiro Advocacia, especializada nas relações de trabalho, já ajudou mais de 2.000 trabalhadores com atendimento nacional. Voluntária e atuante da agenda 2030 da ONU, que propõe 17 objetivos de desenvolvimento sustentável, dentre eles o objetivo de número 8: trabalho decente e crescimento econômico.

Contatos
www.brasileiroadv.com.br
contato@brasileiroadv.com.br
Instagram: @thaisbrasileiroadv
@brasileiro_advocacia
@brasileiroadvocacia_saude

Introdução

Ser pai ou mãe de uma criança autista inclui desafios diários. Entre consultas médicas e sessões de terapia, a necessidade de estar presente para apoiar o desenvolvimento da criança deixa o equilíbrio entre vida profissional e pessoal ainda mais delicado. Felizmente, a redução de jornada de trabalho pode ajudar a melhorar a qualidade de vida das famílias de crianças autistas.

Os direitos humanos fazem parte de inúmeras normas legais, principalmente internacionais. Nesse contexto, trazemos o meio ambiente do trabalho como uma das formas de concretização dos direitos humanos dos trabalhadores pais de crianças autistas.

Conforme a Política Nacional de Meio Ambiente (Lei n. 6.938/81), meio ambiente "é o conjunto de condições, leis, influências e interações de ordem física, química e biológica, que permite, abriga e rege a vida em todas as suas formas". Já o desenvolvimento sustentável, conceito da Organização das Nações Unidas (ONU), é o desenvolvimento capaz de suprir as necessidades da geração atual, sem comprometer a capacidade de atender às necessidades das futuras gerações.

Segundo a Constituição da República Federativa do Brasil de 1988, "todos têm direito ao meio ambiente ecologicamente equilibrado". Além disso, ela estabelece que a ordem econômica, fundada na valorização do trabalho humano e na livre-iniciativa, tem por fim assegurar dignidade a toda a existência, conforme os ditames da justiça social. Diante da amplitude que compreende o conceito de meio ambiente, encontramos o meio ambiente do trabalho.

A Declaração de Estocolmo, de 1972, aprovada na Conferência da ONU sobre o meio ambiente, apresentou como seu primeiro princípio o seguinte: "o homem tem direito à liberdade, à igualdade e ao desfrute de condições de vida adequadas, em um ambiente que esteja em condições de permitir uma vida digna e de bem-estar; tem ele a grave responsabilidade de proteger e melhorar o ambiente para as gerações presentes e futuras".

A premissa maior é de que toda criança tem o direito fundamental à saúde e ao acesso ao melhor tratamento possível, assegurado por diversas legislações e convenções internacionais, como a Convenção sobre os Direitos da Criança das Nações Unidas. Esse direito é crucial para crianças autistas, que frequentemente necessitam de acompanhamento médico e terapias especializadas para alcançar seu pleno potencial de desenvolvimento. Garantir que essas crianças recebam cuidados adequados e de qualidade não é apenas uma questão de justiça social, mas também uma necessidade vital para promover seu bem-estar e inclusão na sociedade e aí que entra a redução da jornada de trabalho para os pais dessas crianças.

O que é a redução de jornada?

A redução de jornada é uma decisão que permite aos trabalhadores funcionários públicos estatutários e celetistas trabalharem menos horas por semana do que o padrão estabelecido. Isso pode significar trabalhar menos dias na semana ou ter dias de trabalho mais curtos. Para pais de crianças autistas, essa redução pode fazer uma grande diferença, proporcionando mais tempo para cuidar dos filhos e atender às suas demandas.

Benefícios da redução de jornada para pais de crianças autistas

Reduzir a jornada de trabalho possibilitará disponibilidade imediata para tratamentos e terapias que frequentemente são diversas, como fonoaudiologia, terapia ocupacional, psicopedagogia etc. Com a jornada de trabalho reduzida, os pais têm mais flexibilidade para acompanhar essas atividades fundamentais para o desenvolvimento dos seus filhos, representando significativa melhora em sua condição geral de desenvolvimento.

Haverá ganho social no desenvolvimento da criança deficiente, que terá reduzida a sua dependência futura de terceiros e minorada a demanda por serviços especializados, sem ignorar, também, a possibilidade de que se torne cidadão capaz de realizar funções relevantes, em benefício da coletividade.

Por fim, destaca-se maior equilíbrio entre trabalho e vida pessoal dos pais, já que a sobrecarga entre equilibrar um emprego em tempo integral com as demandas de cuidados pode levar ao esgotamento físico e emocional.

Como funciona na prática?

No Brasil, ainda não temos uma legislação direta e específica que garanta a redução de jornada aos pais de crianças autistas; e a redução de jornada pode variar bastante, dependendo do estado em que os pais residem e trabalham, do órgão público do vínculo, da empresa e da jurisprudência.

Um caso hipotético para ilustrar as etapas da redução: Maria trabalha em uma empresa pública e seu vínculo de trabalho é celetista. Maria apresentou requerimento administrativo pedindo a redução de 50% da jornada na empresa, materializando a necessidade de acompanhar as terapias do seu filho com agenda terapêutica prescrita com um total de 36h semanais, conforme relatório médico apresentado. Nesse caso, a redução é uma solução jurídica viável para conciliar o trabalho com a sua jornada de mãe de criança autista.

Como solicitar a redução de jornada

A redução de jornada de trabalho para pais de crianças autistas vai depender de qual categoria de funcionário público esteja requerendo. Os funcionários públicos estatutários são servidores regidos por um estatuto, um conjunto de normas específicas, enquanto empregados públicos são regidos pela CLT (Consolidação das Leis do Trabalho), de modo semelhante aos trabalhadores da iniciativa privada. A lei federal que rege a redução da jornada para esses pais é a Lei n. 8.112/1990, que prevê a possibilidade de redução de jornada sem prejuízo salarial.

Para os trabalhadores de empresas privadas, a questão da redução de jornada ainda não está completamente regulamentada. Embora alguns tribunais tenham decisões favoráveis a esses trabalhadores, a ausência de uma legislação específica torna a situação incerta. Tribunais têm reconhecido o direito à redução da jornada em alguns casos, baseando-se em princípios constitucionais e na Convenção Internacional sobre os Direitos das Pessoas com Deficiência. No entanto, os pais que buscam essa redução enfrentam riscos, como a possibilidade de não conseguir a redução ou enfrentar retaliações no ambiente de trabalho.

Se a empresa ou órgão público ao qual você esteja vinculado negar a redução de jornada apresentada de forma administrativa, mesmo demonstrando por meio do relatório médico que seu filho tem autismo e a necessidade de realização do tratamento terapêutico como, por exemplo, terapia ABA com 40h semanais para começar em um autismo de grau moderado, poderá ser o momento de ingressar com uma ação judicial trabalhista requerendo a redução da sua carga horária. Há casos em que essa jornada foi reduzida em 50%, representando um ganho significativo de amplo desenvolvimento à criança e à qualidade de vida.

A ação judicial para fins de redução de jornada para os trabalhadores de vínculo estatutário terá como fundamentação jurídica a concessão da redução pelo regime especial de trabalho em razão das necessidades da criança deficiente, de acordo com a lei própria do servidor público federal, especificamente em seu art. 98, parágrafos 2º e 3º, Lei 8.112/1990. Na falta de leis municipais ou estaduais específicas, a lei federal se aplica. Mas temos bons exemplos de leis estaduais que tratam sobre o tema, como é o caso da lei estadual de Santa Catarina, Lei n. 17.292/2017, que estabelece redução de jornada não só para servidor público com deficiência, mas também possibilita ao servidor público a redução de sua carga horária para 20h semanais, sem redução de vencimentos, para atender pessoa com deficiência.

Já para a maioria dos trabalhadores, os chamados celetistas, que são aqueles que têm a carteira de trabalho registrada com vínculo empregatício, ou seja, trabalhador *lato sensu*, embora a fundamentação jurídica venha a ser a mesma do servidor público (utilizada por analogia), a base legal vem de ter sido integrada ao ordenamento brasileiro a Convenção Internacional sobre os Direitos da Pessoa com Deficiência e seu Protocolo Facultativo, assinado em Nova York, pelo Decreto n. 6.949/2009, com hierarquia de direito fundamental (art. 5º, § 3º, da Constituição Federal) e da jurisprudência (decisões que demonstram o entendimento sobre a matéria no âmbito dos tribunais), consolidando-se nos casos mais recentes julgados em todo o Brasil.

Os julgados mais recentes sobre o tema demonstram o avanço significativo sobre a matéria pelo Poder Judiciário e uma consolidação crescente da jurisprudência favorável ao tema no Tribunal Superior do Trabalho. Em 26/04/2024, a 3ª Turma do Tribunal Superior do Trabalho (TST), ao julgar o tema, destacou argumentos de que as decisões que reduzem a jornada de trabalho somam-se a um núcleo ainda maior de medidas socioassistenciais direcionadas à superação das variadas barreiras que obstaculizam a inclusão da pessoa com deficiência na sociedade.

As decisões judiciais vêm direcionando a potencialização, do quanto possível, da efetivação do direito fundamental à acessibilidade (art. 9° da Convenção da ONU sobre os Direitos da Pessoa com Deficiência), já que a criança autista deve receber as mesmas oportunidades de convivência familiar e comunitária e desenvolvimento pessoal que as demais crianças.

Conclui-se que, havendo indicação de tratamento terapêutico para criança autista, é necessário consolidar por meio de um relatório médico completo a indicação das terapias e dos vários especialistas que serão envolvidos no acompanhamento do desenvolvimento pleno da criança. A desconsideração das recomendações específicas, além da urgência quanto à implementação dos atendimentos, com vistas ao maior aproveitamento das terapias e a possibilidade de mitigar danos (irreparáveis) ao desenvolvimento das capacidades da criança, é negar acesso ao direito universal à saúde e ao desenvolvimento pleno da criança autista.

Conclusão

A jornada dos pais de crianças autistas é marcada por uma dedicação extraordinária. O trabalho desses pais é inestimável, não apenas pelo sustento financeiro que proporcionam, mas também pelo amor e suporte contínuo que oferecem a seus filhos. No entanto, para que uma criança autista possa alcançar seu pleno potencial de desenvolvimento, é crucial que ela tenha acesso a cuidados e tratamentos adequados. A redução da jornada de trabalho emerge como uma solução prática e necessária, permitindo que os pais estejam mais presentes nas terapias e consultas médicas, essenciais para o progresso da criança. Reconhecer e apoiar essa necessidade é um passo fundamental para construir uma sociedade mais inclusiva e justa, em que cada criança autista tenha a oportunidade de florescer e alcançar seu máximo potencial.

Referências

BRASIL. [Constituição (1988)]. *Constituição da República Federativa do Brasil de 1988*. Brasília, DF: Presidência da República, [2016]. Disponível em: http://www.planalto.gov.br/ccivil_03/Constituicao/Constituicao.htm. Acesso em: 29 maio 2024.

BRASIL. *Decreto N. 6.949, de 25 de agosto de 2009*. Promulga a convenção internacional sobre os direitos das pessoas com deficiência e seu protocolo facultativo, assinados em Nova York, em 30 de março de 2007. Brasília, DF, 2009. Disponível em: https://www.planalto.gov.br/ccivil_03/_ato2007-2010/2009/decreto/d6949.htm. Acesso em: 29 maio 2024.

BRASIL. *Decreto N. 99.710, de 21 de novembro de 1990*. Promulga a convenção sobre os direitos da criança. Brasília, DF, 1990. Disponível em: https://www.planalto.gov.br/ccivil_03/decreto/1990-1994/d99710.htm. Acesso em: 29 maio 2024.

BRASIL. *Lei N. 6.938, de 31 de agosto de 1981*. Dispõe sobre a política nacional do meio ambiente, seus fins e mecanismos de formulação e aplicação, e dá outras providências. Brasília, DF, 1981. Disponível em: https://www.planalto.gov.br/ccivil_03/leis/l6938.htm. Acesso em: 29 maio 2024.

BRASIL. Lei N. 8.112, de 11 de dezembro de 1990. Dispõe sobre o regime jurídico dos servidores públicos civis da União, das autarquias e das fundações públicas federais. Disponível em: https://www.planalto.gov.br/ccivil_03/leis/l8112cons.htm. Acesso em: 29 maio 2024.

BRASIL. *Consolidação das leis do trabalho*. Decreto-lei n. 5.452, de 1º de maio de 1943. Aprova a consolidação das leis do trabalho. Brasília, DF, 1967. Disponível em: https://www.planalto.gov.br/ccivil_03/decreto-lei/del5452.htm. Acesso em: 29 maio 2024.

ESTOCOLMO. [Stockholm Convention (1972)]. *Stockholm Convention on persistent organic pollutants (POPS), text and annexes revised in 2019*. Disponível em: https://chm.pops.int/TheConvention/Overview/TextoftheConvention/tabid/2232/Default.aspx. Acesso em: 29 maio 2024.

SANTA CATARINA. *Lei N. 17.292, de 19 de outubro de 2017*. Consolida a legislação que dispõe sobre os direitos das pessoas com deficiência. Disponível em: http://leis.alesc.sc.gov.br/html/2017/17292_2017_lei.html#:~:text=Fica%20institu%C3%ADda%2C%20no%20Estado%20de,efeitos%20legais%2C%20pessoa%20com%20defici%C3%AAncia. Acesso em: 29 maio 2024.

32

A IMPORTÂNCIA DA EQUIPE INTERDISCIPLINAR NO AUTISMO

Neste capítulo, abordaremos a importância da interdisciplinaridade no tratamento do autismo, destacando a colaboração entre diversos profissionais para promover a inclusão, o bem-estar e o desenvolvimento dos pacientes. A atuação conjunta da equipe, em parceria com as famílias e outros setores, reflete um compromisso em construir uma sociedade mais acolhedora e igualitária para todos.

DANIELA GAMBOA PIANEZ

Daniela Gamboa Pianez

Fisioterapeuta graduada pela Universidade Bandeirantes de São Paulo (2009), pós-graduada em Análise do Comportamento Aplicada (ABA) (Faculdade Inspirar), Psicomotricidade no Autismo e Outros Transtornos do Desenvolvimento (CBI of Miami), terapeuta certificada Pediasuit® Protocol e Terapia Intensiva com Gaiola de Habilidades (2019). Membro do Conselho Municipal da Pessoa com Deficiência do Município de Santana de Parnaíba, no estado de São Paulo, desde 2016. Mãe atípica, idealizadora e fundadora da Clínica e Instituto Humanizzare, que, desde 2018, destaca-se como um espaço referência em saúde interdisciplinar para pacientes com autismo e outros transtornos do neurodesenvolvimento.

Contatos
www.humanizzare.com.br
daniela.gamboa@humanizzare.com.br
www.facebook.com/humanizzare/
Instagram: @dani.humanizzare
@humanizzare
WhatsApp: 11 99645 4493

Gostaria de iniciar compartilhando um pouco da minha história de vida com vocês. Sou casada com David Pianez há 15 anos e temos dois filhos: Lucas, de 14 anos, e Liam, de 3 anos.

No ano de 2010, a nossa família precisou recalcular o rumo e encontrar novos caminhos após o nascimento do nosso primogênito, Lucas. Ainda na gestação, recebemos o diagnóstico de Síndrome de Down, logo após a realização de uma biópsia do vilo corial. Posteriormente ao seu nascimento, outras comorbidades surgiram, como cardiopatia, imunodeficiência e o pé torto congênito à esquerda. Os primeiros anos de vida do Lucas foram dedicados ao seu desenvolvimento motor, passando por uma cirurgia de tenotomia de tendão calcâneo aos 3 meses de vida, por inúmeros gessos e órteses para corrigir o pé esquerdo. Meu objetivo como mãe e fisioterapeuta era garantir que ele tivesse autonomia, e conseguisse deambular da maneira mais funcional possível.

Vencidos os primeiros obstáculos, dos 2 aos 5 anos do Lucas, seguimos acompanhando seu desenvolvimento e novas características começaram a se evidenciar, entre elas estereotipias motoras, alterações sensoriais e atraso de fala, levando-nos a um novo diagnóstico, o autismo. Foi um momento desafiador para nós, sem saber onde encontrar apoio, iniciamos uma busca incansável por ajuda especializada para Lucas, mas infelizmente nos deparamos com a escassez de profissionais capacitados para oferecer tratamento ao autista e sua família. Foi assim que, em 2018, fundamos a Humanizzare.

A Humanizzare nasceu da nossa dor, mas também do nosso amor por um filho, tudo aquilo que buscamos e não encontramos, decidimos criar para ajudar outras famílias que passam pelos mesmos desafios que nós. Nosso objetivo desde o início é oferecer um espaço onde pudéssemos acolher famílias e ressignificar destinos, oferecendo tratamentos especializados e humanizados. Esse sonho foi crescendo e se transformou em um propósito lindo e cheio de amor, no qual podemos hoje acolher famílias em diversas especialidades, proporcionando um tratamento adequado para quem precisa.

Estou muito feliz por compartilhar um pouco da minha jornada de conhecimento, e espero inspirar esperança a outras famílias, incentivando-as a nunca desistirem de buscar o melhor para seus filhos. O amor e a dedicação podem transformar vidas, e é isso que nos motiva todos os dias na Humanizzare.

Uma abordagem interdisciplinar

O trabalho clínico interdisciplinar é fundamental para o desenvolvimento e a evolução dos pacientes. Em minha trajetória como membro e proprietária de uma clínica interdisciplinar que conta com profissionais de diversas áreas da saúde e até da educação, pude constatar de forma clara os benefícios e avanços que a interdisciplinaridade proporciona. As trocas de conhecimento e experiências entre as equipes são essenciais para alcançarmos resultados mais eficazes, trazendo benefícios significativos e potencializando a evolução dos pacientes. "O trabalho em equipe interdisciplinar na intervenção do autismo é essencial para implementar abordagens holísticas e eficazes" (REED *et al.*, 2017).

O autismo é um transtorno do desenvolvimento que afeta a comunicação, a interação social e o comportamento das pessoas que possuem esse diagnóstico. Diante da complexidade do autismo, é fundamental que haja uma abordagem interdisciplinar no tratamento e suporte às pessoas com autismo, envolvendo profissionais de diversas áreas.

A equipe interdisciplinar no autismo tem papel crucial no diagnóstico, intervenção e acompanhamento das pessoas com esse transtorno. Cada profissional traz uma *expertise* e perspectiva única para o trabalho em conjunto, permitindo uma abordagem holística e abrangente para atender às necessidades de cada pessoa com autismo.

Os benefícios da interdisciplinaridade

Um dos principais benefícios do trabalho interdisciplinar no autismo é a possibilidade de uma avaliação global e integrada da pessoa, levando em consideração não apenas os sintomas específicos do autismo, mas também aspectos como saúde mental, qualidade de vida, habilidades sociais, inclusão educacional e social.

"Equipes interdisciplinares especializadas em autismo são essenciais para desenvolver e implementar práticas baseadas em evidências que melhoram a qualidade de vida dos indivíduos" (HANCOCK *et al.*, 2015). Além disso, a equipe interdisciplinar no autismo favorece a troca de conhecimentos e experiências entre os profissionais, enriquecendo o trabalho colaborativo e proporcionando abordagens mais eficazes e personalizadas para cada caso. A interação e integração das diferentes áreas de atuação também contribuem para um olhar mais amplo e inclusivo sobre o autismo, rompendo com visões isoladas e limitadas.

É importante ressaltar que a atuação da equipe interdisciplinar não se restringe apenas ao ambiente clínico, mas também se estende para a escola, família e comunidade. A colaboração entre os profissionais da equipe interdisciplinar e outros envolvidos na vida da pessoa com autismo é essencial para garantir uma abordagem integrada e contínua.

A presença de uma equipe interdisciplinar no autismo é fundamental para a comunidade fomentar a inclusão social e a acessibilidade para as pessoas com esse transtorno. A sensibilização da sociedade, a promoção de espaços de convivência inclusivos e a orientação sobre o autismo são ações que podem ser desenvolvidas pela equipe interdisciplinar para criar uma comunidade mais acolhedora e informada.

Para que a equipe interdisciplinar no autismo tenha sucesso em seu trabalho, é essencial que haja uma comunicação eficaz, respeito mútuo e colaboração entre os profissionais envolvidos. O trabalho em equipe requer abertura para diferentes perspectivas, flexibilidade para ajustar estratégias e empatia para compreender as experiências e desafios de cada pessoa com autismo.

A interdisciplinaridade não se limita apenas aos aspectos clínicos, mas também abrange a promoção de uma sociedade mais justa e igualitária, em que a diversidade é celebrada e respeitada. A colaboração entre profissionais de diferentes áreas fortalece não apenas o suporte às pessoas com autismo, mas também a conscientização e educação da sociedade em relação às diferenças e às necessidades desse grupo.

Investindo no desenvolvimento

Ao investir na equipe interdisciplinar no autismo, estamos investindo no desenvolvimento e bem-estar de toda a comunidade. A atuação integrada e colaborativa desses profissionais não só impacta positivamente a vida das pessoas com autismo, mas também influencia a construção de relações mais empáticas, solidárias e inclusivas em nossa sociedade.

Essa importância vai muito além do cuidado individual, sendo um pilar fundamental na construção de um mundo mais justo, acolhedor e respeitoso para todas as pessoas, independentemente de suas diferenças. A interação e colaboração entre os diversos profissionais envolvidos nesse trabalho refletem o compromisso e a dedicação em promover a inclusão e o bem-estar das pessoas com autismo, contribuindo para uma sociedade mais compassiva e igualitária para todos.

A interdisciplinaridade no autismo envolve a atuação de uma equipe composta por diversos profissionais, cada um desempenhando um papel fundamental no suporte e cuidado às pessoas com esse transtorno. Dentre os profissionais que podem estar envolvidos nessa equipe, destacam-se:

1. **Médico**: atua na equipe interdisciplinar oferecendo suporte clínico, acompanhamento de comorbidades médicas, prescrição de medicamentos – se necessário – e coordenação do cuidado geral da pessoa com autismo em relação à saúde.
2. **Psicólogo**: realiza acompanhamento clínico junto à equipe interdisciplinar, trabalha na compreensão das emoções, na intervenção nos comportamentos desafiadores e no fortalecimento da saúde mental do paciente e sua família.
3. **Fonoaudiólogo**: atua no desenvolvimento da comunicação e linguagem da pessoa com autismo, auxiliando na melhoria da expressão verbal, na compreensão da linguagem e na interação social.
4. **Terapeuta ocupacional**: trabalha no desenvolvimento de habilidades motoras, sensoriais e de autonomia da pessoa com autismo, visando a seu melhor desempenho nas atividades diárias e na integração sensorial.
5. **Fisioterapeuta**: atua no desenvolvimento motor da pessoa com autismo, promovendo melhoria da postura, equilíbrio, coordenação motora e mobilidade. Contribui para a autonomia e qualidade de vida do indivíduo.
6. **Nutricionista**: tem papel fundamental na promoção de uma alimentação saudável e balanceada para a pessoa com autismo, levando em consideração possíveis restrições alimentares, preferências individuais e necessidades nutricionais específicas.
7. **Psicomotricista**: promove integração entre as funções psíquicas e motoras da pessoa com autismo, realizando o desenvolvimento das habilidades motoras, cognitivas e emocionais por meio de atividades psicomotoras orientadas.
8. **Psicopedagogo**: identifica as dificuldades de aprendizagem, elabora estratégias pedagógicas individualizadas, auxilia na adaptação do ambiente

escolar, favorecendo a inclusão e promovendo a integração da pessoa com autismo no contexto educacional.

9. **Musicoterapeuta**: utiliza a música como ferramenta terapêutica para estimular a comunicação, expressão emocional, interação social e desenvolvimento sensorial da pessoa com autismo, promovendo bem-estar e integração por meio da música.

Para além da clínica

A equipe interdisciplinar no autismo pode contar também com a presença de outros especialistas, como os acompanhantes terapêuticos, assistentes sociais, educadores, advogados, entre outros, dependendo das necessidades específicas de cada caso. A atuação articulada e colaborativa desses profissionais permite uma abordagem personalizada, que considera as múltiplas dimensões do autismo e as necessidades de cada pessoa.

No contexto escolar, a equipe interdisciplinar no autismo atua em conjunto com os educadores para identificar as necessidades específicas de cada aluno e propor estratégias pedagógicas inclusivas e eficazes. A troca de informações e o planejamento conjunto entre os profissionais contribuem para a adaptação do ambiente escolar às demandas do aluno com autismo, promovendo sua participação e aprendizagem de forma significativa, fomentando a inclusão, a acessibilidade e o sucesso acadêmico por meio de métodos pedagógicos diferenciados.

A família também desempenha papel essencial junto à equipe interdisciplinar, sendo parte integrante do suporte e cuidado à pessoa com autismo. O acolhimento, a compreensão e o engajamento da família são fundamentais para o progresso e bem-estar da pessoa, além de fortalecer a parceria com os profissionais envolvidos no tratamento. Ao integrar a família no processo terapêutico, a equipe interdisciplinar promove uma abordagem mais completa e eficaz, podendo oferecer suporte e orientação aos pais e cuidadores, auxiliando no entendimento do transtorno, considerando o ambiente familiar como um espaço de apoio e promoção do desenvolvimento da pessoa com autismo. A atuação conjunta dos profissionais e familiares fortalece o vínculo afetivo e a compreensão das necessidades individuais da pessoa com autismo.

A interdisciplinaridade no autismo também destaca a importância da colaboração com profissionais da área jurídica, que podem auxiliar na garantia dos direitos da pessoa com autismo, na orientação sobre políticas públicas de inclusão, na elaboração de documentos legais e na defesa de seus interesses em diferentes esferas. A atuação conjunta da equipe interdisciplinar e dos profissionais do direito fortalece a proteção e a inclusão das pessoas com autismo.

Como conclusão deste capítulo, quero enfatizar a relevância da equipe interdisciplinar no autismo como um elo fundamental na promoção da inclusão, do bem-estar e do desenvolvimento das pessoas com esse transtorno. A interação e a colaboração entre os diversos profissionais envolvidos, com a participação ativa da família e a parceria com os demais setores, contribuem para a construção de um ambiente mais acolhedor, igualitário e respeitoso para todos.

Que possamos reconhecer e valorizar o trabalho conjunto desses profissionais dedicados, comprometidos e empáticos, que diariamente oferecem um suporte de qualidade e humanizado às pessoas com autismo e suas famílias. Ao fortalecer a equipe interdisciplinar no autismo, fortalecemos também a esperança e a possibilidade de um futuro mais inclusivo, em que todos tenham a oportunidade de se desenvolver e prosperar, independentemente de suas diferenças.

Referências

HANCOCK, D. *et al.* Advances in Research on Autism and Exercise. *Advances in Autism*, 1, 1-12, 2015.

REED P. *et al.* Interdisciplinary Research and Education for Autism and Related Neurodevelopmental Conditions. *Frontiers in Integrative Neuroscience*, 11, 30, 2017.

33

A MERCANTILIZAÇÃO DO AUTISMO

LIMITES JURÍDICOS E O ACESSO AOS TRATAMENTOS DE SAÚDE

O diagnóstico de transtorno do espectro autista traz muitos desafios às famílias atípicas. As disparidades sociais dificultam o acesso aos tratamentos, que costumam ser intensivos e de alto custo, o que leva a um debate sobre a "mercantilização do autismo" e exige empatia para compreensão de todas as perspectivas envolvidas, desde as famílias até os terapeutas e os planos de saúde.

ESTÉR CASAGRANDE KHÉDE
GUILHERME CARLETE GOMES

Estér Casagrande Khéde

Advogada, sócia do Carlete e Casagrande Advogados, escritório especializado em direito da saúde e dos autistas. Pós-graduada em Direito Individual e Processual do Trabalho. Articulista.

Contatos
https://carletecasagrande.adv.br/
ester@carletecasagrande.adv.br
Instagram: @estercasagrande.adv
@carletecasagrande.adv

Guilherme Carlete Gomes

Advogado, sócio-fundador do Carlete e Casagrande Advogados, escritório especializado em direito da saúde e dos autistas. Pós-graduado em Direito Empresarial. Professor universitário. Articulista.

Contatos
guilherme@carletecasagrande.adv.br
Instagram: @guilhermecarlete

Vive-se um período em que há aumento importante dos diagnósticos do transtorno do espectro autista (TEA) e cada vez mais cedo. Embora o rastreio precoce permita intervenções cruciais na primeira infância, traz consigo inseguranças e questionamentos aos pais.

Quem orbita a realidade de uma pessoa autista compreende minimamente os desafios diários que ela enfrenta e a importância do tratamento adequado ao seu desenvolvimento.

No Brasil, a questão do acesso aos tratamentos de saúde para o TEA é ainda mais relevante, tendo em vista as altas cargas horárias de intervenção, os custos envolvidos e a renda média das famílias, o que pode impor obstáculos para muitas delas, seja pela falta de informações sobre direitos, ausência de recursos financeiros ou pela ausência de suporte estatal ou institucional.

É a partir desse cenário que se tornou corriqueiro ouvir de diversos agentes que transitam e se relacionam com esse grupo que o "autismo virou um comércio".

Mas será mesmo? Esta é a principal pergunta a ser respondida.

Para entender melhor as razões que levam a este tipo de percepção e para analisar se o sentimento comum traduz a realidade ou não, é essencial um exercício de empatia.

É isso mesmo: Empatia! Segundo o dicionário Michaelis, esta é "*Habilidade de imaginar-se no lugar de outra pessoa*".

Neste exercício, analisar-se-ão as diversas perspectivas existentes entre os agentes capazes de interferir na vida da pessoa com TEA, bem como os aspectos normativos vigentes no país.

Perspectivas sobre o autismo por quem está inserido nesse contexto

Após o diagnóstico de TEA, uma preocupação central tanto para o paciente quanto para seus familiares está em entender quais são os tratamentos mais adequados para promover o desenvolvimento do indivíduo, os custos e como, de fato, conseguir acessá-los.

Ao receber o laudo médico com a carga horária de terapias prescrita, a família atípica tem três caminhos para escolher:

1. Procurar o plano de saúde para custeio das intervenções, ou, caso não o tenha, contratar um.
2. Procurar o Sistema Único de Saúde (SUS).
3. Pagar os tratamentos de forma particular.

Para quem não está familiarizado com os desafios inerentes ao TEA, em uma análise superficial, a decisão sobre qual caminho seguir pode parecer simples, mas não é, pois cada escolha tem suas peculiaridades e entraves.

No que tange à relação com os de planos de saúde, os desafios estão, sobretudo, em oito aspectos:

- Acesso a todos os tratamentos.
- Interferência do plano no tratamento indicado.
- Acesso ao tratamento em clínica apta.
- Imposição de carências ou prazos injustificados para acesso aos serviços.
- Dificuldade para a contratação ou portabilidade do plano.
- Ausência de rede credenciada na região de cobertura.
- Dificuldade para obtenção de reembolso de serviços obrigatórios.
- Cobrança de coparticipação de forma indevida.

Quem busca o custeio dos tratamentos pelos planos de saúde já se deparou, invariavelmente, com um desses desafios, senão todos.

Se, por outra via, a família atípica optar por buscar o SUS para fornecimento do tratamento, enfrentará os problemas estruturais inerentes ao serviço público brasileiro, que vão desde a escassez de recursos financeiros e de profissionais, à própria estrutura física e organizacional, o que acarreta longos períodos de espera em filas intermináveis.

Ainda que o Terceiro Setor, composto por instituições privadas essenciais, como, por exemplo, as APAEs e diversas outras associações, forneça assistência e serviços especializados para as famílias atípicas mais vulneráveis, tal atuação não é suficiente para suprir toda a demanda. Portanto, os pacientes que dependem do SUS para receberem as intervenções terapêuticas, na maioria das vezes, não as recebem na forma indicada.

Noutra senda, se a família atípica optar pelo custeio de forma particular, enfrentará os valores praticados pelas clínicas especializadas somados às altas cargas horárias de intervenção.

Para ilustrar essa conta, propõe-se mais um exercício. Imagine que o médico de uma criança autista solicitou intervenções terapêuticas com carga horária de 20 horas semanais de psicologia com base na ciência ABA, 4 sessões semanais de fonoaudiologia, 4 sessões semanais de terapia ocupacional com integração sensorial de Ayres e 2 sessões semanais de psicopedagogia, sendo que cada sessão teria uma hora de duração. Assim, seriam ao menos 30 horas semanais de intervenção.

Imagine agora que cada sessão tenha o valor de R$ 100,00. Dentro desse cenário, o custo semanal das terapias seria de R$ 3.000,00, o que corresponderia, em média, a R$ 12.000,00 ao mês.

Em um país onde a renda média per capita em 2023 foi de R$ 1.893,00, segundo o IBGE, o custo médio mensal com um tratamento de autismo se mostra inacessível para a maioria da população.

Ainda que a carga horária de intervenção seja variável conforme cada indivíduo, a distância entre os custos do tratamento e a renda média do trabalhador brasileiro é muito significativa.

Essa distância é o fator crucial para a percepção de que o autismo teria virado um "*comércio*" ou um "*mercado lucrativo*". Afinal, se há uma população crescente que necessita de tratamentos e o custo final se mostra intangível para a maioria desse público, a sensação que muitos têm é de que os valores cobrados pelos serviços de saúde são excessivos.

Mas são mesmo?

Na perspectiva dos profissionais da saúde ou de uma clínica multidisciplinar, a prestação dos serviços exige atenção a uma complexidade de requisitos legais e técnicos.

Na seara técnica, a Associação Brasileira de Psicoterapia e Medicina Comportamental (ABPMC)[1] consigna a estrutura e os requisitos para a prestação desses serviços.

Dentre os requisitos, estão, por exemplo, que o analista do comportamento supervisor deve ter qualificação mínima com título de Mestrado ou Doutorado em Análise do Comportamento ou áreas associadas ou Título BCBA fornecido pelo *Behavior Analyst Certification Board*; graduação em área da saúde ou educação que tenha um conselho representativo de classe e respectivo código de ética; prática supervisionada e educação continuada.

De igual modo, para outros agentes dentro do serviço de intervenção baseado na ciência ABA, também existem requisitos mínimos a serem atendidos,

1 Disponível em: <https://abpmc.org.br/wp-content/uploads/2021/11/1556901447d2fb7c4f8e55.pdf>. Acesso em: 16 maio de 2024.

que, por sua vez, exigem, de cada profissional, empenho e disciplina para se manterem ativos em sua formação continuada, além de investimentos de tempo e dinheiro.

E este é só o aspecto do profissional de saúde, independentemente de sua área de atuação. Se analisadas as demais relações em uma clínica multidisciplinar, a estrutura é muito mais complexa.

Nesta estrutura, devem coexistir colaboradores que terão atuação direta nos serviços prestados, mas também os que terão funções administrativas (auxiliares administrativos, de serviços gerais, gerentes etc.), sobre os quais a clínica terá que arcar com os salários e demais encargos previstos na legislação trabalhista e previdenciária, custos com impostos, estrutura física, equipamentos, materiais terapêuticos e os inerentes ao risco da atividade.

Esse, por sinal, muitas vezes é desconsiderado, mas constitui um elemento importantíssimo para a administração de qualquer negócio. Afinal, quando uma clínica recebe uma criança, se responsabiliza pela integridade física dela. Assim, qualquer negligência que implique danos ao paciente será passível de indenização.

Nesse cenário, é inevitável que os custos dos serviços sejam altos, pois são necessários profissionais altamente qualificados, uma estrutura complexa e com riscos relevantes, o que, para ser mantido, custa caro.

Com esse custo, que é inacessível ao cidadão médio brasileiro, os planos de saúde também não querem arcar, o que culmina na precarização dos tratamentos de autismo em muitas clínicas credenciadas.

A visão sobre o custeio dos tratamentos pelos planos é a do menor custo possível, haja vista que também possuem um tipo de operação complexa, com demandas sensíveis de seus beneficiários e que envolvem, em muitos casos, valores altíssimos.

Nos casos dos tratamentos relacionados ao TEA, na ânsia de reduzir os valores de forma imediata, os planos acabam por suportar custos ainda maiores a longo prazo, uma vez que a criança que não receber o tratamento adequado o mais cedo possível demandará carga de intervenções maior e por mais tempo.

Interferir na conduta clínica para reduzir carga horária e/ou tempo de sessões, adotar procedimentos padronizados e/ou coletivos para demandas que carecem de atenção personalizada e individualizada são práticas abusivas comuns em clínicas credenciadas e que precisam ser revistas.

Existem clínicas boas e ruins, profissionais bons e ruins, planos de saúde bons e ruins. O que não se pode admitir é que o interesse econômico se sobreponha à proteção aos bens jurídicos da saúde e da vida.

É sabido que os planos de saúde surgiram como uma forma de a iniciativa privada, com outorga constitucional, suprir uma demanda que o Estado se mostra incapaz de atender na integralidade. Foi nesse espírito que surgiu a saúde suplementar, da qual os planos fazem parte.

Se o intuito da criação dos planos é a garantia do fornecimento de serviços de saúde aptos a cuidar das demandas existentes, é inadmissível a precarização dos tratamentos com objetivos meramente financeiros.

Aspectos jurídicos

A complexidade econômica dos custos das terapias para o TEA envolve os direitos e interesses de todas as partes.

Manter profissionais e serviços qualificados que atendam às diretrizes da ABPMC implica custos consideráveis, o que muitas vezes resulta em conflitos entre as partes e dá a falsa sensação da criação de um "mercado lucrativo".

Embora existam aproveitadores dentro do ambiente, é prudente presumir que todos agem conforme a legislação e os preceitos éticos, até que se prove o contrário.

De todo modo, independentemente dos custos, é imperativo garantir o acesso aos tratamentos essenciais ao desenvolvimento da pessoa com TEA.

A Constituição Federal, nos artigos 6º e 196, define a saúde como um direito social de todos e dever do Estado.

A Lei 12.764/12 – Lei Berenice Piana, em seu artigo 3°, III, estabelece como direitos da pessoa com TEA o acesso a ações e serviços, com vistas à atenção integral às suas necessidades de saúde.

A Lei Berenice Piana, em seu artigo 5°, proíbe, ainda, que a pessoa autista seja impedida de participar de planos de saúde. Portanto, seja pela via do custeio particular, pelo SUS ou pelos planos, é direito indiscutível da pessoa autista o acesso aos tratamentos.

No que tange aos planos, os §§ 12º e 13º, do artigo 10, da Lei 9.656/98, inseridos pela Lei 14.454/2022, estabelecem que, ainda que o tratamento prescrito pelo médico não esteja listado no Rol de Procedimentos Obrigatórios da Agência Nacional de Saúde Suplementar (ANS) (Resolução 465/2021), deverá ser fornecido pela operadora se houver comprovação científica ou recomendação pela Comissão Nacional de Incorporação de Tecnologias

(CONITEC) do Sistema Único de Saúde, ou órgão de avaliação de tecnologias em saúde de renome internacional.

Não obstante, as Resoluções Normativas n. 469/2021, 539/2022 e 541/2022 da ANS já previam sessões ilimitadas com psicólogos, fonoaudiólogos, terapeutas ocupacionais e fisioterapeutas, bem como a cobertura dos procedimentos necessários às pessoas com TEA prescritos pelo médico assistente com profissionais aptos a executar os métodos ou técnicas prescritas.

Desta feita, não compete à operadora apenas oferecer as terapias necessárias prescritas pelo médico, mas fazê-lo de forma qualitativa, observados os requisitos mínimos descritos pela ABPMC e pela legislação.

Conclusão

O cerne deste estudo passa pelo questionamento da existência ou não de uma "mercantilização" com viés estritamente "lucrativo" dos serviços de saúde, em prejuízo do paciente.

Ao adotar uma perspectiva empática, percebe-se que a pessoa com TEA enfrenta muitos desafios na escolha da forma de custeio dos tratamentos, já que todas apresentam obstáculos.

A vida do indivíduo autista é uma constante superação, desde suas eventuais limitações até questões de preconceito e ganância de terceiros. Além disso, manter um serviço de saúde com profissionais qualificados e alinhados a diretrizes científicas requer investimentos substanciais em tempo, dinheiro e formação continuada.

Como em qualquer outra área, manter uma equipe qualificada e apta ao exercício de sua atividade impõe investimentos altos que, embora sejam significativos, não podem ser considerados abusivos ou "*meramente lucrativos*" e em prejuízo ao paciente.

Infelizmente, a carga horária de intervenção em crianças atípicas costuma ser extensa, o que torna os tratamentos inacessíveis à maioria da população brasileira. Entretanto, o aspecto econômico não pode impedir a pessoa de se utilizar dos serviços de saúde, independentemente de quem o custeie. O acesso aos tratamentos indicados DEVE SER GARANTIDO!

Referências

AGÊNCIA NACIONAL DE SAÚDE – ANS. *Resolução Normativa – RN n. 469, de 09 de julho de 2021*. Disponível em: https://www.ans.gov.br/component/legislacao/?view=legislacao&task=textoLei&format=raw&id=NDA2Mg==. Acesso em: 16 maio 2024.

AGÊNCIA NACIONAL DE SAÚDE – ANS. *Resolução Normativa – RN n. 539, de 23 de junho de 2022*. Disponível em: https://www.ans.gov.br/component/legislacao/?view=legislacao&task=textoLei&format=raw&id=NDI1Ng==. Acesso em: 16 maio 2024.

AGÊNCIA NACIONAL DE SAÚDE – ANS. *Resolução Normativa – RN n. 541, de 11 de julho de 2022*. Disponível em: https://www.ans.gov.br/component/legislacao/?view=legislacao&task=textoLei&format=raw&id=NDI2NA==. Acesso em: 16 maio 2024.

ASSOCIAÇÃO BRASILEIRA DE PSICOLOGIA E MEDICINA COMPORTAMENTAL. *Registro para prestadores de serviço em análise do comportamento aplicada (ABA) ao desenvolvimento atípico/TEA da ABPMC*. Disponível em: https://abpmc.org.br/wp-content/uploads/2021/11/1556901447d2fb7c-4f8e55.pdf. Acesso em: 16 maio 2024.

BRASIL. *Constituição da República Federativa do Brasil de 1988*. Brasília, DF: Presidência da República. Disponível em: https://www.planalto.gov.br/ccivil_03/constituicao/constituicao.htm. Acesso em: 16 maio 2024.

BRASIL. *Lei n. 9.656 de 03 de junho de 1998*. Dispõe sobre os planos e seguros privados de assistência à saúde. Brasília, DF: Presidência da República. Disponível em: https://www.planalto.gov.br/ccivil_03/leis/l9656.htm. Acesso em: 16 maio 2024.

BRASIL. *Lei n. 12.764 de 27 de dezembro de 2012*. Institui a Política Nacional de Proteção dos Direitos da Pessoa com Transtorno do Espectro Autista; e altera o §3º do art. 98 da Lei n. 8.112, de 11 de dezembro de 1990. Brasília, DF: Presidência da República. Disponível em: https://www.planalto.gov.br/ccivil_03/_ato2011-2014/2012/lei/l12764.htm. Acesso em: 16 maio 2024.

BRASIL. Ministério da Saúde. *Portaria Conjunta n. 7, de 12 de abril de 2022*. Disponível em: https://bvsms.saude.gov.br/bvs/saudelegis/saes/2022/poc0007_19_04_2022.html#:~:text=Aprova%20o%20Protocolo%20Cl%-

C3%ADnico%20e,Transtorno%20do%20Espectro%20do%20Autismo. Acesso em: 16 maio 2024.

COMISSÃO NACIONAL DE INCORPORAÇÃO DE TECNOLOGIAS NO SISTEMA ÚNICO DE SAÚDE – CONITEC. *Relatório de recomendação de protocolos clínicos e de diretrizes terapêuticas n. 716:* comportamento agressivo no transtorno do espectro do autismo. Brasília, DF: 2022.

EMPATIA. *Michaelis Dicionário Brasileiro da Língua Portuguesa*. Disponível em: https://michaelis.uol.com.br/busca?r=0&f=0&t=0&palavra=empatia. Acesso em: 16 maio 2024.

INSTITUTO BRASILEIRO DE GEOGRAFIA E ESTATÍSTICA (IBGE). *IBGE divulga rendimento domiciliar per capita 2023 para Brasil e unidades da Federação*. Rio de Janeiro: Editora Estatísticas Sociais. Disponível em: https://agenciadenoticias.ibge.gov.br/agencia-sala-de-imprensa/2013-agencia-de-noticias/releases/39262-ibge-divulga-rendimento-domiciliar-per-capita-2023-para-brasil-e-unidades-da-federacao. Acesso em: 16 maio 2024.

34

CLÍNICA TRANSDISCIPLINAR DE SUCESSO

IMPORTÂNCIA E IMPACTO NA COMUNIDADE

Este capítulo trata do aumento das clínicas multidisciplinares e da importância do acesso ao tratamento com a análise do comportamento aplicada (ABA) por pessoas autistas, destacando a necessidade de um compromisso com um propósito além de metas financeiras, do foco no desenvolvimento dos pacientes e no impacto positivo nas famílias através da busca pela excelência e da atualização profissional constante.

ANA CAROLINA MATOS

Ana Carolina Matos

Fundadora e diretora da Nova Real Saúde e do Universo ABA, clínicas especializadas em atendimento transdisciplinar para autistas desde 2014. Suas clínicas são exemplos de sucesso e pioneiras, no Rio de Janeiro, na implementação de tratamentos baseados na ciência ABA. Uma visionária empreendedora natural do Rio de Janeiro, que também abraçou o propósito de promover conhecimento por meio da criação do Instituto Universo ABA, que organiza cursos de capacitação, palestras de conscientização, *workshops* e treinamentos sobre autismo para pais, familiares, profissionais da saúde e da educação. Seu grande objetivo é promover um impulso no processo de inclusão no Brasil. Uma inspiração para profissionais que desejam empreender e levar esperança para os pacientes e as famílias. Sua trajetória é um exemplo de como o compromisso pela missão pode transformar vidas, promovendo inclusão e desenvolvimento para todos.

Contatos
www.universoaba.com.br
anacarolina@universoaba.com.br
Instagram: @universoaba
@institutouniversoaba
@anacarolinamatos.aba

Compromisso com o propósito e missão

Você já parou para pensar na jornada que é a vida? Cada decisão, cada pessoa ou profissional que cruza seu caminho pode mudá-lo completamente. Em sua jornada, toda família com indivíduos autistas enfrenta o desafio de encontrar uma boa clínica. Pensando nisso, o compromisso com o propósito e a missão é determinante para uma clínica de sucesso. Esse será o alicerce que sustentará todas as decisões da empresa. A clareza sobre o motivo pelo qual a clínica foi criada e qual é o seu objetivo com os pacientes é essencial para orientar as ações do dia a dia e manter o foco no longo prazo. O compromisso com o propósito deve ir além do sucesso financeiro ou do reconhecimento profissional, precisa envolver o conceito de fazer a diferença na vida das pessoas, impactar positivamente e de maneira duradoura cada vida.

A dedicação diária ao autismo e suas complexidades deve ser impulsionada pelo forte compromisso com o propósito, indo além de oferecer tratamentos. É essencial apoiar não somente os pacientes, mas também suas famílias. Crianças autistas precisam de recursos e apoio para alcançar seu potencial e viver de forma independente. Uma missão focada nos direitos das crianças se reflete em todos os aspectos do trabalho, desde os programas de intervenção até o relacionamento com os pacientes e suas famílias. O objetivo de toda clínica deve ser ajudá-los em cada etapa do processo de tratamento, que muitas vezes é longo.

E como uma clínica pode oferecer muito além de o melhor atendimento possível? Como ter objetivos não só financeiros e diminuir a dor dos envolvidos? É preciso promover um impulso no processo de inclusão, buscando maneiras de ampliar o impacto e alcançar mais pessoas como, por exemplo, promover rodas de conversa com pais e cuidadores, conscientizar sobre a importância de um olhar cuidadoso para o desenvolvimento infantil por meio de palestras e formações continuadas, realizar eventos de promoção à inclusão, fornecendo recursos e suporte para escolas, igrejas e famílias de crianças com autismo, promovendo um senso de pertencimento e reduzindo o preconceito que existe, em sua maioria, pela falta de informação.

Um propósito claro também motiva a equipe, inspirando cada profissional que a integra a trabalhar em conjunto para alcançar objetivos comuns e superar desafios.

Transdisciplinaridade

Cada organização de saúde deve estar comprometida em fazer tudo o que está ao alcance para ajudar os indivíduos a atingirem seu pleno potencial e viver uma vida feliz. Quando falamos sobre o transtorno do espectro autista (TEA), estar dentro de um espectro significa que há uma diversidade de sintomas e níveis de suporte, e isso faz que cada indivíduo seja único e com desafios diferentes dos demais. E aqui está a importância da transdisciplinaridade dentro de uma clínica que atende esse público.

Muitas famílias procuram clínicas multidisciplinares que oferecem tratamento para o TEA, mas é importante fazer uma observação: realizar tratamento em uma clínica multidisciplinar significa que todas as terapias serão feitas no mesmo lugar. No entanto, embora cada profissional traga consigo uma *expertise* única e complementar, é preciso haver uma integração de toda equipe multiprofissional, para que os cuidados sejam mais abrangentes e eficazes. E isso só é possível se existir uma visão completa do paciente.

Em se tratando de autismo, é preciso lembrar que os planos de intervenção devem ser elaborados de maneira personalizada, considerando os aspectos emocionais, sociais, cognitivos, psicológicos e físicos – todas as dimensões da saúde. O tratamento padrão ouro utilizado é a ciência ABA (*Applied Behavior Analysis* – em português, Análise do Comportamento Aplicada), que permite analisar, explicar e modelar o comportamento. Intervenções precoces e intensivas de ABA, usando estratégias de ensino prazerosas, oferecem resultados significativamente melhores.

ABA traz a transdisciplinaridade para o centro em que as especialidades, além de estarem no mesmo lugar, conversam entre si, interagem e se unem, permitindo uma avaliação completa do paciente. O tratamento torna-se um só, independentemente de quem o está realizando, sejam terapeutas ocupacionais, fonoaudiólogos, psicólogos e/ou outros profissionais capacitados em ABA. A colaboração entre esses profissionais de diferentes áreas é imprescindível para o sucesso do tratamento. A quantidade de especialidades necessárias pode mudar, dependendo do tipo de intervenção. Nas intervenções abrangentes, que incluem comportamentos que são alvo de mediação em diversas áreas do desenvolvimento, pode ser necessário inserir mais especialistas. Diferentemente da intervenção focada, em que os alvos são poucas áreas do desenvolvimento.

Para que uma intervenção baseada na ciência ABA seja eficaz, é fundamental a presença de profissionais como o supervisor, o coordenador e os aplicadores. Vale lembrar que a equipe pode ser composta por diferentes profissionais, porém a existência de um supervisor é indispensável e promove uma comunicação eficaz entre os membros da equipe por meio de reuniões regulares, em que é possível discutir o progresso de cada paciente, compartilhar informações e ideias, além de revisar os planos de intervenção conforme necessário. É recomendado que esse profissional que guia toda a equipe de intervenção seja um *expert* no assunto, geralmente com mestrado na área do desenvolvimento atípico, além de comprovada experiência na prática profissional. Ele não só incentiva a colaboração interdisciplinar e a troca de conhecimentos, mas direciona os profissionais em como realizar as estratégias de ensino.

O analista do comportamento supervisor pode atuar diretamente supervisionando os aplicadores ou pode contar com um coordenador especialista em análise do comportamento para auxiliar em algumas funções. O aplicador ABA é responsável por diversas atividades, como: coletar dados, aplicar programas, produzir materiais, organizar o ambiente de aplicação, realizar os registros que produzirão dados para a supervisão tomar decisões, entre outras.

Por fim, a integração da equipe também precisa se estender às famílias dos pacientes. A parceria com os pais é fundamental para o processo de intervenção. Todas as estratégias de manejo de comportamentos devem ser planejadas de maneira que possam ser implementadas em casa, garantindo uma continuidade no suporte ao desenvolvimento da criança fora do ambiente clínico.

Busca pela excelência

Todo profissional e instituição devem buscar a excelência pela atualização com pesquisas e avanços mais recentes, pois eventualmente surgem novas especialidades e abordagens que contribuem significativamente para a melhora dos pacientes, especialmente em habilidades sociais. A integração de conhecimentos permite mais assertividade no diagnóstico e no tratamento de transtornos que, na maioria das vezes, são acompanhados de comorbidades.

Essas condições complexas exigem o cuidado de levar em consideração os múltiplos fatores que influenciam a saúde do paciente.

A ciência deve ser o que impulsiona o progresso e a inovação na clínica, pela análise dos resultados gerados pelas intervenções. É importante que a clínica esteja interessada em garantir que os pacientes recebam o mais alto padrão de cuidado possível e de forma atualizada. Não é possível, hoje, manter-se estagnado em padrões sociais. Todos os integrantes da equipe terapêutica devem buscar avançar na proporção da ciência.

É preciso estar comprometido com a integração de conhecimentos no campo do autismo e da análise do comportamento aplicada (ABA) e com a busca incessante pela excelência. O cenário ideal é onde médico, terapeuta, família, escola, governo, operadora de saúde e a sociedade busquem entender o papel de cada um na promoção da equidade e da inclusão, mas isso só pode ser feito pela disseminação do conhecimento.

O acesso a esse conhecimento pode se dar por meio da troca de experiências dos próprios membros da equipe multidisciplinar. Quando terapeutas contribuem para o desenvolvimento profissional e pessoal de seus pares, enriquecem o ambiente de trabalho, o que deságua na transdisciplinaridade. A busca pela excelência pode ser estimulada, mas precisa se tornar um objetivo individual e intencional. Um profissional obstinado, que tem hábito da leitura de livros, artigos científicos e realiza cursos com especialistas devidamente acreditados e experientes tem mais chances de oferecer um trabalho digno de admiração. A cultura da colaboração mútua, do debate e do compartilhamento de conhecimento, precisa ser estabelecida entre os participantes dessa realidade e cada profissional deve entender seu papel de não se prender somente aos tratamentos, mas também na disseminação de conhecimento, desde que baseado em evidências científicas.

A excelência não é um destino, mas sim um processo contínuo de aprendizado. Não existe excelência sem investimento na formação e capacitação contínua das famílias, das equipes terapêuticas, escolares e da sociedade. Precisamos garantir que todos estejam atualizados com as mais recentes pesquisas, técnicas e práticas recomendadas em ABA e no tratamento do autismo; e, pela internet, tudo isso é possível numa proporção muito maior.

A maneira como os processos burocráticos são realizados dentro da clínica também influencia na excelência; por isso, devem ser realizadas avaliações regulares de protocolos de intervenção, pesquisas e a implementação de tecnologias inovadoras. E nessa busca pela excelência, finalizo dizendo que é importantíssimo ouvir, acolher e tratar as famílias. É preciso desenvolver estratégias para cuidar de quem cuida, promover um ambiente de debate, escuta e planejamento para melhorar a qualidade de vida de todos os envolvidos.

Superando desafios e transformando vidas

Mediante aumento da incidência do autismo, surgem inúmeros desafios. Muitas famílias enfrentam filas e dificuldades para encontrar locais apropriados para terapia. A escassez de profissionais qualificados aumenta os preços nas clínicas particulares, resultando em desafios financeiros para as operadoras de saúde que custeiam tratamentos longos e intensivos.

Nesse cenário, surgem muitas clínicas multidisciplinares novas, com propósito claro, mas sem a experiência que leva à excelência. Para que essa clínica se torne uma clínica transdisciplinar de sucesso, é preciso aprender a superar desafios, como: lidar com casos complexos, enfrentar obstáculos financeiros, adaptar-se a mudanças no mercado de contratação de profissionais, responder às demandas administrativas e burocráticas de credenciamento, autorização e faturamento dos tratamentos custeados pelos convênios.

Diante disso, o que vai impulsionar o progresso e o crescimento da clínica é a capacidade de superar essas adversidades e encontrar soluções criativas. Habilidades como resiliência, adaptabilidade e inovação precisam ser desenvolvidas; caso contrário, a missão não consegue ser atingida. Os problemas não devem ser motivo para o desânimo ou para a desistência, precisam representar uma oportunidade de aprendizado. A clínica, os terapeutas e as famílias precisam criar uma relação de reciprocidade para que seja possível superar esses desafios, quando todos têm o mesmo objetivo e não competem entre si.

O caminho do desenvolvimento para os autistas pode ser repleto de obstáculos, e muitas vezes acreditar no potencial de cada criança para superá-los e alcançar grandes conquistas não é suficiente. Eles precisam de suporte, de equipes obstinadas em dar seu melhor mesmo nos momentos de dificuldades, pois ao longo dessa jornada diversos desafios surgem, desde dificuldades para o início do tratamento de forma precoce até a falta de recursos adequados para a execução da intervenção. Contudo, não pode faltar a determinação para enfrentar essas dificuldades, procurando soluções criativas e inovadoras para ajudar no avanço dos pacientes, sempre pautados pela ética.

Tendo dito isso, toda nova clínica deve buscar cultivar um ambiente de respeito, empatia e confiança entre os integrantes da equipe. Poder investir em profissionais qualificados de diversas áreas e que aceitem uma abordagem colaborativa é um diferencial. O trabalho em equipe é uma das chaves para superar desafios. E para alcançar esse sonho de qualquer empresa, é preciso treinar a comunicação transparente e assertiva entre os membros da equipe, evitando mal-entendidos e conflitos, facilitando a resolução de problemas.

A missão precisa ser superar desafios e o propósito, testemunhar transformações significativas na vida dos pacientes, desde melhorias no comportamento social até ganhos no desenvolvimento cognitivo e motor, em que cada avanço representa uma vitória não apenas para a criança, mas para toda a família. Viver essa experiência de transformação deve ser o combustível que move toda engrenagem e compromete cada integrante da equipe a continuar se capacitando e apoiando os pacientes e suas famílias na jornada rumo a uma vida com mais independência e dignidade.

35

BPC/LOAS PARA AUTISTAS

Este capítulo explora o Benefício de Prestação Continuada (BPC) no contexto dos direitos dos autistas, abordando sua definição, critérios de elegibilidade e avaliação da deficiência. Detalha o processo administrativo e judicial para obtenção do benefício, enfatizando a importância de uma avaliação criteriosa e inclusiva, e destaca a colaboração entre profissionais da saúde e famílias para assegurar a dignidade e os direitos dos autistas.

GRAZIELE ALVES

Graziele Alves

Advogada previdenciária com mais de seis anos de atuação na área e mentora de advogados. Especializou-se em direito previdenciário e direito da saúde, dedicando-se com afinco à defesa dos direitos dos mais vulneráveis. Ao longo desses anos de atuação, desenvolveu um profundo conhecimento das normas que envolvem os benefícios previdenciários e assistenciais, com enfoque especial na proteção dos direitos da pessoa autista. Com uma trajetória marcada por compromisso com a justiça social e impacto transformador na vida das pessoas, Dra. Grazi – como é chamada por seus clientes – tem sido uma defensora incansável dos direitos dos que mais precisam, trabalhando de perto com famílias e profissionais da saúde para assegurar que seus clientes tenham acesso aos benefícios e recursos a que têm direito. Palestrante, mentora de advogados, continua a advogar com paixão e determinação, sempre buscando aprimorar-se e contribuir para uma sociedade mais justa e inclusiva, deixando um legado de transformação e esperança por onde passa.

Contato
@grazieleas

O que é o Benefício de Prestação Continuada (BPC)

O Benefício de Prestação Continuada (BPC) é um direito assistencial garantido pela Lei Orgânica da Assistência Social (LOAS), instituída pela Lei 8.742/1993, por isso usa-se muito o termo "BPC/LOAS". O benefício assegura o pagamento de um salário-mínimo mensal a pessoas idosas com 65 anos ou mais e a pessoas com deficiência (PcD) de qualquer idade que comprovem não possuir meios de prover a própria manutenção de vida nem de tê-la provida por sua família. O objetivo do BPC é garantir a dignidade humana e a inclusão social de indivíduos em situação de vulnerabilidade.

O BPC não exige contribuição prévia ao Instituto Nacional do Seguro Social (INSS), diferentemente dos benefícios previdenciários. Trata-se de um benefício assistencial, o que significa que é financiado pelo Governo Federal e visa atender pessoas em situação de pobreza ou vulnerabilidade social, garantindo-lhes um mínimo de dignidade e qualidade de vida.

O BPC que vamos focar neste capítulo é aquele que comporta a modalidade de concessão para pessoas deficientes (PcD).

Assim, o indivíduo que busca a tutela desse benefício precisa demonstrar que possui um impedimento de longo prazo, seja de natureza física, mental, intelectual ou sensorial, que será analisado de acordo com a interação dessa pessoa com as diversas barreiras sociais existentes, demonstrando se tal deficiência a impede ou não de participar de forma efetiva e plena na sociedade em igualdade de condições com os demais.

É importante consignar que, embora o transtorno do espectro autista (TEA) seja um distúrbio do neurodesenvolvimento, para fins legais, é considerado deficiência; portanto, vamos tratar do BPC ao deficiente com foco total para autistas.

Conceito de deficiência para o BPC

A deficiência é definida pela Convenção sobre os Direitos das Pessoas com Deficiência da Organização das Nações Unidas (ONU), ratificada pelo Brasil em 2008, como "uma condição que pode ser física, mental, intelectual ou sensorial, que, em interação com diversas barreiras, pode obstruir a participação plena e efetiva na sociedade em igualdade de condições com as demais pessoas". Esse conceito é fundamental para entender quais indivíduos são considerados PcD e elegíveis ao BPC.

Essa definição reflete uma mudança significativa na compreensão da deficiência, que deixou de ser vista apenas como uma limitação individual e passou a ser considerada uma questão de interação social. Isso significa que a deficiência não está apenas na pessoa, mas nas barreiras que a sociedade impõe, dificultando ou impedindo sua plena participação.

Podemos sintetizar da seguinte maneira o conceito de deficiência:

IMPEDIMENTO DE LONGO PRAZO + BARREIRAS = DEFICIÊNCIA

No contexto do BPC, essa definição é essencial para avaliar corretamente a elegibilidade dos requerentes.

Como a avaliação da deficiência deve levar em conta não apenas a condição médica do indivíduo, mas também as barreiras sociais e ambientais que ele enfrenta no dia a dia, para os autistas, isso pode incluir dificuldades na comunicação, interação social, comportamentos repetitivos, interesses restritos e hipersensibilidade sensorial, que exigem uma análise cuidadosa e abrangente durante o processo de avaliação pelo perito.

Impedimento de longo prazo para o BPC

O que seria o impedimento de longo prazo do qual fala a legislação? O impedimento de longo prazo é aquele que, devido à sua natureza duradoura, afeta a vida do indivíduo por um período significativo.

Para os autistas, esses impedimentos podem incluir dificuldades na comunicação, interação social, comportamentos repetitivos e interesses restritos, que podem variar amplamente em termos de gravidade e impacto.

O TEA é uma condição neurobiológica que acompanha o indivíduo **ao longo de toda a vida**, manifestando-se desde a primeira infância. As características do TEA podem variar significativamente entre os indivíduos, resultando em ampla gama de habilidades e necessidades, a depender do nível de suporte.

Algumas pessoas no TEA podem ter dificuldades severas que afetam profundamente a capacidade de viver de forma independente, enquanto outras podem ser altamente funcionais e necessitar de menos apoio. E como saberemos quais barreiras o indivíduo enfrentará? Apenas com o tempo. Logo, podemos concluir que somente a longo prazo saberemos quais barreiras o indivíduo enfrentará e quais os impactos delas na vida dele.

Mas o que diz a legislação sobre **impedimento de longo prazo**? Quanto tempo seria? Segundo a LOAS (Lei Orgânica da Assistência Social), em seu art. 20, § 10:

> Art. 20. O benefício de prestação continuada é a garantia de um salário-mínimo mensal à pessoa com deficiência...
> § 10. Considera-se impedimento de longo prazo, para os fins do § 2º deste artigo, aquele que produza efeitos pelo prazo mínimo de 2 (dois) anos. [grifo nosso]

A legislação é clara, impedimento de pelo menos 2 (dois) anos. Então, para a concessão do BPC, é essencial considerar esse impedimento mínimo de 2 (dois) anos e como eles afetam a vida do indivíduo de forma prática e concreta. Isso inclui avaliar como as dificuldades de comunicação, interação social e comportamentos repetitivos impactam a capacidade do autista de participar plenamente na sociedade. Além disso, é necessário levar em conta as barreiras ambientais e sociais que podem agravar essas dificuldades, como a falta de acessibilidade, discriminação e estigmatização.

Obstrução da participação plena e efetiva na sociedade

Para a concessão do BPC, é essencial demonstrar que a deficiência resulta em impedimentos que obstruem a participação plena e efetiva na sociedade. No caso dos autistas, essa obstrução pode se manifestar de várias formas, como dificuldades em ambientes educacionais e de trabalho, necessitando de adaptações específicas que nem sempre são disponibilizadas.

No ambiente educacional, por exemplo, autistas podem enfrentar desafios significativos devido a dificuldades de comunicação e interação social. Muitas vezes, é necessário um apoio educacional especializado, como a presença de um mediador escolar ou adaptações no currículo, para garantir que o aluno autista possa aprender de maneira eficaz e inclusiva. A ausência desses apoios pode resultar em uma exclusão prática do sistema educacional, limitando as oportunidades de desenvolvimento e aprendizado, o que não é raro vermos por aí.

Não muito diferente, no ambiente de trabalho, autistas podem enfrentar barreiras relacionadas à comunicação e à adaptação às normas sociais do ambiente laboral. A falta de compreensão e de adaptações razoáveis por parte dos empregadores pode levar à exclusão do mercado de trabalho, impedindo que esses indivíduos contribuam economicamente e alcancem a independência financeira.

Além disso, a participação social plena dos autistas pode ser dificultada por barreiras atitudinais e estruturais. A discriminação, o estigma e a falta de conscientização sobre o TEA podem criar um ambiente social hostil e excludente, limitando a inclusão social dos autistas. E por si só essas obstruções geram impotência na pessoa com deficiência, imagine como essa impotência pode ser intensificada por uma situação de miserabilidade.

Requerimento administrativo do BPC no INSS

É importante destacar que, embora não seja obrigatória a assistência de um advogado para a solicitação inicial do benefício junto ao INSS, recomenda-se fortemente a consultoria de um advogado especializado. Tal orientação visa assegurar que não haja cerceamento de direitos e que o processo de requerimento não se torne excessivamente burocrático.

E então, o processo administrativo para a concessão do BPC no INSS inicia-se com a solicitação do benefício. O requerente deve apresentar documentos que comprovem a **deficiência** e a **condição de miserabilidade**. A partir daí, é realizada uma avaliação médica e social pela equipe do INSS. Caso o benefício seja negado, o solicitante pode recorrer administrativamente dentro da própria instituição.

O primeiro passo para solicitar o BPC é realizar a inscrição no Cadastro Único para Programas Sociais do Governo Federal (CadÚnico). A inscrição pode ser feita nos Centros de Referência de Assistência Social (CRAS) ou em outros pontos de atendimento do CadÚnico. É necessário apresentar documentos de identificação de todos que compõem o grupo familiar e comprovantes de residência e renda, quando houver.

Após a inscrição no CadÚnico, o requerente deve agendar uma perícia médica e uma avaliação social no INSS. O agendamento pode ser feito pelo site do INSS, pelo telefone 135 ou diretamente nas agências do INSS. No dia da perícia, é importante levar todos os documentos médicos que comprovem a deficiência, como laudos, exames e relatórios de profissionais de saúde e pedagógicos.

Durante a perícia médica, o perito do INSS avaliará a condição clínica do requerente e verificará a presença de impedimentos de longo prazo, conforme já discutimos anteriormente. No caso dos autistas, é essencial que o perito tenha conhecimento sobre o TEA e suas especificidades, para garantir uma avaliação adequada e justa.

Em seguida, a avaliação social é conduzida por um assistente social do INSS, que realizará uma visita domiciliar para analisar o contexto socioeconômico e familiar do requerente. O assistente social deve avaliar as condições de vida, a rede de apoio disponível, as barreiras sociais e ambientais enfrentadas pelo indivíduo e como essas barreiras impactam sua participação na sociedade.

Se o benefício for negado, o requerente pode apresentar um recurso administrativo no prazo de 30 dias, contados a partir da data da ciência da decisão. O recurso deve ser protocolado na agência do INSS responsável pelo atendimento, com documentos e argumentos que justifiquem a necessidade de revisão da decisão. O recurso será analisado por uma Junta de Recursos da Previdência Social, que poderá confirmar, modificar ou anular a decisão inicial.

Mas, caso opte por não recorrer na junta de recursos do INSS, poderá de pronto judicializar o pedido.

Requerimento judicial após negativa do INSS

Tendo o pedido administrativo não resultando em exitoso, o requerente pode buscar o reconhecimento do direito ao BPC por meio da via judicial. Neste caso, é necessário ingressar com uma ação judicial em que o juiz analisará as provas documentais e, se necessário, determinará a realização de perícias adicionais.

É importante reunir todos os documentos e provas que comprovem a deficiência e a condição de miserabilidade, incluindo laudos médicos, relatórios de profissionais de saúde, relatório pedagógico, comprovantes de renda e despesas, e outros documentos que julgar relevantes.

Durante o processo judicial, o juiz poderá solicitar a realização de uma nova perícia médica e social, que será conduzida por peritos nomeados pelo judiciário. Esses peritos terão a responsabilidade de avaliar a condição do requerente de forma imparcial e independente, considerando todas as evidências apresentadas.

O juiz também analisará os argumentos e as provas apresentadas pelas partes envolvidas no processo. Caso considere necessário, o juiz poderá determinar a realização de audiências para ouvir testemunhas e colher depoimentos que possam esclarecer os fatos.

Se o juiz considerar que o requerente preenche os requisitos para a concessão do BPC, ele poderá determinar o pagamento retroativo do benefício, a partir da data da solicitação inicial; por isso recomendamos que, quando um benefício seja negado pelo INSS, haja a judicialização, para que o requerente não tenha prejuízos.

Avaliação da deficiência no BPC

A avaliação da deficiência para fins de BPC é realizada por uma equipe multiprofissional do INSS ou pela Justiça, caso seja judicializado, que considera não apenas os aspectos médicos, mas também os sociais, econômicos e ambientais que influenciam a vida do indivíduo. Para autistas, essa avaliação deve levar em conta as especificidades do transtorno do espectro autista (TEA) e os impactos práticos na vida diária.

A avaliação é feita em duas etapas principais: a avaliação médica e a avaliação social. A avaliação médica é conduzida por um perito médico, que examina a condição clínica do requerente e verifica a presença de impedimentos de longo prazo. No caso dos autistas, o perito deve considerar as características do TEA e como elas afetam a funcionalidade do indivíduo de acordo com a realidade social dele.

A avaliação social, por sua vez, é realizada por um assistente social, que analisa o contexto socioeconômico e familiar do requerente. O assistente social deve avaliar as condições de vida, a rede de apoio disponível, as barreiras sociais e ambientais enfrentadas pelo indivíduo e como essas barreiras impactam sua participação na sociedade. No caso dos autistas, essa avaliação deve incluir uma análise detalhada das dificuldades de comunicação, interação social e comportamentos repetitivos, bem como das adaptações necessárias para promover a inclusão.

Além das avaliações médica e social, o INSS utiliza o Índice de Funcionalidade Brasileiro Aplicado para Benefícios (IFBrA-BPC), um instrumento que mede o grau de funcionalidade do indivíduo em diversas áreas da vida. Esse índice é baseado na Classificação Internacional de Funcionalidade, Incapacidade e Saúde (CIF) da Organização Mundial da Saúde (OMS) e permite uma avaliação mais abrangente e detalhada da deficiência.

Critério subjetivo como a miserabilidade

Além da deficiência, o critério de miserabilidade é crucial para a concessão do BPC. A renda *per capita* familiar, segundo a lei, deve ser até 1/4 do salário-mínimo vigente por pessoa do grupo familiar. Esse critério considera a situação socioeconômica da família, avaliando se o grupo familiar tem condições de prover a manutenção da pessoa com deficiência.

A avaliação da miserabilidade envolve a análise da renda e dos bens da família. Para calcular a renda *per capita*, somam-se todas as rendas mensais dos membros da família e divide-se pelo número de pessoas que compõem o núcleo familiar.

Além da renda, a avaliação da miserabilidade pode incluir a análise das condições de moradia, gastos com saúde, educação e outras despesas essenciais. A equipe do INSS deve considerar se a família tem condições de prover os cuidados e os apoios necessários para a pessoa com deficiência. No caso dos autistas, isso pode incluir despesas com terapias, medicamentos, cuidados especializados e adaptações no ambiente doméstico.

É importantíssimo frisar que, embora a legislação estabeleça o critério de renda *per capita* inferior a 1/4 do salário-mínimo, a jurisprudência tem flexibilizado essa regra em alguns casos, reconhecendo que a situação de vulnerabilidade pode ser comprovada por outros meios, além da renda formal. Assim, é possível que famílias com renda *per capita* um pouco superior ao limite estabelecido possam obter o benefício, desde que comprovem a situação de miserabilidade e a necessidade do BPC, mesmo com uma renda superior a ¼ do salário-mínimo por pessoa. Isso refuta as teorias de que duas pessoas na mesma residência não podem receber o BPC. Trata-se de um mito. O recebimento de dois benefícios na mesma casa, por si só, não é um impedimento; é necessário realizar uma avaliação socioeconômica dessa família para que possa coexistir os dois benefícios no mesmo teto.

Características comuns e particularidades do benefício

Após esmiuçarmos o BPC, ainda temos considerações a serem feitas, por exemplo, que ele pode ser concedido também para estrangeiros que tenham residência no Brasil, não se limitando somente aos brasileiros.

Além disso, ele é um benefício de caráter assistencial, não contributivo e intransferível, ou seja, não depende de contribuições prévias ao INSS e não gera direito à pensão por morte. Para autistas, a principal particularidade é a necessidade de uma avaliação criteriosa que leve em conta as especificidades do TEA, tanto na esfera médica quanto na social.

Uma das características do BPC é que ele não pode ser acumulado com outros benefícios assistenciais ou previdenciários, exceto com os benefícios de pensão especial de natureza indenizatória. Isso significa que a pessoa com deficiência ou idosa que recebe o BPC não pode acumular o benefício com, por exemplo, aposentadorias ou pensões do INSS.

Outra característica importante é a obrigatoriedade de reavaliação periódica do benefício. O INSS realiza revisões periódicas para verificar se o beneficiário ainda preenche os requisitos para a manutenção do BPC. Essa reavaliação inclui novas perícias médicas e avaliações sociais, garantindo que o benefício seja pago apenas a quem realmente necessita.

No caso dos autistas, é fundamental que as avaliações considerem as particularidades do TEA e as necessidades específicas de cada indivíduo. Isso inclui uma compreensão aprofundada das dificuldades de comunicação, interação social e comportamentos repetitivos, bem como das adaptações necessárias para promover a inclusão e a participação social.

Além disso, é importante destacar que o BPC não é vitalício. Ele pode ser cessado se o beneficiário não atender mais aos requisitos de deficiência e miserabilidade estabelecidos pela legislação. Por isso, é essencial que os beneficiários e suas famílias mantenham atualizadas as informações no CadÚnico e estejam preparados para as reavaliações periódicas.

Conclusão

O BPC é fundamental para promover a inclusão social e garantir os direitos das pessoas com deficiência, incluindo autistas. Compreender as especificidades do transtorno do espectro autista e realizar uma avaliação justa e criteriosa assegura que o benefício atenda quem realmente necessita. Profissionais da saúde, mães atípicas e advogados desempenham um papel crucial na orientação e apoio aos beneficiários.

O BPC representa um avanço significativo na proteção social e igualdade de oportunidades para pessoas com deficiência. É necessário aprimorar os processos de avaliação e concessão do benefício, garantindo que sejam justos, inclusivos e sensíveis às necessidades específicas de cada indivíduo. A colaboração entre os setores de saúde, educação, assistência social e justiça é essencial para que o BPC cumpra sua função de promover dignidade e inclusão social, construindo uma sociedade mais justa e inclusiva.

Referências

BRASIL. *Lei orgânica da assistência social (LOAS)*, Lei n.º 8.742, de 7 de dezembro de 1993.

BRASIL. *Lei brasileira de inclusão da pessoa com deficiência (Estatuto da pessoa com deficiência)*, Lei n.º 13.146, de 6 de julho de 2015.

BRASIL. *Instrução normativa PRES/INSS n. 128*, de 28 de março de 2022.

BRASIL. *Decreto n. 3.048*, de 6 de maio de 1999, regulamento da previdência social.

Cadastro Único para Programas Sociais do Governo Federal (CadÚnico).

GLÉRIA, J. S. C. *Classificação Internacional de Funcionalidade, Incapacidade e Saúde*. São Luís: Universidade Federal do Maranhão. UNASUS/UFMA, 2019.

Manual de Perícia Médica Previdenciária do INSS.

RESENDE, A. P. C.; VITAL, F. M. de P. *Convenção sobre os direitos das pessoas com deficiência comentada*. Brasília: Secretaria Especial dos Direitos Humanos. Coordenadoria Nacional para Integração da Pessoa Portadora de Deficiência, 2008.

36

APOSENTADORIA DA PESSOA COM DEFICIÊNCIA (PCD) E PENSÃO POR MORTE

A aposentadoria da pessoa com deficiência (PcD) e a pensão por morte são direitos previstos na legislação brasileira, com condições específicas para autistas. Este capítulo aborda os principais aspectos desses benefícios, incluindo requisitos, modalidades, e procedimentos de solicitação, garantindo sustento e dignidade para PcD e seus dependentes, com foco especial nas pessoas autistas.

GRAZIELE ALVES

Graziele Alves

Advogada previdenciária com mais de seis anos de atuação na área e mentora de advogados. Especializou-se em direito previdenciário e direito da saúde, dedicando-se com afinco à defesa dos direitos dos mais vulneráveis. Ao longo desses anos de atuação, desenvolveu um profundo conhecimento das normas que envolvem os benefícios previdenciários e assistenciais, com enfoque especial na proteção dos direitos da pessoa autista. Com uma trajetória marcada por compromisso com a justiça social e impacto transformador na vida das pessoas, Dra. Grazi – como é chamada por seus clientes – tem sido uma defensora incansável dos direitos dos que mais precisam, trabalhando de perto com famílias e profissionais da saúde para assegurar que seus clientes tenham acesso aos benefícios e recursos a que têm direito. Palestrante, mentora de advogados, continua a advogar com paixão e determinação, sempre buscando aprimorar-se e contribuir para uma sociedade mais justa e inclusiva, deixando um legado de transformação e esperança por onde passa.

Contato
@grazieleas

Aposentadoria da pessoa com deficiência (PcD)

Definição e conceito

A aposentadoria da pessoa com deficiência é um benefício previdenciário concedido pelo Instituto Nacional do Seguro Social (INSS) a trabalhadores que apresentam algum tipo de deficiência que impacta suas atividades laborais. A Lei Complementar n. 142/2013 regulamenta este benefício, estabelecendo critérios diferenciados de tempo de contribuição e idade para concessão.

Conceito de deficiência para aposentadoria

Para fins de concessão da aposentadoria, a deficiência é definida como qualquer perda ou anormalidade de uma estrutura ou função psicológica, fisiológica ou anatômica que gere incapacidade para o desempenho de atividades dentro do padrão considerado típico para o ser humano.

A deficiência pode ser classificada em três graus:

- Leve.
- Moderada.
- Grave.

Cada um deles é determinado por critérios específicos que avaliam o impacto da deficiência na vida do trabalhador.

O transtorno do espectro autista (TEA) é uma condição neurológica e de desenvolvimento que começa na infância e dura por toda a vida, podendo afetar a comunicação, o comportamento e a interação social. O grau de deficiência da pessoa no TEA pode variar significativamente, desde impactos leves até casos que necessitam de apoio substancial nas atividades diárias.

Modalidades de aposentadoria para PcD

A aposentadoria da pessoa com deficiência pode ser concedida em duas modalidades principais: por idade e por tempo de contribuição. Cada modalidade possui requisitos específicos, que levam em consideração o grau de deficiência do trabalhador.

Aposentadoria por idade

A aposentadoria por idade para PcD exige que o segurado cumpra os seguintes requisitos:

- Idade mínima: 60 anos para homens e 55 anos para mulheres.
- Tempo mínimo de contribuição: 15 anos.
- Comprovação da existência da deficiência durante todo o período de contribuição.

Esta modalidade de aposentadoria é frequentemente escolhida por pessoas que possuem um tempo de contribuição menor, mas que atendem aos requisitos de idade necessários. Na outra modalidade, que será discutida posteriormente, o tempo mínimo de contribuição exigido é significativamente maior.

Aposentadoria por tempo de contribuição

A aposentadoria por tempo de contribuição varia conforme o grau de deficiência do segurado. Os requisitos são os seguintes:

- Deficiência leve: 33 anos de tempo de contribuição para homens e 28 anos para mulheres.
- Deficiência moderada: 29 anos de tempo de contribuição para homens e 24 anos para mulheres.
- Deficiência grave: 25 anos de tempo de contribuição para homens e 20 anos para mulheres.

A Tabela 1 apresenta um resumo dos requisitos para aposentadoria por tempo de contribuição.

Tabela 1		
Grau de deficiência	**Tempo de contribuição (homens)**	**Tempo de contribuição (mulheres)**
Leve	33 anos	28 anos
Moderada	29 anos	24 anos
Grave	25 anos	20 anos

Como saber a modalidade mais adequada para cada pessoa? Isso depende exclusivamente de uma análise individualizada, uma vez que será necessário considerar o grau da deficiência para identificar qual das opções de aposentadoria será alcançada primeiro. Além disso, a escolha do benefício também influenciará diretamente no valor da aposentadoria a ser recebida.

Procedimento de solicitação no INSS ou na Justiça

O processo para solicitação da aposentadoria da PcD pode ser dividido em duas etapas principais: o procedimento administrativo no INSS e a via judicial, caso o pedido seja indeferido ou haja necessidade de recurso.

O diferencial nos requerimentos de aposentadorias destinadas a PcD reside na necessidade de uma avaliação médica e funcional, realizada seja por perito do INSS ou pelo juiz, com o objetivo de analisar o grau de deficiência do requerente. Uma vez confirmada a deficiência e determinado o seu grau, será aplicada a regra do quadro acima para a análise e possível deferimento do benefício.

Análise da deficiência

A análise da deficiência é um aspecto crucial para a concessão da aposentadoria da PcD. Esta análise é realizada com base em critérios técnicos e científicos, que avaliam o impacto da deficiência nas atividades laborais do segurado. Para pessoas no TEA, a avaliação deve considerar aspectos como:

- Capacidade de comunicação e interação social.
- Necessidade de apoio para realizar atividades diárias.
- Impacto das características do TEA no ambiente de trabalho.

Conclusão

A aposentadoria da pessoa com deficiência é um direito que visa garantir condições dignas de vida para trabalhadores que enfrentam desafios adicionais devido à sua condição. Para pessoas no TEA, este benefício é especialmente importante, pois reconhece as dificuldades específicas enfrentadas por esses indivíduos no mercado de trabalho.

Pensão por morte

Definição e conceito

A pensão por morte é um benefício previdenciário previsto na Lei n. 8.213/1991, destinado a assegurar a manutenção dos dependentes de um segurado do INSS (Instituto Nacional do Seguro Social) que venha a falecer. Os dependentes elegíveis incluem cônjuges, companheiros, filhos e enteados menores de 21 anos ou inválidos, pais e irmãos inválidos ou menores de 21 anos. O objetivo primordial desse benefício é substituir a renda do segurado falecido, garantindo a continuidade do sustento dos seus dependentes.

Para indivíduos autistas, o enquadramento como pessoa com deficiência (PcD) lhe atribui características peculiares. A Lei Brasileira de Inclusão da Pessoa com Deficiência (Lei n. 13.146/2015) assegura a esses indivíduos direitos equivalentes aos das demais pessoas com deficiência, o que implica benefícios previdenciários diferenciados e adaptados às suas necessidades específicas, que explicaremos melhor adiante.

Características peculiares do benefício

A pensão por morte para autistas possui algumas características peculiares que a distinguem dos benefícios para pessoas típicas. Em primeiro lugar, a avaliação da deficiência e da incapacidade para o trabalho ou para os atos da vida civil é feita de maneira criteriosa, levando em consideração as particularidades do transtorno do espectro autista (TEA). Essa avaliação inclui laudos médicos, pareceres de especialistas e, em alguns casos, perícias realizadas pelo próprio INSS. Além disso, o benefício pode ser concedido por tempo indeterminado, dependendo da condição do dependente autista. Enquanto para filhos típicos o benefício é cessado aos 21 anos, para autistas, essa regra não se aplica se comprovada a incapacidade permanente.

Regra muito importante, porém desconhecida por muitos, a pensão por morte é inacumulável com outro benefício previdenciário, incluindo o BPC. Por exemplo, caso a pessoa já receba o BPC e, posteriormente, desejar receber a pensão por morte, será possível mediante escolha de um único benefício. Ou seja, o beneficiário optará pelo benefício que lhe for mais vantajoso, fazendo como se fosse uma troca de benefício, para que não fique desprotegido sem o benefício que lhe garante o sustento.

Quem possui direito de receber a pensão por morte

Os beneficiários da pensão por morte são categorizados em três classes distintas conforme estabelecido pela Lei n. 8.213/1991:

1. **Primeira classe**:

- Cônjuge ou companheiro (união estável).
- Filho não emancipado menor de 21 anos.
- Filho inválido ou que tenha deficiência intelectual, mental ou deficiência grave, de qualquer idade.

2. **Segunda classe**:

- Pais, na ausência de dependentes da primeira classe.

3. **Terceira classe**:

- Irmão não emancipado menor de 21 anos ou inválido ou que tenha deficiência intelectual, mental ou deficiência grave, de qualquer idade, na ausência de dependentes das classes anteriores.

A existência de uma classe exclui a subsequente automaticamente. Por exemplo, caso o falecido tenha filho e esposo(a)/companheiro(a) (primeira classe), os pais (segunda classe) e irmãos (terceira classe) deixam de ter direito ao recebimento da pensão por morte. Caso o falecido não tenha dependentes da primeira classe, quem terá direito ao benefício são os dependentes da segunda classe; no caso, os pais. Não havendo a segunda classe, os dependentes elegíveis ao recebimento do benefício serão os membros da terceira classe.

Detalhe importante: os membros da primeira classe não precisam comprovar a dependência econômica, bastando apenas comprovar o vínculo com o falecido/segurado.

As demais classes precisam não só comprovar o vínculo, mas também a dependência econômica em relação ao extinto.

Para pessoas autistas, caso esteja inclusa na primeira classe é essencial, considerando que a deficiência intelectual ou mental pode ser reconhecida no âmbito do TEA, apenas com comprovação da deficiência para a concessão do benefício de forma vitalícia. Se estiver na segunda ou terceira classe, serão cruciais a comprovação da dependência econômica e a condição de deficiência.

Como requerer a pensão por morte

O processo de requerimento da pensão por morte envolve várias etapas e documentação específica. A seguir, detalhamos os principais passos.

1. **Documentação necessária**:

- Certidão de óbito do segurado falecido.
- Documentos de identificação do segurado e dos dependentes (RG, CPF).
- Certidão de Casamento ou Nascimento (sendo membro da primeira classe – vide tópico anterior).
- Prova de dependência econômica (para os dependentes da segunda e terceira classes – vide tópico anterior).
- Documentos para comprovar o tempo de contribuição do falecido, quando houver.
- Laudos médicos que comprovem a condição de deficiência intelectual ou mental, no caso dos autistas.

Em regra, essa é a documentação inicial para requerer o benefício de pensão por morte. No processo de solicitação, sendo feito diretamente no INSS, não é obrigatório o acompanhamento de um advogado, mas recomendamos a assessoria de um advogado especializado para assegurar que não haja cerceamento de direitos e que o processo de requerimento não se torne excessivamente burocrático.

2. **Solicitação administrativa no INSS**:

- A solicitação deve ser feita diretamente no portal do Meu INSS ou telefone 135.
- Preencher o requerimento on-line, anexando toda a documentação necessária.
- Acompanhar o andamento do processo pelo portal do Meu INSS ou pelo telefone 135.
- Análise do pedido: após a apresentação do requerimento e documentação, o INSS analisará o pedido, podendo solicitar informações ou documentos adicionais, se julgar pertinente.

O prazo de análise desse benefício pelo INSS é de 45 dias, mas na prática não é o que ocorre, infelizmente. Muitas das vezes, as pessoas precisam judicializar para obter uma resposta.

Superada essa fase administrativa, caso seja negado o requerimento ou haja demora excessiva na análise, o dependente pode ingressar com ação judicial.

3. **Solicitação pela via judicial**:

- **Ajuizamento da ação**: se o pedido for negado administrativamente ou houver demora excessiva, o dependente pode ingressar com ação judicial.
- **Documentação e provas**: é essencial apresentar toda a documentação e provas necessárias, incluindo laudos médicos e provas de dependência econômica.
- **Produção de provas**: pode ser necessária a realização de perícia médica para verificar a deficiência/incapacidade.
- **Audiência de conciliação/instrução**: há inicialmente tentativa de acordo, não havendo, debaterão o caso.
- **Sentença**: decisão do juiz sobre o caso.
- **Recursos**: caso a sentença não seja favorável, há a possibilidade de recorrer da decisão para instâncias superiores.

O processo judicial não tem prazo determinado, pode variar a depender da região do país, mas oferece uma segunda oportunidade de análise do direito ao benefício por uma pessoa imparcial, o juiz.

Tempo de recebimento do benefício

O tempo de recebimento da pensão por morte varia conforme a situação do dependente.

1. **Para uma pessoa típica**:

- **Cônjuge ou companheiro(a)**: o cônjuge ou companheiro(a) terá direito à pensão por morte pelo período de quatro meses, se o segurado não tiver contribuído por 18 meses ou mais para a Previdência Social ou se o casamento ou união estável tiver menos de dois anos. Caso contrário, a duração da pensão será determinada pela idade do cônjuge na data do óbito, variando de três anos (se menor de 21 anos) à vitalícia (se maior de 44 anos);
- **Filho típico**: recebe o benefício até completar 21 anos, salvo em caso de emancipação, que será cessado antes.

2. **Para uma pessoa atípica**:

- **Filho atípico (PcD ou incapaz)**: a pensão por morte será concedida ao autista pelo tempo em que permanecer na condição de dependente com deficiência intelectual, mental ou deficiência grave. Ou seja, o benefício será vitalício, desde que a condição de deficiência persista e seja devidamente comprovada. Isso é essencial para assegurar a continuidade do suporte financeiro necessário para o bem-estar do autista, que pode enfrentar desafios permanentes em função de sua condição.

Podemos ver que a legislação brasileira garante uma proteção especial aos dependentes com deficiência, assegurando-lhes um amparo contínuo e adequado às suas necessidades.

Conclusão

A pensão por morte é um benefício fundamental para garantir a segurança financeira e a dignidade dos dependentes de segurados falecidos. Para autistas, que são considerados pessoas com deficiência, esse benefício possui características e procedimentos específicos que precisam ser compreendidos em detalhes. Profissionais da saúde e mães atípicas desempenham um papel crucial na orientação e suporte desses indivíduos, assegurando que seus direitos sejam plenamente exercidos.

Referências

ASSOCIAÇÃO AMERICANA DE PSIQUIATRIA. *Manual Diagnóstico e Estatístico de Transtornos Mentais – DSM-5*. 5. ed. Porto Alegre: Artmed, 2014.

BRASIL. *Lei n. 8.213, de 24 de julho de 1991 – dispõe sobre os planos de benefícios da previdência social e dá outras providências*. Disponível em: https://www.planalto.gov.br/ccivil_03/////LEIS/L8213cons.htm, Acesso em: 9 set. de 2024.

BRASIL. *Decreto n. 3.048, de 6 de maio de 1999 – aprova o regulamento da previdência social, e dá outras providências*. Disponível em: https://www.planalto.gov.br/CCIVIL_03/////decreto/D3048.htm. Acesso em: 9 set. de 2024.

BRASIL. *Instrução normativa PRES/INSS n. 128, de 28 de março de 2022 – estabelece rotinas para a análise de benefícios previdenciários no âmbito do INSS*. Disponível em: https://www.in.gov.br/en/web/dou/-/instrucao-normativa-pres/inss-n-128-de-28-de-marco-de-2022-389275446, 9 set. de 2024.

BRASIL. *Portal do MEU INSS*. Disponível em: https://www.gov.br/pt-br/servicos/solicitar-pensao-por-morte-urbana. Acesso em: 24 jun. 2024.

BRASIL. Lei complementar n. 142, de 8 de maio de 2013. Dispõe sobre a aposentadoria da pessoa com deficiência segurada do regime geral de previdência social (RGPS). *Diário Oficial da União*, Brasília, DF, 9 maio 2013. Disponível em: http://www.planalto.gov.br/ccivil_03/leis/LCP/Lcp142.htm. Acesso em: 9 set. 2024.

BRASIL. Decreto n. 3.048, de 6 de maio de 1999. Aprova o regulamento da previdência social, e dá outras providências. *Diário Oficial da União*, Brasília, DF, 7 maio 1999. Disponível em: http://www.planalto.gov.br/ccivil_03/decreto/d3048.htm. Acesso em: 9 set. 2024.

GONÇALVES, C. R. *Manual de direito previdenciário*. 11. ed. São Paulo: Saraiva, 2021.

MEDEIROS, A. L. *Benefícios previdenciários e assistenciais: guia prático*. 2.ed. Rio de Janeiro: Forense, 2020.

OMS – Organização Mundial da Saúde. *Classificação internacional de funcionalidade, incapacidade e saúde (CIF)*. São Paulo: Edusp, 2003.

37

MINHA JORNADA EXTRAORDINÁRIA

DESAFIOS E CONQUISTAS NA MATERNIDADE ATÍPICA

Este capítulo narra minha jornada como mãe de Filippo, diagnosticado com autismo. Desde seu nascimento, na pandemia, enfrentamos desafios de saúde e aceitação do diagnóstico. Lidar com a burocracia para garantir seu tratamento tornou-se central. Como advogada, assumi a causa, defendendo os direitos dos autistas e buscando melhorias no acesso aos tratamentos essenciais para esse grupo.

ELAINE GADANI

Elaine Gadani

Advogada desde de 2007, com especialização em Direito Civil, Direito do Trabalho e Direito da Saúde, com ênfase em Direito dos Autistas.

Contatos
www.elainegadani.adv.br
elainegadani@hotmail.com
Instagram: @elainegadani
11 97099 1121

No dia 29 de setembro de 2020, às 9h20, minha vida se transformou de uma maneira que eu nunca poderia ter previsto. Naquele momento, ao ouvir seu primeiro choro, senti um amor que transcende qualquer coisa que eu já havia experimentado. Foi como se todas as peças do meu coração finalmente se encaixassem, formando um sentimento tão profundo e intenso que palavras não conseguem descrever. A partir daquele instante, entendi que minha jornada na maternidade seria única e extraordinária, repleta de desafios e conquistas, mas sempre guiada por um amor incondicional e infinito.

Ele chegou quando eu já havia completado 40 anos, realizando um sonho acalentado por tanto tempo. Minha maternidade foi cuidadosamente planejada e desejada. Sua chegada trouxe não apenas trabalho, mas um amor imensurável que superava qualquer desafio. Ele veio para encher minha vida de agitação e, paradoxalmente, de uma profunda serenidade.

Concebido em janeiro de 2020, logo depois de encontrar seu lugar em meu útero, o mundo inteiro mergulhou na atipicidade com a chegada da pandemia de covid-19.

Filippo foi minha única e melhor chance de me tornar mãe, após tantas tentativas frustradas e dolorosas perdas por abortos espontâneos. Ele foi o único sobrevivente dos cinco embriões formados pelo processo de fertilização *in vitro*.

Depois de me submeter a todo o árduo processo, que exigiu muito de mim física e emocionalmente, finalmente estava grávida. A felicidade que senti era indescritível, irradiava por todo o meu ser. Primeiro, compartilhei a notícia com o pai do bebê, que também sonhava intensamente com essa criança. Depois, contei aos familiares e amigos, que vibraram conosco. E, assim, comecei meu pré-natal, cheia de esperança e amor.

Durante toda a gestação, a ansiedade, sem pedir licença, tentou me atormentar. No entanto, minha mente encontrou paz no momento em que fiz o primeiro ultrassom e ouvi o batimento do coração daquele serzinho que habitava dentro de mim. Foi um som mágico que trouxe serenidade e transformou minha inquietação em pura esperança e amor.

Em março de 2020, com a chegada da pandemia ao Brasil, todos nos isolamos em nossos lares. O *home office* se tornou parte da minha rotina. Naturalmente, afastei-me dos meus familiares, e, durante esse tempo, nunca mais vi meu pai. Ele faleceu no dia 28 de abril de 2020, uma das muitas vítimas da covid-19. Meu pai partiu sem que eu pudesse me despedir, antes mesmo da chegada do meu filho tão esperado por todos nós.

Assim, o início da minha maternidade foi marcado por uma tragédia. Mas, em meio ao caos, lá estava ele, crescendo e se desenvolvendo, e eu já sabia que ele seria especial. Apesar da saudade dos familiares e amigos, e do isolamento, eu nunca me sentia sozinha. Conectava-me profundamente com meu filho: conversava com ele, cantava, explicava o que estava acontecendo no mundo e pedia desculpa se algum sentimento de tristeza escapava. Mas sempre deixava claro que ele era a minha maior alegria, a razão pela qual eu encontrava força a cada dia, mesmo em meio à tristeza.

Finalmente, término da gestação e o início de uma nova jornada. Malas prontas, roupinhas todas organizadas, várias trocas para ele usar na maternidade, coloquei tudo em saquinhos de organza. E parti junto ao pai do meu filho para a maternidade. Filippo nasceu com 51,5 cm, 3 quilos e 180 gramas. Trouxeram-no até mim, foram poucos minutos e logo levaram-no para os procedimentos na maternidade.

Ao subir até o quarto, cheia de esperança, imaginava encontrar meu filhote já vestido, esperando por mim para mamar. Ainda sob o efeito da anestesia e sem sentir minhas pernas, fui informada que Filippo havia sido levado para a UTI. Esse foi o meu primeiro desespero após sua chegada.

A enfermeira explicou que a glicemia dele havia caído para 24, necessitando de intervenção imediata. Vale destacar que tive diabetes gestacional e me explicaram que isso pode ter contribuído para a queda da glicemia dele ao nascer, mas tudo deu certo, e consegui levar meu bebê para casa no sexto dia após seu nascimento.

Filippo sempre recebeu todo o cuidado e atenção. Desde o início, ele não tinha paciência para esperar. Quando a fome apertava, tentar amamentá-lo se tornava uma verdadeira batalha; e ele chorava inconsolavelmente.

Acostumado com a comida fácil e rápida das fórmulas que recebeu no hospital, amamentá-lo de forma natural foi uma luta árdua. Mal havia nascido e já impunha as próprias regras.

Esse detalhe me frustrou profundamente. Por quase três meses, tentei de todas as formas amamentá-lo naturalmente. No entanto, em acordo com o pediatra, decidi desistir, mas não foi uma desistência simples. Durante a gestação, desenvolvi síndrome do túnel do carpo, e minhas mãos ficaram rígidas. No final da gravidez, mal conseguia segurar um garfo, e isso tornou a amamentação ainda mais desafiadora.

A vida seguiu seu curso, e Filippo se desenvolvia normalmente, sempre muito alegre. Ele adorava ficar no colo, ser acariciado, e me seguia insistentemente com seus olhinhos curiosos.

Quando Filippo completou seis meses, notei que sua cabeça parecia maior do que o esperado. Suas roupinhas frequentemente ficavam presas ao passar pela cabeça. Preocupada, questionei o pediatra sobre isso. De fato, o perímetro cefálico dele sempre esteve acima da média.

Concomitantemente, Filippo atingia seus marcos de desenvolvimento. Por volta dos seis meses, ele começou a fazer alguns movimentos com as mãos, balançando-as incessantemente e pegando pequenos objetos para brincar. Essa foi a primeira vez que notei esse comportamento estranho e diferente, pois nunca tinha visto algo assim em outras crianças.

Quando mencionei isso à pediatra, ela me tranquilizou, dizendo que ele estava apenas brincando. Mas algo em mim ainda se preocupava, uma intuição materna que sussurrava que talvez houvesse algo mais.

Ainda aos 6 meses, ao iniciar a introdução alimentar, segui à risca as orientações da pediatra, optando pelo método BLW e cortando os alimentos em formato de palito. No entanto, ele não demonstrava interesse em pegar absolutamente nada. Depois de alguns minutos, eu acabava por amassar tudo e dar a ele. Essa rotina persistiu por meses.

Quando Filippo começou a engatinhar, não seguia o movimento usual para a frente, mas para trás, como uma pequena minhoca. Eu o estimulava com brincadeiras e brinquedos, incentivando-o a engatinhar na direção certa. Finalmente, quase aos nove meses, ele deu seus primeiros passos para a frente, um momento de vitória para nós dois.

Próximo de completar um ano, Filippo ainda não pronunciava nenhuma palavra. Ele brincava, ria e balbuciava, mas a comunicação verbal não vinha. Foi somente aos 13 meses que ele deu seus primeiros passos, e aí tudo começou a mudar.

Ele se mostrou determinado desde cedo, rejeitando o carrinho de passeio para ser ele mesmo quem o empurrava. Adorava se ajoelhar e observar a máquina de lavar girar, fascinado pelo movimento. A partir desse momento, Filippo se tornou o pequeno transportador da casa, levando tudo o que tivesse rodas por todos os cantos.

Seu fascínio por rodas e ventiladores era evidente, e sua maneira de brincar com carrinhos era única, porém a funcionalidade não parecia ser sua prioridade. Sempre que compartilhava essas observações com a pediatra, recebia o mesmo consolo: "tenha calma, mãe, ele tem o tempo dele".

A partir desse momento, mergulhei de cabeça em busca de respostas. Mas houve um dia que foi o ápice do desespero. Filippo parou de me olhar quando o chamava, como se eu estivesse perdendo meu próprio filho. Seus olhos evitavam os meus, e o vazio entre nós se tornou dolorosamente palpável. Foi um golpe de desespero.

Em meio ao caos emocional, liguei para uma grande amiga que possui uma clínica multidisciplinar. Desabafei sobre os episódios angustiantes que vinha enfrentando. Sem hesitação, ela agendou uma avaliação para Filippo na clínica, onde uma equipe especializada o examinou minuciosamente e entregou diversos relatórios detalhados sobre sua condição.

Foi essa mesma amiga que me indicou uma neuropediatra de confiança. Marcamos a consulta, e pela primeira vez senti um raio de esperança penetrar na escuridão que havia se instalado em meu coração.

Após uma série de testes que se estenderam por quase duas horas, a médica entregou-me um laudo extenso, diagnosticando Filippo com autismo e prescrevendo um programa terapêutico abrangente, incluindo psicologia ABA, fonoterapia e terapia ocupacional.

Receber aquele laudo foi como se o chão tivesse sido arrancado sob meus pés. Meu filho tão amado, sonhado e planejado! As lágrimas vieram em um turbilhão, acompanhadas de culpa, incertezas e uma profunda sensação de revolta.

Passei dois dias praticamente em prantos. Enquanto isso, Filippo seguia sua vida, girando as rodas dos carrinhos e espalhando objetos pela casa, alheio ao turbilhão de emoções que consumia meu coração.

Lutando para aceitar aquele diagnóstico, eu olhava para o céu e questionava a Deus. "Por que comigo?", perguntava, numa postura de imaturidade e insegurança. Naquela noite, tive um sonho em que um anjo apareceu e me disse: "por que não você? Por que não você?". O anjo simplesmente me lembrou de agradecer, pois eu era a mãe escolhida para aquele serzinho especial.

As lágrimas precisavam cessar, e eu comecei a trabalhar meus pensamentos, sentindo-me terrível por ter duvidado do plano divino. Pedi desculpa a Deus, reconhecendo minha falta de fé. Com o tempo, comecei a digerir todas aquelas informações, dando início à saga em busca das terapias necessárias para meu filho.

Recomposta, iniciei uma verdadeira batalha contra a operadora do plano de saúde quando solicitei a indicação de um prestador de serviços para iniciar a intervenção precoce de Filippo aos 18 meses de idade. Vale ressaltar que, desde os três dias de vida, Filippo já era beneficiário do meu plano de saúde. No entanto, o tratamento dele só foi autorizado judicialmente.

Filippo segue firme em suas terapias, progredindo a cada dia. Aos 3 anos, ele já lê várias palavras e é apaixonado por livros e desenhos animados. Tem suas peculiaridades, como não gostar de cortar unhas e cabelo, mas também adora abraços e não se incomoda com barulhos. Ainda não fala de forma funcional, mas seu vasto vocabulário e o retorno do contato visual mostram seu desenvolvimento.

Após o processo de amadurecimento e aceitação, entendi que o autismo sempre fez parte dele, desde a concepção. Não há cura, posto não se tratar de uma doença, e sim de uma condição de neurodesenvolvimento, mas há terapias que podem ajudá-lo a desenvolver habilidades.

Minha vida mudou drasticamente para atender às necessidades do Filippo. Minhas manhãs são dedicadas a terapias, natação e alimentação adequada. À tarde, ele frequenta uma escola bilíngue, onde mostra habilidades impressionantes. Ainda que tenha dificuldades em brincar com os colegas, aceita o carinho deles, mostrando sua doçura única.

Assim, percebo que minha maternidade atípica não apenas me presenteou com um filho autista, mas também me deu um propósito maior. Hoje, sou uma defensora ativa da causa, oferecendo apoio e orientação jurídica a outras mães que enfrentam situações semelhantes.

Lutei bastante para não me envolver profissionalmente na área, mas percebi que era inevitável, pois meu destino já estava traçado. Investi tempo e esforço não apenas estudando a legislação e jurisprudência, mas também buscando incansavelmente conhecimento sobre os processos terapêuticos e a ciência ABA.

Para os pais e mães que estão acompanhando minha jornada, que ainda está em seus primeiros capítulos, enquanto Filippo se prepara para completar

4 anos, gostaria de compartilhar uma reflexão: o autismo não é o fim do mundo, é apenas uma das muitas formas preciosas de ser, que merece ser entendida e respeitada. Para mim, Filippo é o centro do universo, a luz que ilumina meus dias e a inspiração que impulsiona meu coração.

Meu compromisso com o crescimento e desenvolvimento dele é absoluto. Acredito no poder do amor incondicional, que transcende todas as barreiras e supera todos os desafios. É esse amor que me dá forças para enfrentar cada obstáculo e celebrar cada pequena vitória ao lado do meu pequeno grande herói.

Peço a Deus, com fervor, por saúde e energia para continuar nesta jornada por muitos e muitos anos, para testemunhar e aplaudir cada conquista de Filippo. Serei sua maior apoiadora, sua guia, sua amiga e sua eterna admiradora. Estou aqui para ser a grande coadjuvante do seu progresso, para encorajá-lo, para segurar sua mão nos momentos difíceis e para aplaudir de pé em cada avanço, por menor que seja.

Que a vida nos brinde com muitos momentos de alegria, aprendizado e crescimento juntos. E que o amor que nos une seja sempre nossa fonte de inspiração e nossa fortaleza inabalável.

Com gratidão, encerro este relato agradecendo a todos que dedicaram um tempo para ler minha história. Quero reforçar meu compromisso contínuo de lutar pela inclusão e pela disseminação do conhecimento sobre o autismo.

Agradeço a Deus por ter me abençoado com Filippo. Sua singularidade é uma dádiva que aprendi a amar e valorizar intensamente.

Expresso também minha gratidão ao pai dele. Apesar de não estarmos mais juntos, unimos forças para proporcionar o melhor para o nosso amado filho.

38

AUTISMO NA VIDA ADULTA

Este capítulo visa abordar as dificuldades e a falta de políticas públicas relacionadas ao TEA na vida adulta. Observa-se toda atenção voltada para as crianças atípicas, mas ainda há um esquecimento de que existem muitas pessoas diagnosticadas tardiamente, e que essas crianças mencionadas acima se tornarão adolescentes atípicos e, posteriormente, adultos atípicos.

JEAN FERREIRA

Jean Ferreira

Bacharel em Direito e advogado empreendedor. Graduado pelo Centro de Ensino Superior do Amapá, atuante na defesa e promoção do direito dos autistas, especialista nessa área de atuação e focado em assegurar igualdade e justiça para pessoas atípicas. Sócio-proprietário do escritório de advocacia Ferreira & Ferreira Advogados, que conta com mais de 25 anos de atuação no mercado e atua em todo o território brasileiro. Bilíngue (pt-en) e certificado como *Social Media*. Além de possuir habilidades eficazes de comunicação que o levaram a atuar como palestrante e escritor Brasil afora, exerce um grande papel de liderança em causas pró-autismo.

Contatos
www.ferreiraferreira.com.br
contatoadv@ferreiraferreira.com.br
Instagram: @_jeanferreiraadv
96 98131 2707

Imagine viver em um mundo em que você mal entende quem é, quais são suas necessidades e habilidades. É exatamente isso que adultos no espectro autista enfrentam. Muito se fala no quanto a intervenção e o diagnóstico precoce são fundamentais para o desenvolvimento de crianças atípicas, mas você já parou para se perguntar como funciona quando o diagnóstico é tardio e não houve qualquer intervenção como forma de tratamento?

É raro vermos narrativas que discutem o autismo além da infância, por isso pouco sabemos sobre como ele afeta a vida, as relações sociais e carreiras na maturidade. O diagnóstico tardio é uma realidade muito mais comum do que possamos imaginar, e carrega consigo diversos desafios que afetam até mesmo a saúde mental desses adultos atípicos, que passam a sofrer de ansiedade, depressão e até baixa autoestima.

Podemos verificar que o número de crianças diagnosticadas com TEA aumenta a cada ano. Contudo, especialistas acreditam que o transtorno não é mais comum atualmente do que seria há 30 ou 40 anos, isto porque apenas não possuíamos o conhecimento necessário para um diagnóstico. Essa conclusão nos leva a crer que o número de pessoas autistas não diagnosticadas pode ser muito maior do que o de pessoas diagnosticadas.

Na vida adulta, sem mesmo entender sua condição, é costumeiro adultos atípicos passarem por situações complicadas ao serem mal compreendidos por seus comportamentos e reações. Diante disso, surge um de seus maiores desafios: o isolamento social. A ausência de diagnóstico impossibilita que essas pessoas recebam o tratamento adequado para desenvolver habilidades sociais específicas para suas necessidades, prejudicando dessa forma o convívio em relacionamentos amorosos e até mesmo em um ambiente de trabalho.

Autismo e os desafios na vida profissional

A educação de empregadores e colegas sobre o TEA não serve apenas para promover um ambiente de trabalho seguro para pessoas com autismo, mas também para aumentar a produtividade dessas empresas e negócios. É de conhecimento geral que autistas possuem habilidades únicas em determinadas áreas, e existem funções profissionais que demandam ações repetitivas e propensas ao erro. Um indivíduo dentro do espectro autista que apresenta traços como hiperfoco pode desempenhar tais funções com melhores resultados que pessoas neurotípicas. E isto, quando aliado a um ambiente de trabalho inclusivo e adaptado, pode gerar ganhos de produtividade consideráveis para a empresa.

Porém, para que isso aconteça, é necessário romper barreiras que muitas vezes são criadas por colegas e empregadores de forma não intencional. A necessidade de uma rotina de trabalho específica, sensibilidades sensoriais e interação alternativa são comumente deixadas de lado e acabam levando a mal-entendidos e exclusão, que acabam impedindo que esses adultos atípicos mostrem todo o seu verdadeiro potencial.

A chave para que esse cenário seja transformado é a implementação de políticas eficazes de inclusão na cultura de empresas. Isso inclui diversas medidas a serem tomadas, como: adaptações no espaço físico de trabalho com salas sem ruído e iluminação suave, programas de treinamentos para colegas e empregadores para que possam promover um ambiente mais empático, além de flexibilização na execução de tarefas e em sua carga horária de trabalho.

A carga horária tradicional pode ser exaustiva e estressante para trabalhadores autistas, por isso reduzir a jornada de trabalho permite que esses funcionários tenham mais tempo para gerenciar necessidades pessoais e profissionais, o que melhora sua qualidade de vida e desempenho no trabalho. E isso não é apenas uma necessidade, mas também um direito, pois a Lei n. 8.112/1990 – que dispõe sobre o regime jurídico dos servidores públicos civis da União – diz que será concedido horário especial ao servidor portador de deficiência, independentemente de compensação de horários e sem redução de salário.

É importante frisar que essas soluções apresentadas para inclusão de autistas no mercado de trabalho não se trata apenas de acomodar funcionários atípicos, mas também de equilibrar e enriquecer o ambiente de trabalho para todos, promovendo ganhos entre todos os envolvidos.

Relacionamentos e vida social

O ambiente de trabalho é um desafio para adultos atípicos. A dificuldade nas interações sociais acaba despertando gatilhos e atrapalhando a produtividade. Acontece que autistas não são autistas somente durante o trabalho. As dificuldades sociais se estendem para a vida e relacionamentos pessoais desses indivíduos.

Sair para confraternizar em um bar ou restaurante é algo muito comum para pessoas neurotípicas, porém, para adultos atípicos, frequentar esses ambientes pode ser extremamente desafiador. Isso se dá pela sensibilidade sensorial que torna esses lugares barulhentos e resulta em uma esquiva dessas situações, prejudicando oportunidades de interação social.

Mas isso não é tudo. Outro fator que corrobora para a não criação de relacionamentos é a dificuldade em interpretar sinais sociais, desde linguagens corpóreas, entonações de voz e expressões faciais, sinais esses que são fundamentais para uma comunicação eficaz. Ademais, problemas como não escolher as palavras certas, a incompreensão de sarcasmo e nuances da linguagem criam obstáculos adicionais, frustrando não só os autistas, mas também quem está na interação.

Já na vida amorosa, os obstáculos são bem maiores. Ao contrário do que muitos dizem de forma errônea por aí, autistas possuem sentimentos sim, sendo em sua maioria muito amorosos e sensíveis. Ocorre que a dificuldade em expressar suas emoções ao próximo ou maneiras de expressar não tradicionais pode confundir seus parceiros que esperam demonstrações de afeto mais típicas. Além disso, a dificuldade de compreender o próximo pode impedir a formação de laços afetivos fortes e emocionais, que são fundamentais para qualquer relacionamento duradouro.

O não compreendimento de normas sociais e expectativas românticas é um desafio para adultos atípicos. Um relacionamento amoroso envolve gestos sociais típicos, etiquetas de namoro, gestos românticos e outras atitudes não escritas. Contudo, para o adulto atípico, entender essas etiquetas, que não foram ensinadas de forma explícita, é mais desafiador do que se possa imaginar, e isso acaba frustrando seus parceiros que não recebem os padrões amorosos sociais conhecidos.

Por isso, é necessário um alinhamento educacional junto ao parceiro. Uma comunicação aberta é essencial para entender como o parceiro enxerga e se expressa em um relacionamento. Estabelecer uma base sólida para um entendimento mútuo é indispensável até mesmo para a intimidade, pois respeitar e compreender as sensibilidades sensoriais do parceiro aos tipos de contato físico suportados pode tornar a relação mais confortável para ambos. Frequentar terapias de casal focadas no TEA pode ser um grande aliado para a compreensão de questões relacionadas ao autismo dentro do relacionamento.

Portanto, embora o caminho para relacionamentos amorosos possa ser mais árduo para adultos autistas, com as estratégias corretas e um compromisso com a compreensão mútua, essas relações podem ser profundamente gratificantes e cheias de crescimento e alegria como qualquer outro relacionamento.

Saúde mental e comorbidades em adultos autistas

Adultos atípicos frequentemente enfrentam comorbidades psiquiátricas intrínsecas ao autismo como ansiedade, depressão, transtorno obsessivo-compulsivo (TOC) e transtorno de déficit de atenção com hiperatividade (TDAH). Essas condições podem ser acentuadas pelas dificuldades de comunicação e isolamento social do qual já tratamos aqui e complicar significativamente o gerenciamento do autismo.

Outro fator que dificulta o tratamento é a imprecisão no diagnóstico dessas comorbidades, visto que os sintomas podem se sobrepor ou ser mal interpretados. Por isso é de extrema importância que o adulto atípico promova o autocuidado para gerenciamento de sua saúde mental e melhor qualidade de vida.

Manter uma rotina diária pode ajudar a reduzir o estresse e a ansiedade, pois proporciona uma previsibilidade que muitas vezes falta na vida de uma pessoa autista. A inserção de atividades de relaxamento como meditação e ioga pode também ser um aliado importante para acalmar a mente. Além disso, fomentar um estilo de vida saudável, incluindo nutrição adequada, atividade física regular e sono suficiente, pode ter um impacto positivo significativo na saúde mental. Alguns adultos autistas podem se beneficiar de dietas específicas que são ajustadas de acordo com suas condições de saúde e preferências sensoriais.

Porém, abordar as comorbidades psiquiátricas em adultos autistas requer uma compreensão detalhada tanto do autismo quanto das condições adicionais. Por isso, o mais importante está na qualificação dos profissionais multidisciplinares envolvidos no tratamento do adulto atípico. É crucial que as intervenções para adultos autistas sejam adaptadas para abordar tanto o autismo quanto suas comorbidades. Profissionais treinados são mais capazes de adaptar as abordagens para atender às necessidades específicas de adultos autistas. Essas estratégias mencionadas visam não apenas tratar os sintomas das comorbidades, mas também melhorar a capacidade do indivíduo de funcionar de forma independente e satisfatória em vários aspectos da vida.

Caminhos para independência – gestão financeira

É indiscutível que, ao falarmos da independência de uma pessoa adulta, surge o tema relacionado à gestão de finanças. Afinal, saber administrar corretamente seu dinheiro é essencial para o custeio de moradia, alimentação, lazer e manutenção da própria vida. Para adultos autistas, essas questões podem ser bem desafiadoras se não inseridas na compreensão deles.

Sabemos que, mesmo para adultos neurotípicos, o tema finanças já é um obstáculo. O número de informações complexas envolvidas nas finanças, que dependem da compreensão de conceitos abstratos como juros, risco de mercado e economias, é um obstáculo significativo para pessoas autistas. Isso se dá pelas várias características cognitivas e sensoriais presentes no autismo, que acabam afetando a maneira como essas informações são processadas e compreendidas.

A elaboração de orçamentos, pagamento de contas e planejamento financeiro necessitam muitas vezes de uma visão de longo prazo e da antecipação de necessidades futuras, e isso pode ser um empecilho para autistas, que possuem dificuldade com pensamentos abstratos ou futurologia. Além disso, ambientes como bancos são sobrecarregados de estímulos sensoriais, incluindo multidões, ruídos e outros. Isso torna a experiência financeira extremamente estressante para autistas.

Por isso, é necessário aliar-se à tecnologia, a fim de evitar esses ambientes com sobrecargas sensoriais. O uso de ferramentas tecnológicas torna tudo mais intuitivo e de fácil acesso via on-line, além de fornecerem alertas e lembretes que auxiliam no planejamento. Deve-se também desenvolver e oferecer cursos interativos de educação financeira projetados para serem especialmente acessíveis a pessoas autistas.

Conclusão

Cada tema deste capítulo abordou uma área específica da vida adulta no espectro autista, desde a navegação por relações sociais e amorosas até a gestão de saúde mental e finanças. O principal objetivo deste capítulo é empoderar adultos autistas e seus familiares, fornecendo conhecimento e estratégias que promovam autonomia e resiliência. Este capítulo foi projetado para oferecer não apenas um entendimento aprofundado sobre os desafios enfrentados por adultos autistas, mas também para levar aos leitores ferramentas práticas que podem melhorar significativamente a qualidade de suas vidas.

Gostaria de expressar minha gratidão a todos os que contribuíram para este livro, especialmente aos muitos adultos atípicos que compartilharam suas experiências e *insights*. Seus relatos forneceram a base para uma compreensão mais profunda e uma abordagem mais empática. Que este livro seja um passo em direção a um futuro, cheio de possibilidades e oportunidades para todos.

Por fim, quero dedicar este capítulo ao meu querido irmão – adulto autista, independente, que superou todas as barreiras de um diagnóstico tardio e quem me sugeriu que escrevesse sobre este tema. Com esperança e dedicação contínuas, podemos trabalhar juntos para criar um futuro em que todos, independentemente de suas diferenças neurológicas, possam prosperar e contribuir plenamente para a sociedade.

Referências

INSTITUTO INCLUSÃO BRASIL. *Adultos autistas desafios das condições de saúde física e mental*. 2023. Disponível em: https://institutoinclusaobrasil.com.br/adultos-autistas-desafios-das-condicoes-de-saude-fisica-e-mental/#:~:text=A%20ansiedade%20social%20%E2%80%93%20ou%20medo,vez%20que%20eles%20s%C3%A3o%20experimentados. Acesso em: 24 jun. 2024.

SILVA, B. *Neurodiversidade e finanças: como pessoas com autismo podem se sair bem nos investimentos pessoais*. Disponível em: https://pt.linkedin.com/pulse/neurodiversidade-e-finan%C3%A7as-como-pessoas-com-autismo-podem-silva-. Acesso em: 24 jun. 2024.

SIMÕES, P. Empresas criam programas para contratar profissionais neurodiversos. VocêRH, 2022. Disponível em: https://vocerh.abril.com.br/diversidade/empresas-criam-programas-para-contratar-profissionais-neurodiversos. Acesso em: 24 jun. 2024.

TEIXEIRA, M. As dificuldades enfrentadas pelo autista adulto. *ProPsiq*. Disponível em: https://www.dramichelleteixeira.com.br/autista-adulto/. Acesso em: 24 jun. 2024.

39

DIREITO AO FGTS

CONQUISTANDO SUPORTE FINANCEIRO PARA AUTISTAS

Este capítulo explora os desafios legais e financeiros enfrentados por autistas e suas famílias, mostrando como o FGTS pode auxiliar no acesso a terapias essenciais e em outras necessidades básicas relacionadas à saúde, à educação e ao bem-estar. Discute-se também a burocracia e a necessidade de reformas na lei para garantir esse acesso, destacando a luta contínua por justiça e igualdade para autistas.

JOHNNYS GUIMARÃES OLIVEIRA

Johnnys Guimarães Oliveira

É advogado e possui 10 anos de experiência, dedicando-se nos últimos 5 anos à defesa dos direitos dos autistas. É sócio-fundador do escritório Guimarães e Moisés Advogados, com atuação em todo o Brasil. Formado em Direito pela Universidade Federal de Campina Grande (UFCG), possui inscrições ativas na OAB em diversos estados. Johnnys possui mais de 1.200 processos, entre administrativos e judiciais, atuando na defesa intransigente dos direitos dos autistas. Sua prática inclui casos envolvendo o Benefício de Prestação Continuada (BPC), ações contra o SUS e planos de saúde, redução de jornada de trabalho, saques do FGTS, entre outras demandas específicas dos autistas. Ele tem participação ativa em eventos e congressos sobre autismo, inclusive como palestrante, e é reconhecido por sua *expertise* jurídica e compromisso em garantir os direitos dessa comunidade.

Contatos

https://guimaraesemoises.adv.br/

sac.gmadv@gmail.com

Instagram: @guimaraesemoises

TikTok: @guimaraesemoises

11 4003 5574

A necessidade da defesa dos direitos dos autistas

Atuo como advogado há mais de dez anos, mas foi apenas há cinco anos, com o diagnóstico de autismo do meu sobrinho Bruno, que encontrei minha verdadeira vocação. Essa revelação pessoal me conduziu a uma profunda jornada sobre os direitos dos autistas, um campo até então pouco explorado e frequentemente ignorado por muitas famílias, bem como por profissionais do direito, da saúde e da educação. A cada história de vida que encontro, reforço minha determinação de lutar por essas vozes e buscar justiça e igualdade.

É paradoxal que todas as famílias com membros autistas, desde aquelas que buscam o benefício de prestação continuada (BPC) até as que possuem rendas mais elevadas, como funcionários em cargos altos na Petrobras, enfrentem desafios financeiros semelhantes. Em minha experiência como advogado especializado em direitos dos autistas, observei que os obstáculos para acessar direitos essenciais são consistentes, independentemente da situação financeira.

Um caso marcante envolveu um funcionário da Caixa Econômica Federal, pai de um filho autista, que precisou recorrer à justiça para sacar o FGTS e financiar o tratamento de seu filho. Este exemplo ressalta as dificuldades, inclusive para quem trabalha diretamente com esses fundos, mostrando as barreiras burocráticas que limitam o acesso aos recursos necessários.

Diante desse cenário, a necessidade de profissionais conhecedores dos direitos dos autistas é mais urgente do que nunca. A escassez de escritórios especializados limita o acesso a informações cruciais e suporte legal adequado. Essa é a luta que escolhi abraçar, motivado diariamente pela missão de garantir que os direitos dessas famílias sejam não apenas reconhecidos, mas efetivamente acessados, para que nenhuma barreira burocrática impeça o desenvolvimento e o bem-estar de qualquer pessoa no espectro autista.

O saque do FGTS é muito desconhecido por parte dos pais de autistas e essa informação do direito ao saque precisa ser espalhada para que todos os pais de criança autista ou até mesmo trabalhadores autistas tenham conhecimento e, se necessário, façam uso desse direito.

Enfrentando os altos custos do autismo com auxílio do FGTS

Quando pensamos em autismo, é essencial lembrar que não existe "autismo leve". Os níveis de suporte – 1, 2 e 3 – designados para classificar o autismo não indicam necessariamente a gravidade da condição, pois cada pessoa autista enfrenta desafios únicos que demandam não apenas compreensão, mas também recursos significativos. Desde terapias multidisciplinares até necessidades especiais como fraldas para crianças mais velhas ou dietas específicas, o custo do tratamento e do cuidado diário pode ser esmagador para muitas famílias, independentemente do nível de suporte indicado.

Em minha jornada pessoal e profissional, trabalhando ao lado de famílias incríveis, vi de perto como esses desafios se manifestam, independentemente da condição financeira dos envolvidos. Por isso, a possibilidade de acessar o FGTS para cobrir essas despesas é mais do que um alívio financeiro; é uma questão de justiça e igualdade.

Este fundo, pertencente aos trabalhadores, é geralmente acessível apenas em circunstâncias específicas, como demissão sem justa causa, compra da casa própria, estágio terminal de câncer ou em casos de doenças e deficiências graves. Todos os trabalhadores regidos pela Consolidação das Leis do Trabalho (CLT) têm direito ao FGTS. Mensalmente, os empregadores depositam 8% do salário do funcionário em uma conta vinculada que não pode ser acessada, exceto pelas razões já delineadas.

O autismo, considerado por nós como uma deficiência grave para todos os fins legais, independentemente do nível de suporte, se enquadra nessa categoria. Portanto, defendemos que todos os autistas ou pais de dependentes autistas que estão formalmente empregados têm o direito de acessar seu FGTS. Ao liberar esses recursos, eles podem significativamente melhorar sua qualidade de vida, possibilitando acesso a terapias essenciais e suportes necessários que de outra forma poderiam ser inacessíveis.

Recentemente, recebemos uma ligação emocionante no escritório de pais de uma criança autista. Eles haviam conseguido que a Caixa Econômica Federal cumprisse uma liminar deferida, liberando o acesso ao FGTS necessário para o tratamento de seu filho. Estavam extremamente gratos e felizes, expressando sua gratidão não apenas com palavras, mas também por meio de um comentário elogioso na nossa página do Google, e recomendando nosso serviço a colegas que enfrentam situações semelhantes. Esse feedback e reconhecimento não apenas validam nosso trabalho, mas também reforçam a importância de continuarmos a lutar por esses direitos.

Aspectos jurídicos do FGTS: como autistas podem se beneficiar

Embora a Justiça tenha sido favorável ao saque do FGTS para casos de autismo nível 3 de suporte em uma ação civil pública proposta pela Defensoria Pública da União (DPU) no Tribunal Regional Federal da 2ª Região, decisão válida para todo o Brasil, a Caixa Econômica Federal ainda nega pedidos para esse nível de suporte.

A decisão judicial da referida ação civil pública garantiu a liberação administrativa dos valores para os casos de autismo nível 3 de suporte. Isso significa que, se o laudo médico da pessoa autista mencionar o nível 3 de suporte, ela pode requerer a liberação do saque de forma autônoma, seja presencialmente nas agências da Caixa ou por meio do aplicativo FGTS da Caixa.

No entanto, mesmo para os casos de nível 3, não são raros os episódios em que a Caixa nega o acesso, justificando sua decisão com a opção do trabalhador pelo saque-aniversário, pelos empréstimos com garantia ou até mesmo liberando apenas uma parte pequena do saldo disponível, criando uma burocracia que torna quase impossível acessar os valores.

Além disso, a prática tem mostrado que os indivíduos de níveis 1 e 2 de suporte não conseguem tentar fazer o pedido administrativo e aqueles que conseguem têm seus pedidos negados pela Caixa sob a alegação de falta de previsão legal.

Contudo, seguindo os critérios de um bom relatório médico e um pedido judicial bem fundamentado, é possível conseguir a liberação do saque, independentemente do nível de suporte ou da adesão a modalidades como o saque-aniversário e os empréstimos com garantia.

Poucas coisas me envaidecem tanto quanto saber que nosso trabalho ajudou a consolidar jurisprudência para autorizar o saque do FGTS por pais de autistas. Na verdade, não é sobre vaidade, mas sobre a satisfação de ver vidas sendo transformadas, especialmente as dos que mais precisam. Nos casos de pessoas que fizeram empréstimos utilizando o FGTS como garantia, nossa atuação garantiu precedentes que permitem o vencimento antecipado dessas dívidas e o saque dos valores bloqueados. Por meio de um trabalho meticuloso e uma defesa comprometida, estabelecemos precedentes que asseguram o respeito aos direitos financeiros das pessoas autistas e suas famílias.

Muitas famílias optam pelo saque-aniversário ou por empréstimos baseados nessa modalidade como uma tentativa de aliviar dificuldades financeiras imediatas. Esta escolha, no entanto, é frequentemente um reflexo da severa pressão financeira enfrentada e reforça a necessidade de liberar o saque do FGTS sem que as famílias precisem pagar juros excessivos aos bancos.

Além disso, caso os pais ou responsáveis tenham optado pelo saque-aniversário e realizado empréstimos com base nesta modalidade, é possível quitar antecipadamente esses empréstimos por meio de ações judiciais, utilizando os próprios valores do fundo de garantia. Após a quitação, eles podem sacar os valores excedentes. Esta ação legal permite evitar o acúmulo de juros a longo prazo e representa uma economia significativa para as famílias, garantindo que tenham acesso ao máximo de recursos disponíveis sem encargos financeiros desnecessários.

Assim, seguindo os critérios de um bom relatório médico e um pedido judicial bem fundamentado, é possível conseguir a liberação do saque, independentemente do nível de suporte ou da adesão a modalidades como o saque-aniversário e os empréstimos com garantia.

Procedimentos para solicitação do saque do FGTS

Para solicitar o saque do FGTS, as famílias devem seguir alguns procedimentos específicos:

- Obter um relatório médico detalhado que comprove a condição de autismo e a necessidade de tratamento, incluindo o nível de suporte.
- Reunir documentos pessoais, como RG, CPF e comprovante de residência.
- Reunir o orçamento e os gastos relacionados ao tratamento.
- Apresentar a documentação na agência da Caixa Econômica Federal ou pelo aplicativo FGTS da Caixa (nível 3 de suporte) – o requerente precisa que o médico preencha um relatório fornecido pelo banco e este relatório precisa especificar o nível 3 de suporte.
- Realizar o pedido judicial por meio de advogado especialista ou defensoria pública para os casos de nível 1 e 2 de suporte e nos casos de negativa da Caixa Econômica Federal por qualquer que seja o motivo.

Mobilize-se: conheça e lute pelos seus direitos

É profundamente triste e frustrante saber que muitos pais de crianças autistas não estão cientes de seu direito ao saque do FGTS para ajudar no tratamento e no suporte necessário para seus filhos. Em vez disso, essas famílias muitas vezes recorrem a empréstimos, usando o saque-aniversário como garantia, submetendo-se a taxas de juros que apenas beneficiam os bancos financeiramente.

Essa realidade evidencia uma grande lacuna na disseminação de informações essenciais e destaca a necessidade urgente de educar e informar essas famílias sobre as opções legais. Se mais pais soubessem que podem pleitear o saque integral do FGTS por meio de ações judiciais, muitos evitariam endividar-se desnecessariamente com os bancos.

A opção pelo saque-aniversário, embora possa parecer uma solução imediata, não deveria ser a única via considerada, especialmente quando o saque integral pode ser acessado judicialmente, evitando os juros dos empréstimos e utilizando os recursos para o que realmente importa: o bem-estar e o desenvolvimento de seus filhos. Portanto, é crucial que advogados, educadores e a mídia em geral trabalhem juntos para ampliar a conscientização sobre esse direito. Este chamado à ação é para todos nós que estamos em posição de influenciar e informar: devemos garantir que cada família conheça seus direitos e as melhores opções disponíveis para apoiar seus entes queridos autistas. Unidos, podemos fazer uma diferença significativa na vida de muitas pessoas.

Por direitos mais acessíveis e uma legislação mais justa

A luta por direitos iguais e tratamento justo para pessoas autistas é uma jornada contínua, marcada tanto por vitórias quanto por desafios persistentes. A Lei Berenice Piana (Lei n. 12.764/2012), que reconhece o autismo como uma deficiência para todos os fins legais, foi um passo significativo em direção ao reconhecimento e à garantia de direitos. No entanto, a prática diária nos mostra que ainda há um longo caminho a percorrer para a plena efetivação desses direitos.

Apesar dos avanços legislativos, famílias continuam enfrentando obstáculos ao tentar acessar benefícios como o saque do FGTS, que muitas vezes exige ações judiciais, especialmente para autistas de níveis 1 e 2. Isso destaca a necessidade de mudanças na legislação para permitir o acesso administrativo ao saque do FGTS para todos os níveis de suporte. A condição de autista, sem distinção de nível de suporte, apresenta desafios significativos que justificam tal acesso, dado que não existe "autismo leve" e todas as pessoas autistas enfrentam barreiras substanciais que impactam a igualdade social.

É essencial que continuemos a lutar por mudanças que não apenas reconheçam a gravidade do autismo em todos os seus níveis, mas também facilitem a vida das pessoas afetadas. Este é um chamado à ação para advogados, educadores, profissionais de saúde e todos aqueles comprometidos com a justiça social para unirem forças na promoção de uma legislação mais inclusiva e práticas mais equitativas.

A jornada é árdua e o trabalho não é fácil, com inúmeros direitos ainda sendo violados, incluindo o acesso à saúde e à educação de qualidade. Mas cada passo dado é um passo em direção a um mundo mais justo, em que as vozes dos autistas e de suas famílias são ouvidas e respeitadas. Juntos, podemos e devemos lutar por essas conquistas, garantindo que cada pessoa no espectro autista possa viver com a dignidade e as oportunidades que merece.

40

MOBILIDADE E INCLUSÃO

GARANTINDO O DIREITO À LOCOMOÇÃO DAS PESSOAS AUTISTAS

O direito de locomoção é essencial para todos, especialmente para pessoas com autismo, pois facilita o acesso a serviços de saúde, educação e lazer. Desafios específicos, como sensibilidade a ambientes barulhentos, tornam o transporte adequado vital. A legislação brasileira assegura transporte gratuito e acessível, complementada por políticas públicas e ações judiciais que garantem esses direitos e promovem a inclusão social.

MILLENA BRUNA DA SILVA LOPES

Millena Bruna da Silva Lopes

Graduada em Direito pela Faculdade Estácio Atual da Amazônia; advogada; voluntária no Projeto de Assessoria Jurídica aos Migrantes e Refugiados; assessoria jurídica do Projeto Orinoco/Cáritas Brasil; presidente da Comissão de Direito Imigratório da OAB/RR; vencedora do Prêmio Innovare 2022, categoria Advocacia.

Contatos
millena-bruna@live.com
Instagram: @millenabruna
95 99162 7649

O direito à locomoção de pessoas autistas

O direito à locomoção é um componente essencial da inclusão social e da qualidade de vida de qualquer indivíduo; e para as pessoas com autismo, reveste-se de uma importância ainda maior. Esse direito assegura que indivíduos autistas possam acessar serviços vitais como educação, saúde e lazer, contribuindo para a integração plena na sociedade. No Brasil, a legislação oferece uma série de garantias específicas para facilitar a mobilidade dessas pessoas, incluindo transporte gratuito e acessível em diferentes esferas, como municipal, intermunicipal e interestadual.

Essas medidas visam minimizar os desafios únicos enfrentados por pessoas com autismo, como a sensibilidade a ambientes ruidosos e superlotados, e assegurar que possam se deslocar com dignidade e segurança. A criação de políticas públicas adequadas e a possibilidade de buscar ações judiciais para a implementação dessas medidas são fundamentais para que os direitos à locomoção das pessoas autistas sejam plenamente respeitados e efetivados.

Vamos abordar, a seguir, os principais direitos à locomoção garantidos em nossa legislação vigente.

Passe Livre no transporte interestadual

O Passe Livre no Transporte Interestadual é um direito garantido pela Lei Federal 8.899/94, que assegura a gratuidade no transporte interestadual para pessoas com deficiência, incluindo aquelas com autismo, desde que comprovem ser carentes. Esse benefício permite que pessoas com autismo viajem entre diferentes estados do Brasil sem custos, facilitando o acesso a tratamentos médicos, terapias especializadas, educação e outras atividades essenciais que possam não estar disponíveis em seu local de residência.

Para obter o Passe Livre, é necessário que a pessoa com autismo ou seu representante legal apresente documentos que comprovem a deficiência e a condição de carência econômica, conforme estabelecido pelas normas do Ministério dos Transportes. Esses documentos geralmente incluem um laudo médico, documentos pessoais e comprovantes de renda.

O objetivo do Passe Livre é promover a inclusão social e a igualdade de oportunidades, garantindo que as pessoas com autismo possam se deslocar com dignidade e segurança, e acessar serviços fundamentais para o seu desenvolvimento e bem-estar. Esse benefício é uma ferramenta importante para a promoção da cidadania e dos direitos das pessoas com deficiência, assegurando que possam exercer plenamente seu direito de locomoção e participar ativamente da sociedade.

Passe gratuito intermunicipal

O Passe Gratuito Intermunicipal é um direito garantido às pessoas com autismo, previsto na Lei Estadual 10.419/91, que assegura a gratuidade no transporte entre municípios dentro do mesmo estado para pessoas com deficiência, incluindo deficiências físicas, mentais e visuais. Esse benefício visa facilitar o deslocamento dessas pessoas entre diferentes cidades, garantindo o acesso a serviços essenciais como saúde, educação, lazer e outras atividades fundamentais para o bem-estar e a inclusão social.

Para obter o Passe Gratuito Intermunicipal, a pessoa com autismo ou seu representante legal deve apresentar uma série de documentos que comprovem a deficiência e a necessidade do benefício. Esses documentos geralmente incluem um laudo médico que ateste o diagnóstico de autismo, documentos pessoais e, em alguns casos, comprovantes de renda ou de residência.

A implementação do Passe Gratuito Intermunicipal contribui significativamente para a melhoria da qualidade de vida das pessoas com autismo, permitindo-lhes exercer plenamente seu direito de locomoção e participar de maneira mais ativa na sociedade.

Assentos reservados a pessoas autistas

A regulamentação sobre assentos reservados varia conforme a cidade e o estado, mas, em geral, é baseada em legislações municipais, estaduais e federais que tratam dos direitos das pessoas com deficiência. No Brasil, a Lei Brasileira de Inclusão da Pessoa com Deficiência (Lei n. 13.146/2015) é uma das principais normativas que asseguram direitos de acessibilidade e locomoção para pessoas com deficiência, incluindo o autismo.

Os assentos reservados são claramente identificados com sinalização que indica que são prioritários para pessoas com deficiência, idosos, gestantes e pessoas com mobilidade reduzida.

É importante que todos os usuários do transporte público respeitem os assentos reservados, cedendo o lugar quando uma pessoa com direito a esses assentos entra no veículo.

Os assentos reservados são uma medida simples, mas essencial para garantir que pessoas com autismo possam usar o transporte público de maneira mais segura e confortável. Eles representam um compromisso com a inclusão e a igualdade, assegurando que todas as pessoas tenham a oportunidade de se deslocar livremente e com dignidade.

Direito ao desconto de acompanhante em viagens aéreas para pessoas com autismo

A Resolução 280/2013 da Agência Nacional de Aviação Civil (ANAC) estabelece diretrizes específicas para a oferta de descontos em passagens aéreas no Brasil. De acordo com essa resolução, as empresas aéreas são obrigadas a oferecer um desconto de 80% no valor das passagens para acompanhantes de passageiros com necessidades especiais. Essa medida visa facilitar o acesso ao transporte aéreo para pessoas com deficiência ou mobilidade reduzida, garantindo que possam viajar com um acompanhante que auxilie em suas necessidades durante o voo.

Principais pontos da Resolução 280/2013:

1. **Desconto obrigatório de 80%**: as companhias aéreas devem aplicar um desconto de 80% na tarifa do acompanhante de passageiros com necessidades especiais, desde que o passageiro com deficiência comprove a necessidade de acompanhamento.
2. **Critérios para elegibilidade**: o desconto é concedido mediante a apresentação de documentação médica que comprove a necessidade de um acompanhante. Essa documentação deve ser apresentada no momento da compra da passagem.
3. **Abrangência do benefício**: o desconto de 80% aplica-se às tarifas aéreas praticadas pelas empresas, excluindo taxas e encargos adicionais. É importante ressaltar que o benefício é válido apenas para voos operados pela mesma companhia aérea.

4. **Objetivo da resolução**: a resolução busca promover a inclusão social e garantir o direito ao transporte aéreo de maneira segura e digna para passageiros com necessidades especiais. O objetivo é reduzir barreiras e facilitar a mobilidade dessas pessoas.

A pessoa com autismo que necessita de acompanhante para viajar deve apresentar, no momento da compra da passagem, um documento emitido por médico ou por profissional da área de saúde chamado FREMEC (*Frequent Traveller Medical Card*) ou MEDIF (*Medical Information Form*), especificando a necessidade desse acompanhamento.

O FREMEC é para viajantes frequentes com necessidades médicas estáveis, enquanto o MEDIF é para necessidades médicas específicas de uma viagem única. O FREMEC é válido por um período mais longo e pode ser usado em várias viagens, enquanto o MEDIF é válido apenas para uma viagem.

O FREMEC simplifica o processo para viagens frequentes, eliminando a necessidade de repetidas avaliações médicas, enquanto o MEDIF exige uma nova avaliação para cada viagem.

Em resumo, o FREMEC é ideal para passageiros com condições médicas crônicas que viajam regularmente, oferecendo uma solução prática e contínua, enquanto o MEDIF é utilizado para avaliar e atender às necessidades médicas pontuais e específicas de cada viagem.

Com base nesses documentos, a companhia aérea deve fornecer a passagem do acompanhante com desconto, desde que a passagem do próprio passageiro com autismo seja adquirida.

Conclusão

A mobilidade é um direito fundamental que impacta diretamente a inclusão social e a qualidade de vida das pessoas autistas. Garantir esse direito significa proporcionar acesso a serviços vitais como educação, saúde e lazer, elementos essenciais para a integração plena na sociedade. A legislação brasileira reconhece essa necessidade, oferecendo diversas garantias para facilitar a mobilidade das pessoas autistas.

A criação de políticas públicas adequadas, como o transporte gratuito em diferentes esferas (municipal, intermunicipal e interestadual), é essencial para minimizar os desafios enfrentados pelas pessoas com autismo, como a sensibilidade a ambientes ruidosos e superlotados. Além disso, a possibilidade de buscar ações judiciais para a implementação dessas medidas é crucial para assegurar que os direitos sejam plenamente respeitados e efetivados.

Programas específicos, como o Passe Livre no Transporte Interestadual, Passe Gratuito Intermunicipal, legislação municipal para transporte gratuito e descontos para acompanhantes nas passagens aéreas, são fundamentais para garantir que as pessoas autistas possam se deslocar com dignidade e segurança. Esses programas facilitam o acesso a tratamentos médicos, terapias, educação e outras atividades essenciais.

Além disso, a reserva de assentos prioritários no transporte público e o direito ao desconto para acompanhantes em viagens aéreas são medidas importantes para garantir a inclusão e o bem-estar das pessoas autistas durante seus deslocamentos.

A implementação efetiva dessas políticas depende da conscientização e do respeito da sociedade aos direitos das pessoas com autismo. Campanhas de sensibilização e educação podem promover uma convivência mais harmoniosa e inclusiva, assegurando que todos os cidadãos tenham a oportunidade de se deslocar livremente e com dignidade.

Em suma, o respeito ao direito de locomoção das pessoas autistas é um passo crucial para a construção de uma sociedade mais justa, equitativa e acolhedora, da qual todos possam participar plenamente e de maneira ativa.

Referências

AGÊNCIA NACIONAL DE AVIAÇÃO CIVIL. *Guia de direitos do passageiro*. Brasília, DF: ANAC, [s.d.]. Disponível em: https://www2.anac.gov.br/publicacoes/arquivos/guia_de_direitos_do_passageiro.pdf. Acesso em: 16 maio 2024.

BRASIL. Lei n. 8.899, de 29 de junho de 1994. Concede passe livre às pessoas portadoras de deficiência no sistema de transporte coletivo interestadual. *Diário Oficial da União*: seção 1, Brasília, DF, ano 132, nº 124, p. 11029, 30 jun. 1994. Disponível em: http://www.planalto.gov.br/ccivil_03/leis/L8899.htm. Acesso em: 29 maio 2024.

BRASIL. Lei n. 13.146, de 6 de julho de 2015. Institui a Lei Brasileira de Inclusão da Pessoa com Deficiência (Estatuto da Pessoa com Deficiência). *Diário Oficial [da] República Federativa do Brasil*, Brasília, DF, 7 jul. 2015. Disponível em: http://www.planalto.gov.br/ccivil_03/_ato2015-2018/2015/lei/l13146.htm. Acesso em: 6 maio 2024.

BRASIL. Lei n. 13.977, de 8 de janeiro de 2020. Institui a Carteira de Identificação da Pessoa com Transtorno do Espectro Autista (CIPTEA). *Diário*

Oficial da União: seção 1, Brasília, DF, ano 158, n. 6, p. 2, 9 jan. 2020. Disponível em: http://www.planalto.gov.br/ccivil_03/_ato2019-2022/2020/lei/L13977.htm. Acesso em: 16 maio 2024.

CARTILHA DE DIREITO DAS PESSOAS COM AUTISMO. Núcleos Especializados da Infância e Juventude, de Combate à Discriminação, Racismo e Preconceito e do Idoso e da Pessoa com Deficiência da Defensoria Pública do Estado de São Paulo, 1ª Edição – Março de 2011.

MACHNICKI, J. H. Mobilidade urbana e o direito dos autistas. *Migalhas*, 2022. Disponível em: https://www.migalhas.com.br/depeso/366552/mobilidade-urbana-e-o-direito-dos-autistas. Acesso em: 26 abr. 2024.

41

QUANDO A REALIDADE ATÍPICA SE APRESENTOU, FOI O DIREITO QUE ME AJUDOU A ABRAÇÁ-LA

Este capítulo aborda o impacto do autismo na família atípica, destacando os desafios para acesso a terapias de qualidade, suporte pedagógico e adequações. Apresenta o Direito com uma visão materna, acolhendo e lutando por uma vida mais digna e justa para os filhos autistas.

SABRINA TUSSI

Sabrina Tussi

Psicóloga. Pós-graduada em Psicologia Hospitalar. Analista do comportamento (ABA). Especialista em autismo e em transtornos do neurodesenvolvimento. Mãe de três meninas incríveis.

Contatos
sabrinatussi@hotmail.com
Instagram: @sabrinatussi
WhatsApp: 45 99944 6028
45 99991 5888

Autismo

O autismo é um transtorno do neurodesenvolvimento que afeta a comunicação, a interação social e apresenta comportamentos restritos, rígidos ou repetitivos. Gerando prejuízos significativos no desenvolvimento pessoal, comportamental, emocional, verbal, pedagógico e futuramente profissional.

Atualmente, segundo o Centro de Controle e Prevenção de Doenças (CDC), a prevalência é de 1 a cada 36 crianças, indicando aumento dos casos, justificado por diversas hipóteses: aprimoramento dos critérios investigatórios, maior conscientização sobre o autismo, aumento da atuação de profissionais capazes de detectar o transtorno, além de possíveis fatores ambientais e hereditários.

Vale ressaltar que o TEA não é uma doença, mas parte inerente da pessoa, quem ela é, em sua constituição plena. E seu tratamento não busca a cura, mas o maior desenvolvimento possível de suas habilidades. "O autismo não é o problema, mas sim a desinformação" (CASTRO, 2023).

Diagnóstico

Quantas mães, ao ouvirem o diagnóstico do filho, não entendem minimamente o que está sendo dito. Isso ocorre por se tratar de algo desconhecido e inimaginável. Embora esteja se tornando um transtorno mais conhecido, o autismo ainda é uma realidade mistificada para a maioria da população. Não é incomum a família se deparar pela primeira vez com o TEA já com o filho nos braços. Nesses casos, as mães ainda não possuem consciência do contexto no qual passa a estar inserida ao receber o laudo em mãos. Outras mergulham de imediato no que chamamos de **luto** pelo filho que não morreu. A maternidade, até então idealizada, é ferida fortemente por três letras:

TEA. Inicia-se um processo de **negação**, a busca por motivos que contestem o que está laudado. Mínimos sinais desconexos são apontados, opondo-se ao que já foi investigado. Discreta ou intensa, a raiva se manifesta de diversas formas. Essa fase do luto é importante, pois extravasa tudo o que está sendo compreendido e vivenciado enquanto as informações vão sendo acomodadas. Após trazer tudo à luz do entendimento, é comum buscar soluções milagrosas e inovadoras (inexistentes) em uma tentativa de **barganha**, permeada pelo insucesso. A nova e atípica estrutura traz consigo a **tristeza**, que costuma querer se apossar de toda a realidade. Porém, é o amor materno que se sobressai, fazendo que a mãe passe a **aceitar** o que a vida está lhe impondo e consiga adequar-se às atuais condições.

Aos poucos, a vida vai se encaixando sem disfarces, e o autismo passa a se espalhar em todas as áreas: emocional, física, social, profissional e financeira. Não deixando espaço algum para a covardia. Nesse momento, o laudo espera de nós um esforço consciente para amadurecermos e enfrentarmos a realidade com esperança.

Realidade

Quando o autismo passa a fazer parte da nossa vida, precisamos ver a realidade a olho nu e abraçá-la, mais do que simplesmente aceitá-la. Talvez este seja o único meio de trazer afeto para essa fase da vida, em que esperávamos pequenos e espontâneos abraços. Essa nova configuração da realidade exige, de fato, uma ressignificação sobre a maternidade. A mãe é convocada a despir-se das expectativas de autorrealização imediata e revestir-se de **sobriedade**.

"Quando não podemos mais mudar uma situação, somos desafiados a mudar a nós mesmos" (FRANKL, 2020).

Nenhuma mulher planeja uma maternidade atípica; ninguém nasce pronto para esse desafio. Vamos nos aprontando pelo caminho. Uma das primeiras coisas que aprendemos sobre o filho autista é que o tempo tem suma importância sobre seu desenvolvimento. Mesmo sabendo que não possuímos o tempo e apenas fazemos parte dele, inicia-se uma verdadeira batalha, que nunca será terminada, pois, com o passar dos anos, a mãe preocupa-se não apenas com o tempo do seu filho, mas também com o tempo que passa por ela, e um dia a fará ausente para esta criança.

Adequar-se aos novos parâmetros estabelecidos pelo autismo requer muita maturidade. Para assegurar a saúde mental, a mãe precisa saber silenciar todos os ruídos ao seu redor e escutar apenas a realidade e o que ela demanda, para responder adequadamente ao momento presente. Mesmo que pareça contraditório: existe um tesouro imensurável escondido nesse agora. Uma estrutura inabalável está sendo solidificada, e esta é a base.

É preciso entender que, embora não se tenha domínio e segurança diante de um diagnóstico tão desafiador, é a maneira que a mãe escolhe se posicionar que fará a diferença no seu maternar.

Elevamos nossa maturidade quando compreendemos que a dor, seja ela qual for, é parte indelével da vida humana. Quando nos dispomos a dar sentido a ela, transformando-a em um propósito, trazemos mais dignidade à própria existência.

Ter claro o sentido pelo qual suportamos a dor presente pode abrir uma avalanche de força interior que nos tornará capaz de corresponder à altura a aquilo tudo que a vida inevitavelmente irá nos propor.

Isso não é a romantização do autismo; é apenas cumprir o nosso dever. E o que depende de nós, nem Deus pode fazer!

Você tem maturidade suficiente para enfrentar a vida com coragem e prontidão?

Esse compromisso com a realidade se torna indispensável, porque, ainda que alguns desistam pelo caminho, a mãe precisa seguir adiante a passos firmes. A realidade mostra que 79% das famílias atípicas sofrem a ausência paterna por diversos fatores. E, mesmo que outros assumam caminhos diferentes, a mãe segue. O amor não lhe dá outra escolha. A mãe aceita a via que lhe é imposta, e segue. Segue porque tem um motivo digno para o cansaço dos seus pés (entenda-se: pés, corpo, mente e alma). E esse caminho é indelegável, ninguém pode trilhar por nós. E sofrimento algum é capaz de deter uma mãe comprometida com a realidade.

O autismo envolve diversos tipos de sofrimentos. Existem aqueles sofrimentos característicos do próprio transtorno, como a sobrecarga emocional, sensorial, de comunicação e outros, bem como o sofrimento imposto pelo meio em que a pessoa está inserida que é o mais cruel de vivenciar, posso afirmar.

Relato

Anos atrás, quando recebi o diagnóstico de autismo da minha filha mais velha, infelizmente havia poucos profissionais capacitados para atender às condições adversas desse transtorno.

Na época, a referência no país era o Dr. Clay Brites (*in memoriam*), que a acompanhou durante um ano antes de concluir a investigação e diagnosticá-la. Ele orientou psicoterapia e fonoaudiologia, pois Mariana, aos 3 anos, ainda não apresentava fala funcional, dentre outras questões. Em cada consulta que íamos, minha conduta como mãe era cada vez mais validada e reforçada. Seguimos nessa configuração até os 6 anos.

Minha filha havia se desenvolvido de maneira admirável, adquiriu habilidades motoras, comportamentais, verbais, cognitivas e emocionais. Cheguei ao ponto de questionar seu diagnóstico, transferindo para minha responsabilidade o que ainda lhe faltava ou apresentava atraso.

Porém, após a pandemia, as aulas presenciais voltaram e sair de casa já era possível. Nesse período, tornaram-se nítidos os sinais do autismo. Faltavam-lhe recursos internos para que conseguisse corresponder às demandas. Deparamo-nos também com grandes barreiras externas, pois as quase inexistentes adequações políticas, pedagógicas e sociais obstruíram seu avanço.

O caminho do espectro do autismo é pavimentado pela dor; vivenciamos algumas situações inconcebíveis que trouxeram prejuízos imensos no seu desenvolvimento: perda de habilidades e de memória, comportamentos hetero e autolesivos, enurese, insônia e, por fim, um *shutdown* cruel roubou minha filha.

Todo o esforço mental, físico, terapêutico e financeiro dedicado se tornava insuficiente diante do despreparo estrutural em que ela estava. Isso não apenas a impediu de evoluir, como também anulou suas conquistas.

Com os pés fincados na realidade, porém feridos e cansados, percebi que apenas o meu amor de mãe, minha resignação e entrega já não eram o bastante para seguir trilhando esse caminho atípico diante de todo um sistema inadequado.

Foi quando busquei o Dr. Thiago Castro, que trouxe conhecimento, força e orientação para que se abrissem novas vias e fosse possível avançarmos.

Na busca por aprimoramento e suporte especializado, percebi que a saída era recorrer à via judicial. Foi extremamente difícil para mim, pois acredito que o afeto é a porta de entrada para a aprendizagem em qualquer área do desenvolvimento infantil.

Buscar a obrigatoriedade desse direito me parecia errado. No entanto, a plena certeza de que tudo já havia sido feito me levou a procurar tal apoio.

Mesmo marcada pelo forte estigma de que a advocacia é uma área fria, voltada apenas para os próprios interesses e que os processos são longos e de alto custo, na tentativa de sempre oferecer o melhor possível às minhas filhas, entrei em contato com a advogada Luiza Lucena, grande referência na área do Direito dos autistas, pela indicação do Dr. Thiago.

Às 12h30 (horário do almoço), em uma quarta-feira, após buscar minha filha na escola, exausta e indefesa, no meio de uma das crises mais tristes que vivenciamos, eu respirava fundo na tentativa de engolir o choro, mas minha fala estava tomada pela dor daquele momento.

Contrariando tudo o que eu havia inferido sobre esses profissionais, a Luiza não apenas me atendeu prontamente, como também me acolheu e não somente a mim, mas a todas as pessoas envolvidas.

Não foi preciso pedir a ela urgência, porque isso eu já percebia existir em seu posicionamento. De maneira clara e simplificada, ela soube me orientar, solicitar documentos e explicar como e quando o processo todo se daria, além dos custos; mais uma vez provando quão deturpadas eram minhas percepções em relação a esse tipo de atuação e como é importante buscarmos profissionais qualificados de fato.

Antes mesmo de ganharmos as ações (foram necessárias duas), Luiza, Natali e toda a equipe já haviam renovado minhas esperanças e me levantado do chão para seguir trilhando esse caminho atípico.

Foi em um escritório de direito que encontrei acolhimento e compreensão durante ligações angustiadas, irritadas e ansiosas. Com profissionais racionais, encontrei meu equilíbrio emocional. E em pouco tempo (sim, bem menos do que eu esperava), com baixo custo (e parcelado), elas abriram novos caminhos que nos possibilitaram seguir adiante. Essa equipe não resolveu todos os meus problemas, mas permitiu vivenciá-los com mais dignidade.

Nós, mães de autistas, não precisamos nos tornar especialistas em Direito, mas temos o dever de nos dedicar com afinco a tudo o que diz respeito a nossos filhos. Não se trata de uma militância, mas do dever materno. *Se não você, quem?*

Hoje, vivemos uma nova realidade e estamos evoluindo, seja pelo conhecimento das pessoas, seja por meio de novas legislações; no entanto, recorrer à justiça ainda é uma realidade quando lutamos por um tratamento qualificado, acesso à saúde e dignidade dos nossos filhos. A meta é que, mesmo dentro do espectro, consigamos alcançar total autonomia. Desejo nos prepararmos para lidar até mesmo com as falhas estruturais e com o despreparo social que, inevitavelmente, encontraremos pelo caminho.

O autismo é um transtorno singular. Para alcançar o máximo no desenvolvimento, são necessárias visão e atuação amplas. E ninguém mais do que a própria mãe para conhecer cada característica do seu filho, seu potencial e áreas mais sensíveis, e conduzi-lo a uma evolução significativa.

Em meus atendimentos, busco capacitar e orientar mães no cuidado de seus filhos. Apontar a necessidade de lutar pelos direitos de seus filhos e que via judicial, algumas vezes, é necessária, faz parte do meu trabalho. Não estamos contra planos de saúde, escolas e setores envolvidos; estamos unicamente nos sacrificando na tentativa de conquistar as adequações necessárias para uma vida mais digna para nossos filhos. Sabemos da importância do papel da família e que a amplificação das capacidades dos autistas não depende unicamente das escolas ou de infindáveis horas de terapias; grande parte disso acontece dentro de nossas casas. Mas viver em um ambiente respeitoso e adaptado é indispensável e justo.

Para que isso aconteça, devemos nos posicionar bravamente na busca do que almejamos, conduzidas por certa insatisfação necessária, que nos leva sempre a tentar uma vez mais, a aguentar um pouquinho mais de dor do que já está sendo suportado e a andar alguns passos a mais, certas de que chegaremos muito além do que imaginávamos.

E como mãe de autistas, posso garantir: é possível ser feliz mesmo vivendo esse transtorno.

Epílogo

Bendito autismo que nos deu a conhecer um amor atípico. Pois o amor nos move!

Referências

AMERICAN PSYCHIATRIC ASSOCIATION. *Diagnostic and Statistical Manual of Mental Disorders, Fifth Edition (DSM-V)*. Arlington, VA: American Psychiatric Association, 2013.

ALVES, E. G. R. *A morte do filho idealizado*. São Paulo: O mundo da Saúde, 2012.

CASTRO, T. *Simplificando o autismo*. São Paulo: Literare Books International, 2023.

FRANKL, V. *Em busca de sentido*. Petrópolis: Vozes, 2020.

42

"AUTISMO LEVE" PARA QUEM?

OS DESAFIOS DO AUTISTA NÍVEL 1 DE SUPORTE E SOLUÇÕES JURÍDICAS

O autismo é uma condição neurobiológica caracterizada por desafios na comunicação e interação social. Mesmo no nível 1 de suporte, considerado por muitos como "autismo leve", há desafios significativos, por vezes subestimados. Este capítulo visa explorar as dificuldades enfrentadas pelos autistas, o direito legal ao tratamento e o papel do judiciário na efetivação desse direito.

BARBARA SABOIA
RACHEL LOPES TELÉSFORO

Barbara Saboia

Advogada, sócia-fundadora do escritório Telésforo & Saboia Advogados, com especialização em Direito da Saúde. Graduada pela Universidade Federal do Rio de Janeiro (UFRJ). Possui dupla titulação, com pós-graduação em Direito pela Universidade Federal Fluminense (UFF) e pela Trevisan – Escola de Negócios.

Contatos
www.telesforoesaboia.com.br
barbara@telesforoesaboia.com.br
Instagram: @telesforoesaboia.saude
21 98787 8491

Rachel Lopes Telésforo

Sócia no escritório Telésforo & Saboia Advogados, com especialização em direito da saúde e dos autistas, bem como direito do consumidor. Graduada pela PUC-RJ, possui também mestrado em Direito pela FGV-RJ e doutorado em Saúde pela UFRJ. Possui o projeto social Casa das Flores – Espaço Jurídico com Alma, com abordagem integracionista entre saúde e direito.

Contatos
www.telesforoesaboia.com.br
www.casadasfloresjuridico.com
Instagram: @telesforoesaboia.saude
@casadasfloresjuridico
21 99186 5954

A classificação dos níveis de suporte no autismo ajuda a compreender os desafios enfrentados e a planejar intervenções adequadas. No nível 1 de suporte, popularmente chamado por "autismo leve", os desafios podem ser subestimados, atrasando diagnósticos e intervenções essenciais. Autistas com nível 1 de suporte precisam de suporte menos intensivo, mas isso não quer dizer que não precisam. E quanto mais cedo o acesso ao tratamento, melhor a qualidade de vida do indivíduo.

Ainda existe no Brasil a dificuldade de fazer com que se cumpra o que está previsto na lei. Em muitos casos, o Sistema Único de Saúde (SUS) e os planos de saúde deixam o indivíduo desassistido, sendo necessário que o Judiciário apresente soluções a negativas e dificuldades no acesso ao tratamento.

"Mas nem tem cara de autista!": os desafios

A frase é velha, mas conhecida de toda família atípica e se refere, geralmente, ao autista nível 1 de suporte, que apresenta dificuldades na comunicação social e interação, além de lidar com questões da rotina diária com pequena dificuldade.

No nível 2 de suporte, a pessoa tem desafios sociais e de comunicação mais acentuados, podendo vir a precisar de suporte intermediário. Já no nível 3 de suporte, as pessoas apresentam dificuldades graves na comunicação, interação em sociedade e comportamento, requerendo um suporte mais intenso para as áreas da vida.

Note que pessoas que possuem o nível 1 de suporte podem ter um aumento em suas demandas sociais em diferentes momentos de vida, vindo a transitar entre os níveis de suporte.

O mesmo ocorre de forma inversa: um autista nível 2 ou 3 de suporte que tenha o diagnóstico e o tratamento precoce pode vir a ser nível 1 ou 2 de suporte.

Não seria exagero dizer que a sociedade não enxerga o autista nível 1 de suporte como uma pessoa que possua dificuldades, o que gera diversos prejuízos, como: atraso no diagnóstico, tratamento tardio, perdas no desenvolvimento, dificuldade de acesso à garantia dos direitos, dentre outros.

A importância do diagnóstico precoce e tratamentos

O diagnóstico feito durante os anos pré-escolares ainda é raro, em que pesem as afirmações da ciência médica de que a intervenção precoce é o melhor para a criança (BOSA, 2008).

Todavia, temos vislumbrado maior dedicação de pesquisas acadêmicas e científicas, validando instrumentos e estratégias para identificação do autismo de forma incipiente.

Existe uma grande importância no diagnóstico feito de maneira precoce, pois o desenvolvimento de estratégias de comunicação auxilia a prevenir o comportamento prejudicial do autismo (HOWLIN, 1998).

Associada ao diagnóstico precoce no autismo, está a intervenção terapêutica, que deve ser estruturada conforme necessidades de desenvolvimento do paciente (MARQUES, 1998).

Autistas nível 1 de suporte possuem prejuízos que podem ser amenizados na primeira infância, sendo a prioridade a terapia da fala e a interação social.

Com adolescentes, é importante que o trabalho feito envolva as habilidades sociais, amorosas, terapia ocupacional e sexualidade. Com adultos, a inserção do mercado de trabalho e as questões relacionadas à tutela clamam por maior enfoque (BOSA, 2006).

Existem diversas metodologias terapêuticas para tratamento do TEA. Em geral, os atendimentos terapêuticos ocorrem de forma multidisciplinar com médicos, fonoaudiólogos, fisioterapeutas, terapeutas ocupacionais, psicólogos, psicopedagogos e musicoterapeutas.

As terapias comportamentais, especialmente a terapia cognitivo-comportamental, que trabalham o desenvolvimento atrelado às emoções, apresentam bons resultados, especialmente diante da ampliação da capacidade de linguagem e da diminuição de acessos de impulsividade (REIS; LENZA, 2019).

Já a ciência ABA (*Applied Behavior Analysis*) possui técnicas e protocolos que pretendem compreender o comportamento com base na identificação de habilidades de domínio da pessoa: as adequadas são reforçadas e as interferentes são manejadas para comportamentos funcionais.

Por fim, é válido mencionar que as terapias medicamentosas com fármacos são indicadas para tratar questões correlacionadas ao autismo, como agressividade, irritabilidade e hiperatividade. Isso porque essas questões podem atrapalhar outras atividades que colaboram para o desenvolvimento sadio da pessoa a longo prazo, como as terapias e a escola.

Nesse mesmo sentido, os tratamentos com a medicina naturopata têm sido cada vez mais aceitos pela comunidade acadêmica e científica como benéficos aos cuidados das comorbidades presentes no autismo (WONG; LENZA, 2019; SANKALA, 2021).

É importante ainda dizer que tanto o acesso aos fármacos para tratamento das questões correlatas, como o tratamento do autismo em si, incluindo as terapias multidisciplinares, são garantias legais do autista, cabendo ao judiciário, quando acionado, a devida intervenção a favor da dignidade da pessoa humana.

Direitos do autista e garantias legais

A Constituição Federal de 1988 definiu a dignidade da pessoa humana como fundamento da República Federativa do Brasil (BRASIL, 2021). Nesse sentido, a Lei n. 7.853/89 estabelece normas gerais que asseguram o pleno exercício dos direitos das pessoas com deficiência (BRASIL, 2024).

A Lei n. 12.764/2012, por sua vez, foi um importante marco na luta pelos direitos ao instituir a Política Nacional de Proteção dos Direitos da Pessoa com Transtorno do Espectro Autista (BRASIL, 2022). A referida lei assegurou a atenção às necessidades de saúde da pessoa com autismo, objetivando o diagnóstico precoce, o atendimento multiprofissional e o acesso a medicamentos.

Com escopo de dar efetividade a esses direitos, a Agência Nacional de Saúde (ANS), responsável pela regulação da atividade de assistência privada à saúde, tornou obrigatória a cobertura de qualquer método ou técnica indicado pelo médico para o tratamento do paciente com transtornos globais do desenvolvimento, entre os quais está incluído o autismo (BRASIL, 2022a). Além disso, a ANS aprovou o fim do limite de sessões com psicólogos, fonoaudiólogos, terapeutas ocupacionais e fisioterapeutas, além de ter revogado as Diretrizes de Utilização para tais tratamentos (BRASIL, 2022b).

Mas, se o autista tem direito, por que é tão difícil o acesso ao tratamento prescrito pelo médico?

Apesar da importância do tratamento multidisciplinar da pessoa com TEA, muitas vezes a família atípica não consegue ter acesso a ele no âmbito do SUS e os planos de saúde o negam, mesmo quando prescritos por médicos especialistas.

A maior parte das operadoras de saúde sequer possuem rede credenciada especializada para atendimento às terapias de que uma pessoa com TEA necessita. Quando têm, é em um número reduzido de clínicas, o que implica obrigar o paciente (que muitas vezes apresenta um quadro de hipersensibilidade sensorial) a realizar grandes deslocamentos, inviabilizando um tratamento digno e eficaz.

A expectativa de qualquer pessoa ao contratar um plano de saúde é não ficar desamparada no momento que mais precisa. Portanto, a conduta da operadora que nega a prestação do serviço contratado ou que cria óbices à utilização configura prática abusiva, não encontrando suporte no ordenamento jurídico.

O papel do judiciário na efetividade dos direitos dos autistas

Os tribunais têm reiteradamente afirmado a obrigação das operadoras de saúde e do Estado em custear tratamentos multidisciplinares, independentemente do grau de suporte da pessoa.

O judiciário entende que todas as terapias prescritas por médicos devem ser cobertas, desde que haja comprovação científica e comprovada necessidade. Caso exista divergência entre o que é oferecido pelo plano de saúde e o que é indicado pelo médico, a escolha do tratamento cabe ao profissional de saúde responsável pelo paciente.

Para ilustrar esse posicionamento, cumpre transcrever relevante decisão proferida pela juíza de Direito Grace Mussalem Calil, da 6ª Vara Cível de Jacarepaguá/RJ:

> Ainda que alguns dos serviços/procedimentos indicados pelo(a) médico(a) assistente não constem do rol de procedimentos da ANS, **deve o plano de saúde autorizar/custear o referido tratamento/terapia, consoante indicação médica qualitativa/quantitativa, para fins de salvaguarda da qualidade de vida, desenvolvimento e preservação da plena saúde do paciente em estrita observação aos princípios da função social do contrato e boa-fé objetiva.** [...]."(TJRJ, 2024)

Caminhando no mesmo sentido, o Superior Tribunal de Justiça tem assegurado o acesso ao tratamento recomendado pelo médico, não fazendo distinção entre o grau de suporte do autista (STJ, 2023). Desse modo, percebe-se que, no Poder Judiciário, encontra-se pacificado o entendimento que assegura o direito da pessoa com TEA ao tratamento prescrito por médico assistente, independentemente do nível de suporte.

A recusa de cobertura por parte das operadoras de saúde infringe direitos e causa enorme impacto emocional e financeiro para as famílias. O dano moral é significativo, pois impede que a criança autista receba o tratamento necessário, comprometendo seu desenvolvimento e qualidade de vida. Nesse sentido, o judiciário desempenha um importante papel para assegurar o direito das pessoas com TEA ao tratamento adequado. Além de determinar que as famílias que tiveram limitado o acesso a esse direito sejam indenizadas, como uma forma de reparo ao abalo moral sofrido.

Conclusão

Este estudo destacou a importância crucial de entender os níveis de suporte e os desafios enfrentados pelos autistas de nível 1 de suporte, muitas vezes invisibilizados pela sociedade. A identificação precoce e o diagnóstico preciso são fundamentais para garantir que recebam o tratamento necessário desde a infância, prevenindo o aumento de suas dificuldades sociais e cognitivas.

Embora a legislação avance na proteção dos direitos das pessoas autistas, a realidade prática ainda apresenta muitos obstáculos. A resistência das operadoras de saúde em fornecer o tratamento prescrito pelo médico representa um grande desafio para as famílias atípicas.

O papel do Judiciário tem sido essencial para garantir esses direitos, assegurando que as operadoras custeiem os tratamentos necessários. As decisões judiciais têm reforçado a obrigatoriedade da cobertura sem limitações, reconhecendo o impacto significativo da negativa no desenvolvimento do autista e no bem-estar emocional das famílias.

É imperativa a conscientização sobre o autismo e a importância do tratamento adequado, garantindo melhor qualidade de vida para os autistas, inclusive aqueles de nível 1 de suporte, que enfrentam desafios únicos e muitas vezes subestimados pela nossa sociedade.

Referências

BOSA, C. A. Autismo: intervenções psicoeducacionais. *Braz. J. Psychiatry*, n. 28, pp. 47-53, 2008.

BOSA, C. A. Autismo: intervenções psicoeducacionais. *Braz. J. Psychiatry*. N. 28. 2006. pp. 47-53.

BRASIL. *Constituição da República Federativa do Brasil de 1988*. Artigo 1º, III. Disponível em: https://www.planalto.gov.br/ccivil_03/Constituicao/Constituicao.htm. Acesso em: 1º maio 2024.

BRASIL. *Lei n. 7.853 de 24 de outubro de 1989*. Disponível em: https://www.planalto.gov.br/ccivil_03/leis/l7853.htm. Acesso em: 5 maio 2024.

BRASIL. *Lei n. 12.764 de 27 de dezembro de 2012*. Disponível em: https://www.planalto.gov.br/ccivil_03/_ato2011-2014/2012/lei/l12764.htm. Acesso em: 5 maio 2024.

BRASIL. *Resolução Normativa ANS n. 539 de 23 de junho de 2022a*. Disponível em: https://www.ans.gov.br/component/legislacao/?view=legislacao&task=textoLei&format=raw&id=NDI1Ng==. Acesso em: 7 maio de 2024.

BRASIL. *Resolução Normativa ANS n. 541 de 11 de julho de 2022b*. Disponível em: https://www.ans.gov.br/component/legislacao/?view=legislacao&task=textoLei&format=raw&id=NDI1Ng==. Acesso em: 7 maio 2024.

HOWLIN, P. Practitioner review: psychological and educational treatments for autism. *J Child Psychol Psychiatry*, pp. 307-22, 1998.

MARQUES, C. Autismo – Intervenção terapêutica na 1ª infância. [Lisboa]: *Análise Psicológica*, 1998, v. 16, n. 1, pp. 139-144.

REIS, S. T.; LENZA, N. A importância de um diagnóstico precoce do autismo para um tratamento mais eficaz: uma revisão da literatura. *Revista Atenas Higeia*, 2019, pp. 1-7.

SANKALA, S. Changes in Bioenergy Field of Children with Autism following Non-pharmacological Interventions: A Randomized Controlled Study. *International Journal of Medicine & Public Health*, vol. 11, issue 1, pp. 57, 2021.

STJ – AgInt no AREsp: 1970665, Min. RAUL ARAÚJO, QUARTA TURMA, DJ 03/05/2023.

TJRJ – 0809064-32.2024.8.19.0203 – 6ª Vara Cível de Jacarepaguá – Juiz Titular: Grace Mussalem Calil – 09/04/2024 – Disponível em: – https://www.migalhas.com.br/quentes/405379/convenio-deve-fornecer-terapias-a--menor-diagnosticado-com-autismo. Acesso em: 2 maio 2024.

WONG, H. H. L.; SMITH, R. G. Patterns of Complementary and Alternative Medical Therapy Use in Children Diagnosed with Autism Spectrum Disorders. *J Autism Dev Disord*, 36, 901-909, 2006. Disponível em: https://doi.org/10.1007/s10803-006-0131-0.

PÍLOGO

Ao finalizar *Perspectivas legais: autismo e a busca por justiça*, é inevitável refletir sobre os caminhos percorridos e as conexões traçadas ao longo desta obra. Mais do que um simples compêndio jurídico, este livro propõe uma análise profunda e abrangente dos desafios e das conquistas na luta pelos direitos dos autistas no Brasil.

A trajetória iniciada com a Lei Berenice Piana e a Lei Brasileira de Inclusão é, sem dúvida, um marco importante na proteção dos direitos dos autistas. Contudo, a efetivação dessas garantias enfrenta entraves significativos que não podem ser ignorados. Burocracia, falta de recursos, desinformação e, muitas vezes, a própria inércia das instituições públicas e privadas continuam a ser obstáculos que precisam ser superados.

A intersecção entre saúde e educação emerge como um dos pontos mais delicados nessa caminhada. A luta de tantas famílias para garantir o diagnóstico precoce e o acesso a tratamentos adequados é árdua e, por vezes, solitária. O livro lança luz sobre essas batalhas, mostrando como a falta de profissionais capacitados e a carência de estrutura comprometem o desenvolvimento de milhares de crianças e adolescentes. Mais do que uma falha do sistema, essa realidade representa uma urgência que precisa ser enfrentada com seriedade e compromisso.

A responsabilidade compartilhada entre os entes federativos é outro aspecto que ganha destaque nesta obra. Apesar de as legislações fornecerem uma base sólida para a proteção dos direitos dos autistas, a prática frequentemente se desvia da teoria. A omissão dos municípios, dos estados e da União em garantir um atendimento integral e inclusivo é uma realidade que exige respostas rápidas e eficazes.

Além disso, o papel dos planos de saúde, que deveriam ser aliados na promoção da saúde, muitas vezes se revela contrário a esse propósito. As negativas de cobertura, a limitação de terapias e as rescisões contratuais arbitrárias evidenciam um sistema que ainda privilegia o lucro em detrimento do cuidado humano. Esse capítulo da luta pelos direitos dos autistas é um dos mais complexos e urgentes, e requer a mobilização de todos os setores da sociedade.

Conectar esses temas permite compreender a amplitude da luta pela justiça para os autistas. Mais do que uma batalha legal, trata-se de uma causa que envolve saúde, educação, política pública e, sobretudo, humanidade. Este livro não busca apenas apontar falhas; ele propõe caminhos, sugere soluções e, acima de tudo, convoca cada leitor a se tornar parte ativa dessa transformação.

Esta obra, portanto, é um convite à ação. A informação é o primeiro passo, mas a verdadeira mudança só ocorre quando o conhecimento se traduz em práticas inclusivas e justas. A justiça para os autistas é uma necessidade urgente, e cada um de nós pode contribuir para a construção de uma sociedade mais inclusiva. Que este livro inspire novas posturas e ações concretas em prol de um futuro no qual os direitos dos autistas sejam plenamente respeitados e garantidos.

A jornada pela justiça é contínua, e este livro é apenas um marco nesse caminho. Que ele sirva como um lembrete constante de que a inclusão não é apenas um ideal, mas uma prática diária que precisa do esforço coletivo para se concretizar. A luta pelos direitos dos autistas é, em última análise, uma luta por uma sociedade mais justa, na qual todos têm o seu lugar.

Luiza Monteiro Lucena

A luta é árdua e diária,
mas se você cansar, descanse,
nunca desista!

Lucena, Luiza